丛书编委会

主　编　徐　蓝

编　委（以姓氏拼音为序）
　　　　崔　丕　韩长青　梁占军　史桂芳
　　　　徐　蓝　姚百慧　赵学功

20世纪国际格局的演变
与大国关系互动研究丛书

"十二五"国家重点图书出版规划项目

史桂芳 ／ 著

# "以民促官"与"求同存异"
## ——中日关系发展的历程与基本经验

"Non-governmental Contacts
Foster Bilateral Relations" and
"Seek Common Ground while
Reserving Differences":
The History and Fundamental Experience of
Sino-Japanese Relations

社会科学文献出版社
SOCIAL SCIENCES ACADEMIC PRESS (CHINA)

本书为国家社科基金重大项目"20世纪国际格局的演变与大国关系互动研究"(11&ZD133)的阶段性成果

# 总 序

本套丛书研究的是20世纪国际格局的演变与大国关系的互动之间的关系。其中既要考察20世纪主要大国之间关系的发展变化，也要探讨大国之间的关系变化对国际格局演变的影响，以及在一定历史时期内相对稳定的国际格局对大国关系形成的反作用。

之所以选择研究这个课题，主要有以下几点考虑。

第一，大国关系与国际格局的演变密切相关。自近代民族国家产生以来，大国之间的关系始终是最重要的国际关系，对世界历史的发展、国际格局的变动、国际秩序的构建、各民族国家的命运，都产生过十分重要的影响。特别是20世纪以来，世界历史发生的各种重大事件以及国际格局从欧洲中心到两极格局、再到多极化趋势发展的巨大变化，无不与大国之间关系的发展变化紧密相连。换句话说，大国和大国集团的力量对比和关系变化构成了世界格局的重要基础，是国际格局变动的决定性力量。与此同时，国际格局也实际影响并制约着一定历史时期内的国际秩序，并进而影响着一国的战略选择和政策制定。

第二，加强对20世纪国际格局的演变与大国关系的互动研究是当今国际形势发展及中国国力增长的需要。进入21世纪以来，国际形势发生了深刻变化，经济全球化迅速发展，世界多极化不可逆转。但是，在今天的世界上，民族国家仍然是国际行为的主体，因此，民族国家如何在国际竞争中有效地维护自己的国家主权，捍卫自己的国家利益，如何在国际合作中取得双赢和多赢的结果，仍然是每一个民族国家面临的重要问题，也是正在崛起的中国面临的重大问题，更是一个关系到中国长远稳定和平发展的重大战略问题。可以预见，随着中国改革开放政策的稳步推进，随着中国国力的不可阻挡地快速发展，随着中国在国际经济、政治、军事、文化等领域的重要性不断提升，在今后的几十年时间里，中国与外部世界特别是与一些大国之间的关系必将呈现出更多的冲突、摩擦、竞争与合作的错综复杂的局面。因此，研究英国、美国、法国、德国、日本、俄国/苏联等大国在构建有利于自己的国际格局、国际体系时所做出的外交努力，研究20世纪国际格局的变动与大国关系变化之间的互动，对于当今的中国如何在大国关系演变、国际格局和国际秩序的变革中发挥负责任大国的作用，构建有利于中国的国际格局和国际体系，有着重要的参考价值和借鉴作用。

第三，研究这一课题是学术发展的需要。鉴于大国关系与国际格局的重要性，国内外的学者在历史学领域和国际政治学领域的相关研究已有颇多建树。

在历史学领域的研究，主要是运用历史学的实证方法，通过对档案资料的研究和解读，或对双边或多边大国关系中的具体个案进行微观的深入探讨，或从外交史出发对大国关系进行通史性论述，以揭示主要大国之间的错综复杂的关系发展。一些著作已经涉及了20世纪的国际格局、国际体系、国际秩序等问题，对国际组织的活动也有所探讨。这些成果，为我们提供了重要的研究基础。但是这些研究仍然比较缺乏宏观的视野、辩证的思考和应有的理论深度。西方学者的研究成果虽然有许多可取之处，但是其基本主导思想是以西方特别是以美国的理念来改造世界（尽管美欧之间也有分歧），建立西方主导的国际格局和国际秩序，并维护这种秩序，因此只具有借鉴意义。

在国际政治学领域的研究，主要是依据欧美大国关系的发展历史和处理国际关系的经验而发展出来的一系列国际关系理论，通过对历史案例的解读和相对宏观的论述，说明大国之间的关系以及对国际格局、国际秩序的影响，以此分析当今的国际问题和国际形势发展趋势，并提出对策。这种把国际政治学和国际关系史结合起来的研究方法，以及通过对当前的国际问题的研究为中国外交提出对策的视角，对本课题的研究具有重要的启发和借鉴作用。但是这些研究较缺乏基于原始资料的历史考察，以及缺少对大国关系的发展与国际格局、国际秩序的建立和演变之间互动关系的历史研究。西方学术界运用其国际关系理论来看待20世纪国际格局和大国关系的发展，带有很大的片面性，往往把西方大国崛起时的对外扩张视为普遍真理，并以此来看待正在发展的中国，宣扬"中国威胁论"，这是我们不能接受的。

因此，将历史学与国际政治学二者结合起来、将微观研究与宏观考察结合起来，具体探讨国际格局、国际体系、国际秩序的构建和演变与大国之间关系变化的互动关系，是本课题研究的学术发展空间。

第四，与近年来国外大量新解密的原始档案资料特别是外交档案资料相比，中国国际关系史的资料建设相对落后，一些整理汇编的资料集多以20世纪50~70年代翻译的资料为主，严重制约了中国的国际关系史研究。因此，本课题在进行研究的同时，将密切跟踪不断解密的国内外档案文献，精选、翻译、编辑一些重要的国际关系史料并陆续出版。

鉴于国际格局的演变是一个比较长期的过程，要经过许多重大的事件导致国际关系特别是大国之间的关系发生一系列变化的量化积累，最后才会导致国际格局发生质变，因此本课题的研究着眼于20世纪的较长时段，突出问题意识，以唯物史观为基本指导，运用历史学与国际政治学的交叉研究方法，以历史学的微观探究为手段，以国际政治学的宏观战略高度为分析视角，通过对20世纪重要大国之间关系发展的一系列重大问题的专题实证研究，力图深层次多角度揭示大国关系的发展及其与国际格局、国际秩序演变之间的互动关系，为今天正在和平发展的中国如何处理与其他大国的关系，包括如何处理与目前由大国主导的国际组织的关系、如何在当今世界积极发挥自己作为负责任大国的作用，从而构建有利于中国发展的国际格局、国际体系、国际秩序、国际机制和国际安全环境，提供历史借鉴、重要启示和基本的理论与现实支持。与此同时，本课题的研究也希望能够在培养具有世界眼光、了解大国之间关系发展的历史、知晓国际关系的复杂性和曲折性、具有对世界多元文化的认知与理解力、从而能够在纷繁复杂的国际关系现实中处变不惊的人才方面，有所贡献。

为了将本课题的研究成果集中呈现，首都师范大学国际关系研究中心和社会科学文献出版社联合推出这套"20世纪国际格局的演变与大国关系互动研究"丛书。这套丛书包括专著、资料集和论文集等若干种，这些成果也是国家社科基金重大项目"20世纪国际格局的演变与大国关系互动研究"（项目号：11&ZD133）的组成部分。

徐　蓝
2014年4月

# 目 录

绪 论 ............................................................ 1

**第一章 中华人民共和国成立后面临的形势与对外政策** ............ 5
  第一节 中国面临的内外形势 ................................. 5
  第二节 发展与不同社会制度国家关系的原则 ................... 12

**第二章 "民间先行、以民促官"对日方针的确立** ................ 17
  第一节 "民间外交"方针确立的背景 ......................... 17
  第二节 中国制定"民间先行、以民促官"方针 ................. 38
  第三节 在彼此尊重的基础上扩大两国民间交流 ................. 59

**第三章 稳步推进中日关系向前发展** ............................ 69
  第一节 坚决反对日本政府倒退中日关系 ....................... 69
  第二节 中国提出推动中日关系发展的新策略 ................... 86
  第三节 多渠道多角度地推进中日关系 ......................... 91
  第四节 "积累渐进"——提升中日关系的新举措 ............... 105

**第四章 "以民促官"结硕果,中日邦交正常化** .................. 114
  第一节 "中间地带"理论与对日政策 ......................... 114
  第二节 中美关系缓和与对日政策的调整 ....................... 128

第三节　中日邦交正常化"水到渠成" …………………… 143

　　第四节　《中日和平友好条约》的签订 …………………… 157

**第五章　中日关系呈现新局面** ……………………………………… 168

　　第一节　新时期中国的对外政策与中日关系 …………………… 168

　　第二节　深化中日两国和平友好关系 …………………… 177

　　第三节　国际形势剧变下的中日关系 …………………… 187

　　第四节　友好合作伙伴关系的确立与发展 …………………… 196

**第六章　21 世纪的新机遇与新挑战** …………………………………… 202

　　第一节　中国对国际形势的判断与中日关系 …………………… 202

　　第二节　中日确立战略互惠关系 …………………… 210

**结　　语** ………………………………………………………………… 216

**主要参考文献** …………………………………………………………… 218

**索　　引** ………………………………………………………………… 223

# 绪　论

1949年中华人民共和国成立，中国步入新的历史时期。中华人民共和国刚刚成立，即面临着极其严峻、复杂的国内外形势。在国内，中国共产党要率领人民继续完成民主革命遗留的任务，逐步走向社会主义。中国要在各地建立和巩固新生的人民政权，铲除官僚资本主义，稳定社会经济秩序，恢复国民经济。为实现上述目标，中国共产党和中国政府必须要制定符合国家发展和人民利益的内外政策，中国的外交就是要为国家建设和发展提供有利的国际环境。新中国的对外政策包含对社会主义国家和对资本主义国家两个方面。

第二次世界大战结束，国际格局发生了深刻变化。欧洲、亚洲先后建立起若干个共产党执政的国家，民主主义、社会主义成为一股不可抗拒的历史潮流。新中国就是这股浪潮中一朵巨大的浪花。与此同时，资本主义世界，以欧洲为中心、由欧洲几个大国主宰国际事务的国际格局不复存在。除美国外的主要国家都遭受了巨大的战争损失，英国、法国等传统欧洲强国的政治影响力极大降低，而发动战争的德、意、日法西斯集团国家的综合国力迅速削弱，国际地位也迅速下降。中华人民共和国成立后，在对外关系上，选择与社会主义阵营为伍。然而，这并不是说中国与资本主义国家完全隔绝、对立，更不表明中国不与不同社会制度的国家建立外交关系。

新中国成立后，总的外交方针是："联合一切爱好和平自由的国家、民族和人民，首先是联合苏联和各新民主国家，以为自己的盟友，共同反对帝国主义者挑拨战争的阴谋，争取世界的持久和平。"[①] 这个外交政策被形象地比喻为"一边倒"。在特殊的历史环境下，中国对资本主义国家保持着

---

[①] 中共中央文献研究室编《毛泽东年谱（1893～1949）》下卷，人民出版社、中央文献出版社，1993，第580页。

高度警惕，首先要与苏联等共产党执政的国家建立和发展外交关系。但是，中国也要与不同社会制度的国家进行交流，争取最广泛的国际同情与支持。

中华人民共和国成立后，以美国为首的西方国家拒不承认，对新中国政治上敌视、经济上封锁。中国客观分析资本主义世界，认为英、法、日等资本主义国家与美国不同，应该积极拓展外交空间，创造条件与这些国家开展经贸往来，进而争取建立外交关系。中国重视与不同社会制度国家的和平合作，在与这些国家的交往中积累了丰富的经验。中国对日本实行经济合作、政治交流、共同发展，是与不同社会制度国家往来中浓重的一笔。21世纪以来，中日关系出现了新情况、新问题，两国关系经历了从冰冻到融冰，再到冰点的反复过程。研究中国与日本交流、合作的历史，对于汲取历史经验，克服不利因素，推进两国关系，有重要的学术价值和现实意义。

中日两国是一衣带水的邻邦，有2000多年的交流历史，多数时间是和平、友好的，也有过对立、矛盾和战争。近代以来，日本不断发动侵华战争，给中国人民带来了巨大灾难。抗日战争的胜利，彻底结束了中国被侵略的历史，为两国在平等互利基础上建立新型的国家关系奠定了基础。中国致力于从长远眼光看待中日关系，对待日本，注意区分少数军国主义分子和广大日本人民，制定了一系列"循序渐进"推进中日关系发展的政策、策略，成为1970年代与不同社会制度国家建立外交关系、和平发展的范例。

在冷战格局形成的形势下，日本作为美国的盟友，在外交上追随美国，采取敌视中国的政策。中国对日本复活军国主义保持着高度的警惕，同时，又对日本社会不同阶层、团体、政党等进行了深入分析，认为战后日本的主流是和平、民主，中日两个社会制度不同的国家可以和平相处。中国通过"民间先行、以民促官"的方针，循序渐进地促使日本政府改变对华态度。在实现中日邦交正常化的谈判过程中，中国立足长远，"求大同、存小异"，终于在1972年9月与日本签署《中日联合声明》，实现了邦交正常化。1978年，两国领导人又签订《中日和平友好条约》，用法律的形式将两国的和平友好巩固下来。

中日邦交正常化后，两国关系曾经走过令人难忘的"蜜月"时期，各个层次、领域的友好合作全面展开。1980年代初期，中国领导人访问日本。1990年代，中日两国建立高层互访和对话机制，1998年两国签署《中日联合宣言》，要建立致力于和平与发展的友好合作伙伴关系，两国领导人每年交替互访；在北京和东京建立中日政府间热线电话；加强两国各个层次和级别，特别是肩负两国未来发展重任的青少年之间的交流。两国关系不断发展。但是，这并不意味着两国之间就不存在分歧、矛盾。随着交流的加深，两国之间不同的利益诉求开始显现，1980年代中期，两国围绕历史认识问题、台湾问题、领土问题等不断出现摩擦和矛盾，直至发展到21世纪初的"冰冻时期"，两国高层互访中断达8年之久。2018年是《中日和平友好条约》签订40周年，我们迎来了改善中日关系的转机，李克强总理于5月8日开始对日本进行正式访问。正如李克强总理所说的，"当前中日关系的改善势头来之不易，值得倍加珍惜。今年适逢中日和平友好条约缔结40周年，两国关系面临改善发展的重要机遇。希望通过此访与日方一道重温条约精神，以史为鉴，面向未来，在中日四个政治文件确立的原则基础上，共同努力，相向而行，推动中日关系重返正常轨道，行稳致远"①。有学者指出，李克强总理访问日本是一次新时代的"破冰之旅"。日本首相安倍晋三全程陪同李克强总理，显示了"出乎寻常"的特殊意义。当然，正如李克强总理所指出的，中日两国之间的距离很近，但是，在推动中日关系改善发展之路上，我们却走了很久。

2018年6月，日本前首相福田康夫在上海参加纪念《中日和平友好条约》缔结40周年国际学术研讨会之际，专程到南京参观侵华日军南京大屠杀遇难同胞纪念馆，为南京大屠杀遇难者献上花圈，并题词"东亚和平"。福田表示，日中两国国民不应忘记历史，更需面向未来，齐心协力为创建和平与美好的新时代而努力。福田康夫成为继村山富市、海部俊树、鸠山由纪夫之后第四位参观侵华日军南京大屠杀遇难同胞纪念馆的日本前首相，也是第二位自民党籍前首相。福田康夫在日本仍然具有很大的政治影响力，人们对中日关系的改善给予更高的期待。6月26日，日本前首相细川护熙将细川家族收藏的4175册汉籍赠送给中国国家图书馆，其中不乏中国历史上失传已久的重要典籍，不仅全面展示了中日典籍交流和文化传播的发展轨迹、渊源脉络，也为新时期中日文化交流合作提供了示范，受到中国人民的高度称赞。中日各个领域特别是高层的交流活动，为《中日和平友好条约》缔结40周年纪念活动，增添了新的内容，中日两国对此寄予厚望。8月11日，中国社会科学院主办"弘扬条约精神，深化友好合作——纪念

---

① 《李克强抵达东京出席第七次中日韩领导人会议并对日本进行正式访问》，《人民日报》2018年5月9日，第1版下转第3版。

《中日和平友好条约》缔结 40 周年"国际学术研讨会，中国前国务委员戴秉国、日本前首相鸠山由纪夫等出席会议并分别做主旨报告。中日双方都希望深化友好合作，促进互利共赢，在中日关系处于承前启后的历史节点时，深刻认识中日友好的意义，开启和平、友好、合作、共赢的新航程。可以说，中日关系正在不断得到改善，面向未来、迎接挑战、互利合作是中日两国的共同愿望，也是弘扬条约精神的目的所在。

然而，中日关系虽然有所改善，但两国间的分歧、矛盾依然存在。要使两国关系在未来健康发展，还有许多工作要做。这需要恪守中日关系的四个文件精神，夯实发展两国关系的政治基础，把握世界形势发展的大趋势，抓住两国发展的机遇，不断扩大和深化两国的共同利益，继续本着"求大同、存小异"的原则，化解矛盾，推进两国关系向前发展。

# 第一章　中华人民共和国成立后面临的形势与对外政策

## 第一节　中国面临的内外形势

1949年，中国面临着严峻的国内外形势和艰巨的任务。中国要继续完成新民主主义革命的任务，恢复和发展国民经济，稳定社会秩序，为向社会主义过渡创造条件。因此，中国必须客观、准确地判断形势，制定符合国情、符合历史发展的对内对外政策，尽快恢复和发展国民经济，稳定社会秩序，巩固新生的政权，维护国家利益与主权，进而为维护世界的和平稳定做出应有的贡献。

### 一　中华人民共和国成立后面临的内外形势

中华人民共和国成立，是中国历史发展的转折点，是惊天动地的大事件，也是20世纪人类历史发展中的大事件。当时，中国面临的国内外形势复杂而严峻。中华人民共和国宣布成立时，中国还没有完全统一，新生的人民政权并不巩固，社会不稳定，国民经济处于严重衰退和全面萎缩的状态，物资奇缺，物价飞涨，城市失业严重。1949年全国生产水平同历史上最高生产水平相比，工业总产值下降了一半，其中重工业产值下降70%，轻工业产值下降30%，农业产值大约下降25%，粮食总产量仅为2250多亿斤。人均国民收入只有27美元，相当于亚洲国家平均值的2/3。中国的首要任务是恢复和发展国民经济、巩固人民政权、稳定社会秩序。中国主要依靠自己的力量，恢复和发展国民经济，完成新民主主义革命任务，同时也在维护国家主权的基础上，尽力争取国际支持，与世界各国建立经济、政治关系。中国不仅要与社会主义国家合作，也要与资本主义国家互通有无，学习它们的先进技术和管理经验，加快自身经济的恢复和发展。

第二次世界大战结束后，世界格局发生了深刻变化。发动对外战争的德、意、日法西斯国家集团被彻底打败，德国、日本领土被盟国占领，面临着世界正义力量的审判，国际地位下降。欧洲的英、法等主要反法西斯国家，或领土曾经被德国占领，或遭受过大空袭，综合国力和政治影响力大幅下降。在西方世界中，只有美国的国力得到提升。在规模空前的第二次世界大战中，美国本土非但没有受到战争破坏，其军事工业还在战争中获得长足发展，并拥有核武器，综合实力决定其成为西方世界的领导者。二战结束后，民主主义、社会主义在世界范围内迅速发展，东欧、亚洲都先后出现了共产党执政的国家。亚洲、非洲、拉丁美洲国家人民掀起了争取民族独立、解放的高潮，与民主主义、社会主义相互促进、相互影响。二战结束后，美国和苏联从战争中并肩与法西斯战斗的盟友变成了竞争对手，成为代表两种不同社会制度的超级大国。不可否认，资本主义在世界范围内处于优势地位。

二战结束后，美国将势力深入到世界各个角落，以巩固其优势地位。美国向国民党政府表示：希望中美两国作为战争时期的盟国能够继续保持同盟关系。罗斯福强调，"一个稳定的中国，对苏俄在远东的野心将形成一道屏障，也可以当作一种最有价值的向心力，以限制亚洲革命暴动的影响"[1]，希望战后执掌中国政权的国民党政府实行亲美政策，遏制苏联和共产主义势力在远东地区的蔓延。抗战胜利后，美国以立体化的运输力量从空中、陆地、海上将国民党在大后方的军队源源不断地运到受降第一线，使国民党独享抗战胜利果实。美国虽然没有直接卷入后来的中国内战，却在经济、政治、军事等方面给予蒋介石为代表的国民党政权大量实际支持。

1949年，以美国为首的北大西洋公约组织正式形成。对于中国共产党领导的中华人民共和国，美国在政治上拒不承认，阻挠恢复新中国在联合国的合法席位；在经济上实行封锁、禁运；在中国周边国家建立军事基地，支持并参与蒋介石集团对大陆的骚扰和轰炸。美国总统杜鲁门说："我们不要那么匆匆忙忙承认这个政府，我们在承认苏联的共产党政权之前曾等待

---

[1] 中共中央台湾工作办公室、国务院台湾事务办公室编《中国台湾问题（干部读本）》，九洲图书出版社，1998，第44页。

了12年"①。1949年11月，以美国为首的西方国家组织成立"巴黎统筹委员会"，相约不向社会主义国家出口"战略物资"，中国被列入禁运国家名单中。美国政府多次强调台湾对于美国的战略地位，认为如果台湾被中国共产党占领，美国的太平洋生命线就会受到威胁。美国驻日军总司令麦克阿瑟更直白地说，"台湾如同一艘不沉的航空母舰和潜艇供给船，绝不能让台湾落到共产党手中"。1950年6月，朝鲜战争爆发。美国把第七舰队开进台湾海峡，鼓吹"台湾地位未定论"，阻挠中国的统一。

以苏联为代表的社会主义国家，与西方国家的封锁包围针锋相对。1949年1月，以苏联为核心的社会主义国家成立"经济互助委员会"，旨在打破资本主义国家的经济封锁。苏联投入大量力量发展现代军事技术，以打破美国的核垄断。1949年5月，苏联成功试爆原子弹，成为世界上第二个拥有核武器的国家。1955年5月，苏联等8个欧洲社会主义国家签订《友好互助条约》（即《华沙条约》），组成了社会主义国家的政治军事同盟。欧洲各社会主义国家与亚洲人民民主国家密切联系，社会主义阵营形成。

社会主义国家对中国采取友好政策，苏联对新中国给予政治、经济等方面的支持和援助。1949年10月2日，苏联致电中华人民共和国政府，宣布断绝与国民党政府的一切关系。3日，中苏两国正式建立外交关系。随后，保加利亚、罗马尼亚、朝鲜、阿尔巴尼亚、匈牙利、捷克斯洛伐克、波兰、蒙古国、民主德国等社会主义国家相继承认中华人民共和国。从1949年底到1950年初，印度、缅甸、巴基斯坦、锡兰（斯里兰卡）、阿富汗、印度尼西亚等亚洲邻国也先后承认中华人民共和国。欧洲资本主义国家挪威、丹麦、芬兰、瑞典与中国建立正式外交关系，英国虽然没有与中国建立正式外交关系，却在1950年代初承认新中国。

中国冷静分析形势，认为社会主义与资本主义的对立不可能立即消失，两大阵营在国际舞台上的矛盾、对立和斗争，将长期存在并影响中国的对外关系。中国应充分考虑当前国际格局的特点，积极利用一切有利因素，打破美国等西方国家的封锁，为国民经济恢复和发展争取良好的国际环境。中国不仅要与社会主义国家建立和发展关系，也要与资本主义国家合作，最大限度地为国内经济恢复和发展提供良好的国际环境，维护国家利益，并为地区及世界和平做出贡献。

---

① 陶文钊主编《美国对华政策文件集》第1卷（上），世界知识出版社，2003，第154页。

## 二　中国的对外关系与对外政策

中华人民共和国成立,揭开了中国历史的新篇章。在新中国即将成立之际,新中国的领导人就开始筹划未来发展的目标,对外政策的立足点在于维护中国的民族独立、国家主权,与世界上爱好和平的国家和人民一道,维护人类正义与和平。

1949年9月30日,毛泽东主持起草《中国人民政治协商会议第一届全体会议宣言》,明确提出中国将"联合一切爱好和平自由的国家、民族和人民,首先是联合苏联和各新民主国家,以为自己的盟友,共同反对帝国主义者挑拨战争的阴谋,争取世界的持久和平"[①]。这是中国对外关系的指导方针,在这个总方针指引下,中国采取了"另起炉灶""一边倒""打扫干净屋子再请客"的对外政策。所谓"另起炉灶",就是不承认清政府以及国民党政府与各国建立的外交关系,中国将重新与世界各国建立外交关系。新中国的领导人认为,中国过去的旧政府与外国政府的外交关系是建立在不平等基础上的,这些关系必须推倒重来,以彻底改变中国半殖民地的地位。"一边倒",即站在苏联为首的和平民主阵营一边,鉴于当时的国际形势,中国认为在两个阵营之间,没有其他选择,没有第三条道路可走。"打扫干净屋子再请客",即在资本主义国家同中国重新建立外交问题上,中国宁愿等一等,清除帝国主义在中国的残余势力,也就是说,先把屋子打扫干净。毛泽东在论述"一边倒"外交方针时指出,"积四十年和二十八年的经验,中国人不是倒向帝国主义一边,就是倒向社会主义一边,绝无例外。骑墙是不行的,第三条道路是没有的","我们在国际上是属于以苏联为首的反帝国主义战线一方面的,真正的友谊的援助只能向这一方面去找,而不能向帝国主义战线一方面去找"[②]。中国认为,在美国为首的帝国主义阵营和苏联为首的社会主义阵营之间,中国必须做出选择,中国是共产党领导的新国家,必须站在社会主义阵营一边。关于"一边倒",毛泽东提出中国应主动地倒,免得建立被动地倒。现在学界对于"一边倒"政策,有许多分析研究,不可否认,其中包含着"绝对""简单"的成分,缺乏灵活性。但是,如果考虑当时中国面临的复杂国际形势,就能全面认识这个政策。其实,在以后的对外关系中,中国逐渐改变僵化的方式,在恢复中日

---

[①] 中共中央文献研究室编《毛泽东年谱(1893~1949)》下卷,第580页。
[②] 《毛泽东选集》第4卷,人民出版社,1991,第1473、1475页。

邦交正常化的过程中，就很好地把握了外交上的原则性与灵活性，不再以意识形态划分敌友，实现了与不同社会制度国家的和平、合作与发展。

中国在对外关系上一直没有完全以意识形态作为唯一标准，拒绝与资本主义国家交流，更没有把资本主义国家看作铁板一块，而是保留与西方国家建立和发展关系的余地。中国认为资本主义阵营中的国家之间存在着较大差异，他们有不同的利益诉求，对新中国的政策不尽相同，中国应该区别对待。中国对那些可能和我们成为朋友的国家，要采取与美国不同的政策，不要把他们推向敌对阵营。毛泽东指出："任何外国政府，只要它愿意断绝对于中国反动派的关系，不再勾结或援助中国反动派，并向人民的中国采取真正的而不是虚伪的友好态度，我们就愿意同它在平等、互利和互相尊重领土主权的原则的基础之上，谈判建立外交关系的问题。中国人民愿意同世界各国人民实行友好合作，恢复和发展国际间的通商事业，以利发展生产和繁荣经济。"[①] 这表明了中国领导人的战略眼光与胸怀。

1949年10月1日，毛泽东郑重向世界宣告：中华人民共和国中央人民政府"为代表中华人民共和国全国人民的唯一合法政府。凡愿遵守平等、互利及互相尊重领土主权等项原则的任何外国政府，本政府均愿与之建立外交关系"[②]。明确表示包括资本主义国家在内的任何政府，只要承认中华人民共和国政府，尊重中国的独立、主权和领土完整，中国就愿意与之建立外交关系。1949年11月8日，中华人民共和国外交部正式成立，政务院总理周恩来兼任外交部长。周恩来提出外交工作的基本任务，"我们现在的外交任务，是分成两方面的。一方面，是同苏联和人民民主国家建立兄弟的友谊。我们在斗争营垒上属于一个体系，目标是一致的，都为持久和平、人民民主和社会主义的前途而奋斗。另一方面，是反对帝国主义。帝国主义是敌视我们的，我们同样也要敌视帝国主义，反对帝国主义"，"外交工作有两方面：一面是联合，一面是斗争"。[③]

为了拓展外交空间，打破美国的封锁，中国区别对待资本主义的在华特权，"在原则上，帝国主义在华的特权必须取消，中华民族的独立解放必须实现，这种立场是坚定不移的。但是，在执行的步骤上，则应按问题的

---

① 中华人民共和国外交部、中共中央文献研究室编《毛泽东外交文选》，中央文献出版社、世界知识出版社，1994，第91页。
② 中共中央文献研究室编《建国以来毛泽东文稿》第1册，中央文献出版社，1987，第15页。
③ 田桓主编《战后中日关系文献集（1945～1970）》，中国社会科学出版社，1996，第68页。

性质及情况，分别处理。凡问题对于中国人民有利而有可能解决者，应提出解决，其尚未不可能解决者，则应暂缓解决。凡问题对于中国人民无害或无大害者，即使易于解决，也不必忙于解决。凡问题尚未研究清楚或解决的时机尚未成熟者，更不可急于去解决"，认为"对于原则性与灵活性应掌握得很恰当，方能站稳立场，灵活机动"[1]，表现了外交上的灵活性。

中国领导人还将领导新民主主义革命的经验运用到外交关系中，重视发展与西方国家的"民间外交"，调动一切积极性，充分发挥各国民间人士、民间团体和各国在野党的作用。周恩来提出："我们要团结世界各国的人民，不仅兄弟国家的人民，就是原殖民地半殖民地国家和资本主义国家的人民，我们也都要争取。但就外交工作来说，则是以国家和国家的关系为对象的。外交是通过国家和国家的关系这个形式来进行的，但落脚点还是在影响和争取人民，这是辩证的。"[2] 中国一直重视开展"人民外交"，特别是冷战时期，重视不同社会制度国家中存在的民间和平友好力量，发挥民间外交的作用。在与不同社会制度国家开展交流中，中国强调应团结资本主义国家的人民，把资本主义国家的政府和人民区别开来，认为这些国家的人民对中国人民是友好的，应该与不同社会制度国家的人民开展友好往来，通过中外民间交流，增进相互间的了解和友谊，推动这些国家的政府转变政策，使其承认新中国，与中国建立正式的外交关系。

1952年，中国根据国际形势的变化，又提出对资本主义国家要"礼尚往来"，"资本主义国家，你对我好，我也对你好；你对我不好，我也对你不好"[3]。采取后发制人的办法，与不同社会制度的国家"互通有无"，开展贸易往来。新中国成立后，以美国为首的西方国家对中国实行封锁、禁运、敌视政策。由于中国政府制定了比较灵活的外交策略，冲破了西方的封锁，为国民经济的恢复和发展提供了较好的条件。

1950年代中期，中苏两党在如何建设社会主义、如何对待马克思主义等重大问题上发生严重分歧。中苏两党是两国社会主义建设的领导者，两党关系恶化必然影响到两国关系。在对外关系上，中国将反对苏联大党主义、大国主义和霸权主义作为重点，实行既反美又反苏、"两个拳头打人"的方针。中国为取得对外关系上的主动权，要联合世界上更广泛的力量，

---

[1] 中央档案馆编《中共中央文件选集》第18册，中共中央党校出版社，1992，第44页。
[2] 《周恩来选集》下卷，人民出版社，1984，第88页。
[3] 《周恩来选集》下卷，第87页。

发挥资本主义国家的人民在维护和平中的作用。毛泽东指出:"我们现在需要几十年的和平,至少几十年的和平,以便开发国内的生产,改善人民的生活。我们不愿打仗。假如能创造这样一个环境,那就很好。凡是赞成这个目标的,我们都能同它合作。"[1] 表明中国愿意抛弃意识形态的分歧,与世界上一切爱好和平的力量合作,发展与各国的友好关系。1955年4月,中国代表参加第一次亚非国家会议,周恩来代表中国政府正式提出和平共处五项基本原则,赢得了与会国家和世界其他国家的广泛赞誉。从此,和平共处五项原则被很多国家作为处理国与国关系的准则。

1970年代初,国际形势发生了深刻变化,霸权主义成为世界和平的主要威胁。从中华人民共和国成立到1970年代,中国经济建设、社会发展取得巨大成就,中国倡导的和平共处五项基本原则得到了越来越多的国家的赞同与支持,国际地位日益上升。1971年,联合国大会通过了恢复中华人民共和国在联合国合法席位的决议,中国成为安理会常任理事国。为进一步拓展外交空间,发挥政治大国的作用,团结更广泛的国际力量反对霸权主义和强权政治,中国提出了"一条线"、"一大片"和"三个世界"划分的理论。中国认为苏联霸权主义已经成为世界和平的主要威胁,应改变"两个拳头打人"的策略,主动与美国改善关系。中美关系缓和影响了世界,也促进了中日邦交正常化。

1978年12月,中国共产党召开十一届三中全会,对当时的国际形势做出新的判断,认为霸权主义是世界和平的主要威胁,战争危险依然存在,中国将继续坚持反霸立场。但是,世界范围内的和平力量也在不断增长,而且超过了战争力量,战争是可以避免的。中国判断:当今世界的主题已经不再是"战争与革命",而是"和平与发展"。中国应该尽力争取一个相对和平的国际环境,集中力量进行国内经济建设,中国共产党放弃"以阶级斗争为纲"的路线,将党的工作重心转移到经济建设上来。中国由此进入了改革开放的新时期。为此,中国调整了对外方针,将对外关系的重点放在维护世界和平、为国内经济建设提供稳定的国际环境上,而不再是准备打仗。中国认为只有大力发展生产力,才能提高综合国力、改变国家经济落后的面貌,在充满竞争的世界中,更好地维护国家的独立与发展,维护地区与世界的和平。邓小平明确提出:"科学技术水平不提高,社会生产

---

[1] 《毛泽东外交文选》,第168页。

力不发达,国家的实力得不到加强,人民的物质文化生活得不到改善,那末,我们的社会主义政治制度和经济制度就不能充分巩固,我们国家的安全就没有可靠的保障。"① 中国继续坚持独立自主的和平外交政策,把维护世界和平、促进共同发展作为长期的对外战略目标,为人类的共同进步和发展做出应有的贡献。

21世纪经济全球化给世界各国带来了新的变化,中国面临着新的机遇与挑战。尽管如此,中国认为和平与发展仍然是世界的主题,在可以预见的将来,世界大战打不起来,可以争取较长时期的国际和平环境。中国将继续坚持以经济建设为中心,坚持改革开放方针,坚持维护世界和平与促进共同发展的对外战略,推动建立公正合理的国际政治经济新秩序,维护世界和平。

中国的对外方针是在客观分析国际形势变化的基础上制定的,维护国家主权和利益,实现人类共同发展是中国对外关系的目标。为此,中国不仅重视与社会制度相同的国家建立和发展关系,也重视与社会制度不同的国家平等互利、和平共处。中国制定的与日本发展和平友好关系的政策方针,推进了中日邦交正常化,是不同社会制度国家间平等互利、和平友好的典型范例。在中日关系出现困难的形势下,研究中日关系发展的历程,汲取历史经验,有重要学术价值和现实意义。

## 第二节 发展与不同社会制度国家关系的原则

### 一 独立自主是发展国与国关系的基础

中国共产党领导新民主主义革命取得胜利的重要经验是独立自主。毛泽东曾经提出,"中国革命斗争的胜利要靠中国同志了解中国情况"②,必须到中国革命的实践中去了解中国的情况,才能制定"正确而不动摇的斗争策略"③。独立自主也是中国制定对外战略的基本原则。

鸦片战争后中国逐渐沦为半殖民地半封建社会,国家的领土主权受到侵犯,根本谈不上独立自主。中华人民共和国成立后,将独立自主、维护

---

① 《邓小平文选》第2卷,人民出版社,1994,第86页。
② 《毛泽东选集》第1卷,人民出版社,1991,第115页。
③ 《毛泽东选集》第1卷,第115页。

国家主权、反对任何国家以任何名义干涉中国内政作为制定对外政策的基点,把"国家的主权、国家的安全要始终放在第一位"[①]。中国根据总体的对外战略,制定了"一边倒"的对外方针,"一边倒"绝不意味着完全失去自己的原则立场,无条件地听从苏联指挥,而是要坚持独立自主,既与苏联等社会主义国家搞好关系,也不完全听命于任何大国、大党。

中国的对外关系始终坚持独立自主,从不屈服于任何外来压力,也不怕大国的威胁与讹诈。1950年朝鲜战争爆发后,美国认为这是社会主义阵营向西方世界的挑战,直接出兵朝鲜,并干涉中国的主权。毛泽东立即回应美国在台湾问题上的做法,认为杜鲁门声明说美国不干涉台湾,现在他自己证明了那是假的,并且同时撕毁了美国关于不干涉中国内政的一切国际协议。中国表示,杜鲁门的声明和美国海军第七舰队进入台湾海峡,是对中国领土的侵略,是对联合国宪章的破坏,"我国全体人民,必将万众一心,为从美国侵略者手中解放台湾而奋斗到底"[②],表明捍卫国家主权领土完整的决心。朝鲜战争爆发前后,中国政府多次声明,台湾问题是中国的内政,绝不允许他国干涉。

1950年2月,中苏两国签订了《中苏友好同盟互助条约》,中华人民共和国正式成为社会主义阵营的一员。毛泽东指出:"这次缔结的中苏条约和协定,使中苏两大国家的友谊用法律形式固定下来,使得我们有了一个可靠的同盟军,这样就便利我们放手进行国内的建设工作和共同对付可能的帝国主义侵略,争取世界的和平。"[③] 中国认为签订这样一个条约,有利于中国的国内建设,有利于阻止战争。这是中华人民共和国成立后与外国签订的唯一的军事同盟条约。然而,中国在对外关系上,一向注重自身利益,不是无条件地听命于苏联,而是客观分析形势,独立自主地制定对外方针和政策,维护国家的主权和利益,展示了独立自主处理国际关系的能力。

## 二 维护国家主权和利益是基本目标

中华人民共和国成立后,面临着东西方两大阵营对立的形势,中国采取了"另起炉灶""一边倒""打扫干净屋子再请客"的对外方针,选择站

---

[①] 《邓小平文选》第3卷,人民出版社,1993,第348页。
[②] 《中华人民共和国对外关系文件集》第1集,世界知识出版社,1957,第134~135页。
[③] 薄一波:《若干重大决策与事件的回顾》上卷,中央党校出版社,1991,第42页。

在社会主义阵营一边。1949年,《中国人民政治协商会议共同纲领》明确指出,中国要站在国际和平民主阵营方面,共同反对帝国主义侵略,以保障世界的持久和平的总的对外战略目标。中国坚定地站在国际和平阵营一边,反对帝国主义阵营,认为国际和平民主阵营的成员相互之间都是朋友。同时,中国政府要求外交工作人员,要尊重不同国家的发展道路、文化传统和语言习惯等,不仅中国与资本主义国家存在着很大差别,即使是社会主义国家之间也是存在差异的,要注意"就兄弟国家来说,我们是联合的,战略是一致的,大家都要走社会主义的道路。但国与国之间在政治上不能没有差别,在民族、宗教、语言、风俗习惯上是有所不同的"①,彼此尊重才能实现和平。为了加快国民经济的恢复与发展,中国需要与西方资本主义国家开展经贸往来,建立和发展政府间的外交关系。在与不同社会制度国家发展关系中,始终以维护国家主权利益为基本立脚点和出发点。

然而,在两极格局的形势下,中国也不是完全以意识形态划分敌友,而是努力与不同社会制度、不同意识形态的国家建立和发展外交关系。1950年代,针对国内普遍关心的第三次世界大战是否会爆发问题,毛泽东做了明确的阐述,"帝国主义阵营的战争威胁依然存在,第三次世界大战的可能性依然存在。但是,制止战争危险,使第三次世界大战避免爆发的斗争力量发展得很快,全世界大多数人民的觉悟程度正在提高。只要全世界共产党能够继续团结一切可能的和平民主力量,并使之获得更大的发展,新的世界战争是能够制止的"②,中国在制止战争、维护和平的同时,要继续完成民主革命的任务,调整工商业,大量节减国家机构经费,加快国家财政经济状况的好转,为向社会主义过渡创造条件。

资本主义各国从自身利益出发,在对华政策上也并不完全与美国一致,日本就是一例。日本从其战后重建和国家未来的发展考虑,一直重视中国这个广阔的市场,希望与中国继续贸易往来。1951年9月4~8日,由美国主导的旧金山对日媾和会议召开;1951年9月8日,日本与美国等48个国家在旧金山签订了《旧金山对日和约》,宣告日本与这些国家结束战争状态,日本获得了法律上的独立。美国通过《日本国与美利坚合众国间的安全保障条约》(即《日美安全保障条约》),取得在日本国内及附近的驻军

---

① 中华人民共和国外交部、中共中央文献研究室编《周恩来外交文选》,中央文献出版社,1990,第6页。
② 《建国以来毛泽东文稿》第1册,第390~391页。

权，日本成为美国在远东的基地，实际处于美国的半占领状态。1952年4月，日本在美国的压力下，与台湾当局签署"日华和平条约"（以下简称"日台和约"）。"日台和约"阻碍了中国与日本建立正常的外交关系。在这种情况下，中国为实现中日邦交正常化的战略目标，采取了"民间先行、以民促官"等对日方针，通过"民间外交"推动官方关系的建立。中国制定这样的对日方针，就是看到战后日本国内存在着要求政府承认中华人民共和国、断绝与台湾方面官方关系的呼声。

中国利用一切机会与西方国家接触。1954年4~7月的日内瓦会议上，周恩来提出"我们应该采取积极参加日内瓦会议的方针，并加强外交和国际活动"[①]，打破美国的封锁、禁运政策，促进国际紧张局势的缓和。中国认为多数资本主义国家在对外政策上，并不与美国完全相同，是处于美苏之间的"中间地带"，它们不满意美国的压迫政策，在反对美国、反对霸权主义方面，与中国存在着共同利益，是维护世界和平的重要力量。

中国在与不同社会制度国家发展友好关系中，重视国家利益、发挥这些国家在维护世界和平中的作用。

### 三 创造良好的国际环境是中国社会发展的内在要求

任何国家都不可能孤立存在，发展广泛的外交关系，有利于国内经济社会的发展。为了发展与资本主义国家的关系，中华人民共和国成立后，对西方国家采取了"两分法"，强调资本主义国家人民是热爱和平的，无论是发动侵略战争的德国、日本、意大利，还是遭受战争破坏的英国、法国等国家，人民都是侵略战争的受害者。战后，这些国家的人民愿意与中国开展友好往来。1950年代，周恩来就指出，"中国人民是愿意与日本人民友好往来的，日本人民也是愿意与中国人民友好的。这两者就是中日友好关系的基本条件"[②]。

中华人民共和国成立后，中国面临着领导全国人民维护国家独立、医治战争创伤、扫清国民党在大陆残余势力、恢复和发展经济的艰巨任务。中国要恢复发展经济，不仅要与社会主义国家发展友好关系，需要社会主义国家的同情与支持，同时也希望与一切平等待我之民族建立和发展友好

---

① 中共中央文献研究室编《周恩来年谱（1949~1976）》上卷，中央文献出版社，1997，第356页。
② 裴坚章主编《研究周恩来——外交思想与实践》，世界知识出版社，1989，第226页。

关系。"打扫干净屋子再请客"就是要在废除帝国主义强加给中国的一切不平等条约、清除帝国主义国家在中国的各种特权之后，再在平等、互利和互相尊重领土主权的基础上，与世界各国建立外交关系。毛泽东指出，"我们是愿意按照平等原则同一切国家建立外交关系的"①。资本主义国家要成为新中国的"客人"，必须要承认中华人民共和国是代表中国的唯一合法政府，断绝与台湾当局的官方往来，取消敌视中国的政策，支持联合国恢复中华人民共和国的合法席位。

中国在基本恢复国民经济、实现财政经济的好转后，制定了国民经济的第一个五年计划，需要扩大与世界各国的经济交往。在第一届全国人大第一次会议上，周恩来在《政府工作报告》中指出，"我国伟大的人民革命的根本目的，是从帝国主义、封建主义和官僚资本主义的压迫下面，最后也从资本主义的束缚和小生产的限制下面，解放我国的生产力，使我国国民经济能够沿着社会主义的道路得到有计划的迅速的发展，以便提高人民的物质生活和文化生活的水平，并且巩固我们国家的独立和安全"②，中国即将开始的社会主义革命和社会主义建设需要学习各国的先进技术，也需要稳定的国际环境，希望建立国际和平统一战线，与西方国家和平共处。

1953年12月，周恩来在接见印度政府代表团时，提出了和平共处五项基本原则。1954年4月，中印两国政府签订《关于中国西藏地方和印度之间的通商和交通协定》，协定明确写上了互相尊重领土主权、互不侵犯、互不干涉内政、平等互惠、和平共处五项原则，根据五项原则精神，中国先后与印度、巴基斯坦、缅甸等邻国改善了关系。1955年4月，在印度尼西亚的万隆召开的亚非会议上，中国正式提出了互相尊重主权和领土完整、互不侵犯、互不干涉内政、平等互利、和平共处五项原则，认为不同社会制度的国家是可以实现和平共处的，进一步扩展了与亚非国家的外交关系。

---

① 《毛泽东外交文选》，第80页。
② 《周恩来选集》下卷，第132页。

# 第二章 "民间先行、以民促官"对日方针的确立

中华人民共和国成立后，中国制定了一系列发展中日关系的方针政策。由于美国实行对日本单独占领和对日改革的政策，战后初期，日本处于"无外交"时代。中国充分考虑美国对日本内政外交等方面的影响，特别是1952年日本在美国的压力下与台湾当局签订"和平条约"确立了官方关系，决定采取"以民促官"的方式，循序渐进地推动中日两国关系的发展。

## 第一节 "民间外交"方针确立的背景

二战结束后，美国单独占领日本。为了消除日本再度发动战争的能力，使其不再具有与美国为敌、威胁美国全球战略的实力，美国对日本实行民主改革，使日本实现民主化、非军事化。为了达到上述目标，美国解散、复员日本军队，逮捕东条英机等战犯，解散军国主义团体，解散思想警察和政治警察，整肃公职人员，解散财阀，给妇女参政权，实行土地改革、教育改革。美国的对日改革政策，对于日本走上和平民主的道路起了重要作用。然而，美国的对日民主改革又是不彻底的。美国对日政策经历了从"改革"到"扶植"的转变，想使日本成为亚洲阻止共产主义扩散的"防波堤"。美国对中国采取敌视、封锁、孤立政策，排斥中国参加旧金山对日媾和会议，并压迫日本与台湾方面签订所谓"和平条约"，建立官方关系。在这种形势下，中国为了推动中日关系发展，实现中日两国邦交正常化，努力克服美国因素的不利影响，制定了"民间先行、以民促官"的对日方针，通过"民间外交"推动中日两国建立官方关系。

## 一 美国占领政策及其对日本外交的影响

1930年代，日本军国主义发动的侵华战争给中国人民造成了难以统计的损失，严重迟滞了中国近代化的发展历程。饱受战争灾难的中国，希望战后彻底清算日本军国主义罪行，铲除危害东亚和平的根源，进而在平等互利的基础上建立中日两国的正常关系。中国对日本采取两分法，强调发动侵略战争的是日本政府和军国主义分子，批判日本侵略战争给中国造成的巨大灾难；同时，认为广大日本人民与中国人民一样，都是热爱和平的，日本人也是受害者，日本的侵略"对我国人民造成令人难忘的滔天罪行，但我国人民明确地认清日本军国主义者曾经是而且将来也是我国的仇敌，而日本人民则是我们的朋友"[①]。将中日和平友好的希望寄托在广大日本人民身上，是中国1950年代制定"民间先行、以民促官"对日方针的重要考量。

从中日甲午战争到1930年代日本发动侵华战争，在半个世纪中，日本不断对中国进行侵略，严重损害了中国主权，给中国人带来了巨大灾难。中国人倍加珍惜和平，高度关注战后日本的政治走向，对日本可能走上军国主义的老路保持高度警惕。战后由于特殊的国际环境以及美国的强大实力，国际社会对日本的占领实际是由美国单独完成的。从1945年8月28日到9月初，46万美军以"盟军"的名义陆续进驻日本，以麦克阿瑟为首的盟军最高统帅总司令部成立，美国制定的对日政策便通过盟军总司令部以命令、指令或备忘录等形式来实施。苏联不愿意让其军队置于美国司令官的指挥之下，拒绝向日本派兵。中国被分派进驻名古屋，后因国内形势吃紧，蒋介石全力打内战，最终没有派出占领部队。英国无力派出对日占领军队，英联邦派了少数部队到广岛县的吴市，很难对美国产生牵制作用。美国的对日政策对于清算日本战争罪行和确定战后走向有决定作用。

因此，美国对日政策基本决定着日本的政治发展方向。美国对日本实行非军事化、民主化改革，旨在铲除日本再次发动战争的根基，使日本走上民主政治的道路。在中国，抗日战争胜利后不久，国共内战爆发，1949年国民党败退台湾，中国在共产党领导下，建立了中华人民共和国。中华人民共和国的成立，是翻天覆地的大事件，影响着东亚的国际关系，也影

---

[①] 《中华人民共和国对外关系文件集》第2集，世界知识出版社，1958，第100页。

响着美国在亚洲的政策。美国希望日本能够在东方防止共产主义"扩散",改变了使日本成为"东方瑞士"的政策,要把日本作为远东对抗共产主义的桥头堡,其对日占领政策随之改变。

美国对日占领初期,"不仅占据着胜利者的地位,而且还以改革者的身份推进日本的'非军事化'改革。美国将二战爆发的原因归结为日本和德国的军国主义,因此他们认为,只有对日本进行改革,瓦解日本军国主义存在的社会结构,削弱日本的军事能力,才能构建世界和平。抱着这样的目的,他们在进驻日本之前就制定了详细的措施,当军队进驻日本后,就开始按照计划在日本推行非军事化和民主化"[1]。1945年9月22日,美国政府公布《投降后初期美国对日方针》,就是要使日本不再对美国和世界的和平与安全构成威胁,在日本建立尊重其他国家的权利并支持美国意愿的政府。1945年11月1日,美军参谋长联席会议向盟军司令官发布的《投降后初期对盟国最高司令官占领及管理日本的基本指令》提出,要尽可能确保日本不再对世界的和平与安全构成威胁,而且要创造条件,使日本最终作为负责任的国家参与国际事务。为此,美国对日本战争责任者实行了比较严厉的制裁,主导了对日本政治、社会、教育等方面的系列改革,改革措施主要包括以下几个方面。

首先,让日本政府颁布"和平宪法",从法律上确立民主制度,使日本走上民主道路。美国认为要达到使日本民主化、非军事化的目标,就要改变以天皇为核心的政治体制,颁布体现民主精神的新宪法。近代日本宪法是1889年颁布实施的《大日本帝国宪法》,宪法的核心是国家主权在天皇,而非西方所言的"主权在民"。宪法规定,"大日本帝国由万世一系之天皇统治","天皇神圣不可侵犯","天皇为国家元首,总揽统治权,天皇具有最高军事统帅权"。[2] 宪法规定天皇有政治、军事、行政和外交等大权,天皇的权力是神赐予的。近代日本宪法显然不符合资产阶级民主精神,是日本近代不断发动侵略战争的法律和精神依据。

日本在制定新宪法时,首先面临着天皇和天皇制的问题。战后的国际社会普遍认为,日本发动侵略战争与天皇制有密切关系,许多日本青年出于"爱国""忠君"走上战场,参与对外侵略,并成为对外战争的牺牲品。日本天皇对侵略战争负有重要责任,包括直接或间接责任,以及实际上或

---

[1] 吉田茂:《激荡的百年史》,孔凡、张文译,陕西师范大学出版社,2006,第87页。
[2] 《大日本帝国宪法》,见『戦後日本防衛問題資料集』第1卷、三一書房、1991、18頁。

道义上的责任。日本历史学家井上清指出:"天皇作为唯一最高的军队统帅,认可了其所属军部进行的战争;又作为政府的任命者,任命了以主战论而闻名的人为首相;并作为唯一最高的主权者,直接决定开战……军国主义在日本得以横行的原因,是由于存在着这样的天皇,是由于一切权力都集中在天皇手中,同时也是由于向国民灌输信仰天皇的结果。"① 日本投降前后,天皇的重臣和政府官员很清楚天皇在战争中的作用,认为天皇对战争负有责任。代表日本政府接受投降的铃木贯太郎首相认为:"陛下承担战争责任最为合理,但在今天日本的情况这样混乱,换成任何人也不会使日本复兴起来。……所以不应考虑退位等问题。我决不赞成天皇退位,应该继续在位来承担责任。"②

战后的国际社会普遍认为,要使日本走上和平道路,就必须废除落后于时代的天皇和天皇制。苏联、荷兰、澳大利亚等国认为:"天皇很令人担心,战争结束时,日本人完全服从天皇的命令。如果今后仍服从天皇的命令,悲剧可能重演。因此,它们要废除天皇制,并且认为天皇是战犯。"③ 这些国家主张追究日本天皇的战争责任。在美国国内,也有人认为日本的天皇制根本不符合现代民主精神,是落后于时代的制度,必须废除,应在日本建立真正的民主制度,以防止日本再度利用天皇发动对外战争,威胁世界和平。

当时,国际社会废除日本天皇制的呼声很高,但是,麦克阿瑟却有不同的看法,他以为日本天皇的地位不可替代。盟军占领日本时,"没发一枪,没流一滴血,就完成了占领,证明日本天皇的力量非常强大。对日本来说,天皇是很必要的,应协助日本维护天皇制"④,他认为美国可以利用日本天皇的威望,减少改革的阻力,使日本成为亲美国家,美国可以很低的成本在远东建立一个协助美国战略目标的政府。他还认为,如果废除日本天皇制,很可能引起日本社会的动荡,不利于实现美国的战略目标和利益。麦克阿瑟曾经说,"天皇至少有 100 万军队的价值"⑤,希望发挥天皇的作用,减少美军占领代价。美国政府认为麦克阿瑟的看法有道理,美国的对日政治改革,并未废除日本的天皇。1946 年 2 月 4 日,麦克阿瑟提出

---

① 井上清:《天皇制》,辽宁大学哲学研究所译,商务印书馆,1975,第 151 页。
② 井上清:《天皇的战争责任》,吉林大学日本研究所译,商务印书馆,1983,第 198~199 页。
③ 『戦後日本防衛問題資料集』第 1 巻、67 頁。
④ 『戦後日本防衛問題資料集』第 1 巻、66 頁。
⑤ 林健太郎『歴史からの警告』中央公論社、1999、75 頁。

修改宪法三原则，"一、天皇为国家元首，皇位世袭，根据宪法行使职责及权能，根据宪法反映国民意志；二、废除作为国家主权发动的战争。日本放弃作为解决纷争手段乃至保持本国安全手段的战争；三、废除日本的封建制度"[①]。美国以"宪法三原则"为基础，着手修改《大日本帝国宪法》，赋予国会真正的立法权力，使其成为最高权力机关，以实现主权在民。

1946年元旦，日本天皇发表著名的"人间宣言"，明确自己是人，不再是"现人神"。1947年5月，日本实施新宪法。《日本国宪法》第一章"天皇"第一条"天皇地位和国民主权"明确规定，"天皇是日本国的象征，是日本国民统一的象征，其地位以主权所在的全体日本国民的意志为依据"；第四条"天皇的权限、天皇国事行为的委任"中规定："天皇只能行使本宪法所规定的有关国事行为，并无关于国政的权能"，"天皇可根据法律规定，对其国事行为进行委任"；第六条对"天皇的任命权"做了规定，天皇要"根据国会的提名任命内阁总理大臣"，"根据内阁的提名任命担任最高法院院长的法官"。新宪法明确日本天皇不再是神，没有统帅军队、最终决定国家政策的大权，天皇是名义上的国家象征，不拥有实际权力，日本的主权属于国民，保障日本战后走上和平、民主道路。虽然天皇只是名义上的国家象征，没有任何实际权力。但是，由于没有追究天皇的战争责任，日本国民普遍认为，他们是为天皇、为"皇国"而战，青年出于"爱国""忠君"从军、上战场，既然天皇没有战争责任，他们也无须反思。相当多的日本人认为日本遭受了原子弹袭击，自己才是战争的最大受害者，没有反思战争给邻国人民造成的灾难。还有人打着反对一切战争的旗号，否认战争有正义与非正义之分，至今日本国内的"被害"意识远远高于"加害"意识。

《日本国宪法》第二章为"放弃战争"，其中第九条"放弃战争，否认军备及交战权"规定，"日本国民衷心谋求基于正义与秩序的国际和平，永远放弃以国权发动的战争、武力威胁或武力行使作为解决国际争端的手段"；"为达到前项目的，不保持陆海空军及其他战争力量。不承认国家的交战权"。日本政治家认为，"的确，当时修改宪法不是我国的内政问题，其目的是为了创造条件使已经被国际社会驱逐的日本重新回到国际社会。这是一种占领军与被占领国之间极为特殊的外交谈判。……为了遭到排斥

---

① 『戦後日本防衛問題資料集』第1卷、67頁。

的日本回到国际社会，必须放弃天皇主权主义，不单单要放弃侵略战争，而且也有必要造成一种印象，连自卫战争也放弃了"[1]。日本明确放弃战争，专守防卫，实现了"非军事化"目标，1947 年的宪法被称为"和平宪法"。新宪法明确日本不能拥有军队，不具有国家交战权。该宪法自公布之日起，日本国内就有不同声音，近年来修宪的呼声越来越高，日本自卫队也已经参与国际行动，实际越出"和平宪法"的规定。

其次，国际社会对日本发动侵略战争的罪行进行审判，解散右翼团体，追究日本的战争责任。1946 年 1 月 4 日，盟军总司令部发表解除公职令，下令开除军国主义、国家主义团体主要成员的公职，20 余万人被开除公职；还解散了金鸡学院、建国会、东亚联盟协会等 27 个右翼、法西斯团体，解散支持侵略战争的财阀，释放被关押的政治犯。

1946 年，盟国在东京设立远东国际军事法庭，开始对战争责任者进行审判。远东军事法庭认为战争就是罪行，国际发展应走和平道路，为了预防再次发生战争，应将惩治犯罪纳入法治轨道。经过两年半庭审，东条英机等 28 名甲级战犯被送交远东军事法庭审判。最终，东条英机、土肥原贤二、广田弘毅、板垣征四郎、木村兵太郎、松井石根、武藤章 7 名战争罪犯被处以绞刑，16 名战争罪犯被判处终身监禁，2 人被判处有期徒刑，战争罪犯受到应有的惩罚。然而，国际刑法并不追求审判的彻底性，在有限的时间不可能对所有战犯进行审判，只能选择最主要责任者，以节约成本，多种因素决定了远东军事法庭的审判的不彻底性。一些对战争负有重要责任的罪犯没有受到惩处。策划九一八事变的石原莞尔因与东条英机素有矛盾，被东条英机排挤出军界，他在卢沟桥事变后主张"不扩大"，反对对美开战等，没有被列为战争罪犯受审，而是作为证人出庭；还有一些参与策划侵略战争、有重要战争责任的官僚，也没有被追究责任，甚至战后还继续担任日本政府要职。岸信介被定为甲级战犯，不久即被宣布无罪释放。日本国策机构昭和研究会常务委员贺屋兴宣在远东军事法庭上被定为甲级战犯，处以无期徒刑，10 年后获释，担任岸信介首相的经济顾问，后担任池田勇人内阁法务大臣，出任自民党政调会长等重要职务，属于自由民主党的右翼。贺屋兴宣担任日本遗族会会长，与板垣征四郎之子板垣正共同为所谓的"表彰英灵事业"奔走，要实现日本政府阁僚参拜靖国神社合法化，达

---

[1] 猪木正道：《吉田茂的执政生涯》，江培柱、郑国任译，中国对外翻译出版公司，1986，第 96 页。

到以国家名义保护靖国神社的目的。战后，他一直坚持反共立场，阻止中日邦交正常化。到1951年夏天，日本的右翼团体恢复到540个。很多对侵略战争负有责任的日本政界、军界、财界的官僚没有受到惩罚或者追究。这显然不利于清算日本军国主义发动战争的罪行，客观上为日本错误历史观的存续创造了条件。

有日本学者指出，战后德国舆论界流行着"第二罪"的观点，即"将希特勒时代所犯的罪行称为'第一罪'，'第二罪'是指从心理上抑制或否定'第一罪'。但是在日本不要说对'第二罪'，即使对'第一罪'都没有作正面的论述"，"由此可见日德的根本区别是政治上、道义上的"。[①] 日本政府一直否认或者回避责任。还有人以反对一切战争为由，否定侵略战争性质，甚至鼓吹战争是双方的事，主张"双方责任论"，实际是"大东亚战争解放论"的翻版；有人以"超越国家、超越民族、宣誓和平"的名义，否认日本发动战争的侵略性质。

战后在美国监督下，日本遣散了所有军队，解散战争指挥机构"大本营"以及其他军事机构，只保留9万多名警察，这些警察除少数人配有手枪外，多数人没有武器，警察的任务是维持社会治安。美国还拆迁和销毁日本重工业设备，防止日本重新制造武器，不让日本具有再度发动对外战争的能力。

再次，颁发实行一系列法律法规，从法律层面推动日本政治、经济、社会的民主化。美国对日本实行土地改革、劳动民主化，解散财阀，切断财阀家族对下属企业的控制，实行禁止垄断的措施。战后日本农村的寄生性地主阶级被消灭，改变了封建土地所有制，农村的商品货币经济迅速发展起来；日本政府冻结大财阀资产，并解散大财阀，先后制定《禁止垄断法》和《经济力量过度集中排除法》，缩小过度集中的企业，铲除日本财阀封建统制形式，扫除妨碍资本主义发展的封建势力，稳定了日本经济。

1947年上半年，日本政府连续公布《教育基本法》（1947年3月）、《劳动基准法》（1947年4月）、《独立禁止法》（1947年4月）、《地方自治法》（1947年4月）等法律，进行政治体制改革。实行政教分离，政府放松了对工人运动和工会组织的控制，解除党禁，实施言论与新闻自由。在地方实行知事、市町村长的直接选举，改变了中央集权体制。教育改革是改

---

① 栗屋憲太郎等『戦争責任・戦後責任 日本とドイツはどう違うか』朝日新聞社、1994、11~12頁。

革的重要内容。明治维新后,日本仿照欧美建立起近代教育制度,却没有贯彻自由平等的理念,而是向学生灌输"忠君爱国"思想。日本中小学开设修身课,要求学生全文背诵《教育敕语》,把天皇作为"现人神"来盲目崇拜。1930年代,日本发动侵华战争后,中小学的修身、国语、音乐、美术等教科书中,充斥着歌颂士兵"精忠报国""舍身取义"的内容。日本的学校教育充满了皇国史观、"忠君爱国"的封建思想。美国实行对日占领后,废除带有严重封建色彩的"忠君"史观教育,在学校教育中贯彻西方民主、自由思想,消除封建思想赖以传播的渠道,使日本真正走向民主化道路。战后日本取消了中小学校的修身、日本历史、日本地理课,将这三门课合并改为"社会科",从教材到教学内容都做了彻底的改革,禁止学校对学生灌输军国主义思想。由于来不及编写新的教科书,1946年1月25日,日本颁布《国民学校后期使用图书中的删除修正问题》,即"涂抹教科书令",要求涂抹掉教科书中的军国主义内容。1947年3月颁布的《教育基本法》《学校教育法》等,是新宪法的附属文件,旨在培养年青一代的民主思想、独立思考的能力和健全的人格。文部省还颁布《学习指导要领》,规定小学到高中的教学方针、教学内容和教科书审定标准等,日本进入民间可以编写教科书的时代,形成"国定"教科书与民间编写文部省"审定"教科书并存的局面。1950年代后期,小学到高中教科书全部由民间编写,"国定"教科书彻底退出历史舞台,保证学生从小接受民主教育。

美国对日本的一系列改革,使日本社会发生了巨大变化,日本人开始接受真正意义上的民主观念教育与灌输,进而接受民主思想,建立民主制度和体制,使日本在战后走上和平发展道路。

美国对日本的改革又是不彻底的。由于战后国际形势突变,东亚出现了中国、朝鲜、越南等一系列共产党执掌政权的国家,美国感到共产主义的"洪水"即将吞没亚洲,需要在东方寻找新的盟友。美国希望日本在亚洲能够承担更多的责任,对抗苏联和中国共产主义势力的渗透,因此,不希望"压制"日本而给共产主义在东方"蔓延""扩散"的机会,而是要让日本成为美国在远东的盟友,承担社会主义、共产主义"防波堤"的责任。于是,美国改变了对日政策,大力扶植日本。

二战后,东西方国家共同抗击法西斯的局面终结。以美国为首的西方国家视共产主义为洪水猛兽,西方阵营对社会主义国家采取敌视、封锁政策。1946年3月,英国前首相丘吉尔访问美国。丘吉尔在美国大声呼吁,美国要重视对希腊和土耳其经济上的援助和支持,以发挥它们在防止共产主义"扩散"中的作用。丘吉尔还发表了著名的"铁幕演说","现在从波罗的海的什切青到阿德里亚海的里雅斯特湾,正在降下铁幕"①,要西方国家警惕共产主义势力的发展。丘吉尔的演说在西方国家中引起了强烈的反响。美国表示对苏联不再做任何让步,以挫败"苏联扩张"的图谋,并对给盟国军事和经济援助予以同情的考虑。

西方阵营要冲破共产主义的"铁幕",在具有重要战略地位的土耳其和希腊构筑反共体系。1947年3月,美国总统杜鲁门在演说中大肆渲染苏联共产主义的扩张,认为现实世界存在着两种生活方式的斗争:"第一种生活方式的基础是多数人的意志,特征是自由体制、代议政府、自由选举、保障个人自由、言论与信仰自由,而且有免于政治压迫的自由。第二种生活方式的基础却是以少数人的意志强加于多数人身上。它依恃的是恐怖和压制着报刊和电台,操控选举,并且压制人身自由"②,扬言"美国政策必须支持那些自由人民,他们正在抵抗少数武装分子或外来压力所企图实现的征服"③。美国宣布向希腊、土耳其提供4亿美元的紧急军事援助,以抵御共产主义的"威胁","杜鲁门主义"出台。在亚洲,美国改变了视日本为潜在敌人的看法,转而对抗苏联。为发挥日本防止共产主义在亚洲"扩散"方面的作用,美国对日政策从民主改革演变为进行扶植,加速把日本纳入美国主导的国际政治经济秩序之中。美国国务院政策计划处处长乔治·凯南在《苏联行为的根源》中,把苏联的挑衅提升到历史的层面,认为苏联对民主的仇视是与生俱来的,要坚定予以"遏制",与苏联全面对峙。美国应改变限制日本垄断资本的政策,协助日本发展经济,来对付共产主义的威胁。这一主张得到了美国政府的支持。

为使日本具有抵抗共产主义的能力,美国的态度从将日本视为要摧毁的敌国变成要拉拢的盟友,从铲除日本军国主义基础、实现日本的民主化政策转变为重建日本、扶植日本。1947年5月,美国副国务卿艾奇逊提出"欧洲和亚洲的复兴,就要重建作为其工厂的德国和日本"④。1948年10月,美国通过国家安全委员会文件指出,要把"行政责任移交给日本政府",美

---

① 原栄吉『日本の戦後外交史潮』慶應通信株式会社、1984、25頁。
② 亨利·基辛格:《大外交》,顾淑馨、林添贵译,海南出版社,1998,第404页。
③ 陶文钊:《中美关系史(1911~1949)》上卷,上海人民出版社,2004,第323页。
④ 原栄吉『日本の戦後外交史潮』、28頁。

国下一个时期对日政策的重点是发展日本经济，扩大日本出口，无限制地允许日本从事真正用于和平目的的物资生产、进口，将日本建成东亚抵抗共产主义的堡垒。美国开始改变惩罚日本军国主义势力、削弱日本军工体制的政策，转而利用日本对付社会主义阵营。

1949年，中国内战形势逐渐明朗，美国愈加感到日本对其战略的重要性，要尽快将日本拉入同盟范围内，遂改变了对日惩罚性政策与措施，不再拆除日本工业设备作为对受害国的战争赔偿。战争结束时，日本国内经济十分困难，通货膨胀严重，日本人连温饱问题都难以解决，"在战后的一二年里，日本出现无法估测未来的混乱状态，其中最显著的是从战争末期就开始恶化的粮食问题"①。美国占领初期，并不希望日本经济复兴，美国给麦克阿瑟的指令中明确指出，"该司令官不对日本经济的复兴和加强负任何责任"②。随着美国对日占领政策的改变，美国决定暂缓解散日本财阀，对日经济援助从救济援助变为复兴援助。1949年，麦克阿瑟在答记者问时说："如果发生战争，美国不希望日本参战，日本的作用就是太平洋上的瑞士。美国只希望日本保持中立，向日本的自立提供援助，这是因为美国要尽量从对日'补给'的负担中解脱出来。"③尽管美国对日政策发生了变化，但是美国还没有重新武装日本的计划。

1950年1月，美国设定阿留申群岛到菲律宾、琉球群岛和日本列岛为其在太平洋的防卫线，以加强在亚太地区的防务。1950年朝鲜战争爆发，美国认为朝鲜是在向美国的远东政策挑战。朝鲜战争是中苏两国联手赤化全球的第一步，苏联要把亚洲逐步吃掉，再转向中东和欧洲，这将可能导致共产主义全线进攻，导致新的世界大战。6月27日，美国总统杜鲁门发表"参战声明"，美国海军第七舰队进入台湾海峡。7月初，美军先头部队在韩国釜山登陆；9月，美军实现仁川登陆，直接出兵干预朝鲜战争。1951年1月，美国国务卿顾问杜勒斯进一步提出，美国在太平洋地区的防务范围应是日本、琉球群岛、台湾、菲律宾、澳大利亚这条岛链，以封锁苏联、中国等国。

朝鲜战争爆发后，日本成为美国在亚洲的兵工厂和军事基地。美国改变了对日非军事化改革，希望日本拥有一定数量的武装。1951年5月17

---

① 吉田茂：《激荡的百年史》，第76页。
② 吉田茂：《激荡的百年史》，第88页。
③ 『朝日新聞』1949年3月3日。

日，美国制定《在亚洲的目标、政策和行动方针》，提出"美国在亚洲的目标、政策和行动方向，应有益于加强自由世界相对于苏联势力范围的全球目标，并根据美国的势力与其他在世界上承担的责任之间的相应关系来确定"①。这份文件提出"帮助日本成为一个对美国友好的、自力更生的国家，使其能够维护自己的内部安全并防御外来侵略，从而促进远东地区的安全与稳定"②，美国要使日本成为美国的盟友，成为维护美国在亚洲利益的力量。

美国在经济上允许日本生产一定数量的军事装备，利用日本的重工业和化学工业企业，为美军生产了大量的军火和军用物资。朝鲜战争期间，"日本电力的70%、煤炭的80%、船舶与陆地运输的90%，都用来满足美军在朝鲜作战之需要"③，日本成为美军的军备物资供应地。美国首任驻日大使墨菲认为，如果没有日本的战争物资供应，没有熟悉朝鲜情况的日本专家协助，美国和联合国肯定会在朝鲜遇到很多困难。从1945年到1951年，美国政府以各种名义，向日本提供经济"援助"，在短短的几年内，援助达到21.28亿美元。美国还给予日本大量的军事"援助"。

美国操纵对日媾和，为日本站在美国为首的"自由世界"一边提供条约保障。美国急于与日本结束战争状态，以便利用日本的军事基地。日本战败投降后，其领土被盟国占领，由于发动侵略战争，日本与世界上很多国家中断了外交关系。美国还强迫日本撤回在少数中立国家的外交官员，使日本成为名副其实的"国际孤儿"。"（1945年10月25日）总部指令日本引渡驻外大使馆、公使馆资产和停止外交活动"，"（命令）致使日本驻瑞士、瑞典、葡萄牙、阿富汗、冰岛以及梵蒂冈五个中立国的公使丧失了外交职能"。"11月4日，总部又发出指令：'今后，除了得到盟军最高统帅许可，日本政府应终止与各中立国政府及其驻日代表之间的关系'"④。对日本来说，早日与交战国结束战争状态，重返国际社会，是经济社会恢复和发展的首要问题。日本首相吉田茂认为，"当务之急就是缔结和约，恢复独立和主权。为此，必须尽早向国内外声明作为一个民主国家、和平国家的诚意，以取得信赖"⑤。1950年11月，美国政府提出"对日媾和七原则"。

---

① 陶文钊主编《美国对华政策文件集（1949~1972）》第1卷（上），第149页。
② 陶文钊主编《美国对华政策文件集（1949~1972）》第1卷（上），第151页。
③ 吴学文、林连德、徐之先：《当代中日关系（1945~1994）》，时事出版社，1995，第6页。
④ 猪木正道：《吉田茂的执政生涯》，第79~80页。
⑤ 猪木正道：《吉田茂的执政生涯》，第97页。

1951年9月4~8日，由美国主导的旧金山对日媾和会议召开，日本与参加会议的48个国家签署《对日和约》，苏联、波兰、捷克斯洛伐克代表拒绝签字。日本在法律上获得了独立。同日，日本与美国签订《日本国与美利坚合众国间的安全保障条约》，日本成为美国在远东的基地，处于美国的半占领之下。

美国帮助日本重建有效的军事组织，重新武装日本。1950年7月8日，美国总统杜鲁门任命麦克阿瑟为联合国赴朝鲜军总司令。同日，麦克阿瑟致函吉田茂，要求日本建成7.5万人的国家警察预备队，并增加8000人的海上保安人员，以填补驻日美军赴韩参战留下来的空白。14日，吉田茂在日本国会参众两院会上发表演说，呼应美国的朝鲜政策，他说："事实说明，共产主义势力已经迫近我国周边地区，我国已经受到了其威胁。所以，那些主张全面媾和、永久中立的人，即使是出于真正的爱国心，其言论也是完全脱离实际的，是陷入共产主义圈套的危险思想。"[①] 这意味着日本不仅将共产主义视为威胁其安全的势力，而且在尚未摆脱被占领地位时，就准备与美国为首的西方国家实现媾和，参与到反共大合唱之中。1950年12月29日，日本制定《关于部队编成及组织规程》，在全国开始募集警察预备队队员，这实际就是日本重整军备的预演。

美国改变对日占领政策，对日本的政治、经济、社会发展产生了重要影响，日本虽然确立了民主制度，但是对军国主义的批判并不彻底。在美国的扶植下，日本经济迅速复苏，其重工业、军事工业继续得以保留和发展。旧金山对日媾和会议后，日本重返国际社会，并成为资本主义阵营的一员，成为美国的盟友，并在外交上依附于美国，这对中日关系产生了不利的影响。

## 二　美日同盟下日本的外交政策

朝鲜战争爆发后，美国希望加快对日媾和的速度，希望把对日军事占领转化为签订和平条约，建立稳定的美日关系。美国认为："不久日本成为与自由世界结成同盟关系的主权国家，它比处于包括苏联在内的外国占领统治下的国家，要有更大的价值。"[②] 朝鲜战争爆发时，日本与二战中的反法西斯国家还处于战争状态，没有签订和平条约。1950年11月24日，美

---

① 吉田茂『回想十年』第4卷、新潮社、1958、230页。
② 『戦後日本防衛問題資料集』第2卷、33页。

国政府提出"对日媾和七原则",指出对日媾和的国家是"与日本交战国家的全部或一部,在同意提案的基础上,实行媾和"。美国的目的是要把日本纳入美国的世界战略体系之中。在"对日媾和七原则"中,美国暗示参加对日媾和的,可能是对日作战的一部分国家。这样,美国破坏了1945年中、苏、美、英四国"对日理事会"规定的大国一致的原则。

中国作为反法西斯的主要国家,理应派代表参加对日和约的准备、拟制与签订,以符合维护世界正义、和平的原则。美国以与中华人民共和国没有外交关系为由,拒绝中国参加对日媾和会议,坚持由台湾当局派代表参加媾和会议。周恩来对美国垄断对日媾和,排斥中华人民共和国参加的做法,提出了强烈抗议,他指出:"对日和约的准备和拟制如果没有中华人民共和国的参加,无论其内容与结果如何,中央人民政府一概认为是非法的,因而是无效的。"[①] 为维护国家主权,中国申明日本归还中国台湾和澎湖列岛等领土问题,已经依照雅尔塔协定归还中国,在媾和会议上没有重新讨论的必要。

中华人民共和国是代表中国的唯一合法政府,理应派代表参加对日媾和会议。是邀请北京还是台湾代表中国参加对日媾和,西方国家出现了意见分歧。英国作为西方阵营的重要国家之一,出于维护在中国香港殖民利益的考虑,1950年1月6日,就承认了中华人民共和国。1954年,英国在北京设立外交代办处,全权处理两国的外交关系。英国主张由中华人民共和国派代表参加对日媾和会议,而不应由台湾方面派代表参加。6月,美国国务卿顾问杜勒斯访问英国,与英国政府就中国参加对日和约问题进行协调,美英双方达成反对中华人民共和国派代表参加对日媾和的《杜勒斯－莫里森协议》,相约"中华人民共和国和台湾任何一方都不参加对日媾和会议,在对日媾和条约生效后,由日本选择中国的任何一方与之缔结条约"[②],英美之间以牺牲中国利益达成妥协。于是,中国这样一个抗击法西斯时间最长、牺牲最大的国家,被美国排斥在对日媾和会议之外。台湾当局表示要派代表参加对日媾和会议,对被排斥在对日媾和会议之外很有意见。杜勒斯专程安慰台湾驻美"大使",表明美国支持台湾的政治立场。

1951年9月4～8日,由美国主导的旧金山对日媾和会议召开。9月8日,日本与参加会议的48个国家签署《对日和约》。日本全权代表吉田茂

---

① 《战后中日关系文献集(1945～1970)》,第89页。
② 細谷千博『サンフランシスコ講和への道』中央公論社、1984、245頁。

在媾和条约上签了字。和约宣布：自条约生效时起，签字国与日本的战争状态即告终止。签字国"承认日本人民对于日本及其领海有完全的主权，各盟国及日本决定，他们此后之关系将是有主权的平等国家间之关系，在友好的结合下进行合作，以便促进他们共同的福利及维持国际和平与安全。因此，愿缔结和约，借以解决一切由于他们之间存在之战争状态所引起而尚未解决的问题。日本与每一盟国间之战争状态，依照本条约第二十三条之规定，自日本与该盟国间所缔结之本条约生效时起，即告终止"①。吉田茂发表演说，表示日本的若干"苦恼和忧虑"，这些"苦恼和忧虑"对全体国民、对其个人来说，都是一种必须面对的命运。吉田茂认为，"和约规定琉球、小笠原等岛屿主权属于日本，希望早日将这些岛屿的行政权置于日本控制下。千岛群岛、南桦太不是日本侵略夺取的，本条约却未明确其归属，日本主张保留对色丹等群岛的领有权"②，表明日本在困难的国际环境下，与各国一道维护朝鲜和平、与联合国努力合作等。日本与二战中的主要交战国结束了战争状态，并在法律上获得了独立。

美国总统杜鲁门认为旧金山对日和约是"面向未来的和解的条约，这个条约重新给日本独立主权国的地位，规定了日本与其他国家再开通商，对日本进口原料不进行任何限制。该条约原则承认日本向曾经遭受侵略之苦的国家进行赔偿，但是，为了日本国民的将来，不向日本施加导致经济崩溃的赔偿"③，杜鲁门的讲话反映出美国主导旧金山媾和的目的。

1951年9月8日，日、美签订《日本国与美利坚合众国间的安全保障条约》。通过这个条约，美国在日本从北海道到福冈设立了11个空军基地，在横须贺、佐世保设立了2个海军基地，海军司令部设在横须贺，在横滨保留兵团司令部。日本实际处于美国的半占领之下。《日美安保条约》，使得日本以美国可以干涉内部事务为条件，换取了外部的安全，实际处于美国附庸国的地位。日美同盟关系从此成为日本对外关系的基轴。

中国对旧金山媾和会议表示强烈的不满。9月18日，外交部长周恩来发表声明指出，对日和约不论从它的准备程序还是它的内容上讲，都破坏了《联合国家宣言》《开罗宣言》《雅尔塔协定》《波茨坦公告》等，对日和约应该是武力参与对日作战的国家都参加的，并对和约的主要内容进行

---

① 《战后中日关系文献集（1945～1970）》，第104页。
② 『朝日新聞』（東京）1951年9月9日。
③ 『戰後日本防衛問題資料集』第2卷、224頁。

了分析批判，指出对日媾和条约是适应美国战略需要而制定的，"旧金山对日和约由于没有中华人民共和国参加准备、拟制和签订，中央人民政府认为是非法的，无效的，因而是绝对不能承认的"，"为了真正有助于恢复亚洲和平及解决远东问题起见，中华人民共和国中央人民政府坚决主张，应该根据苏联政府的提议，召开曾以军队参加对日战争的一切国家的代表的和会，来商定共同对日和约问题"①，中国要与参加对日作战的一切国家，就共同对日和约问题交换意见，在全面媾和的基础上，签订对日和平条约。

旧金山媾和会议标志着盟国完成了对日本战争问题的处理，日本与多数国家结束了战争状态，重返国际社会并参与国际事务。日本防务由美国承担，使其虽然失去了部分主权，但是也由此省去了大量的军费开支，可以集中力量进行经济恢复和建设，有利于尽快医治战争创伤。所以，日本对《日美安保条约》是比较欢迎的。10月10日，《旧金山对日和约》和《日美安保条约》获得日本国会批准，两个条约均在1952年4月28日生效。1952年2月28日，日本与美国签订《日美行政协定》，作为安保条约的具体实施办法，该条约也于4月28日生效。和约生效后，美国占领军改称驻日美军。两个条约、一个协定构成了"旧金山体制"。《日美安保条约》《日美行政协定》标志着日美同盟的正式形成。日美同盟不仅规定了日美关系的框架，是美国亚太地区战略的重要组成部分，也赋予美国干涉日本内政的权力，具有明显的不平等性。日美同盟制约着日本与其他国家关系的发展，也制约着中日关系的发展。

中国明确反对美国主导的旧金山会议及其签订的条约，指出旧金山对日单独和约，不是全面的和约，不是真正的和约，是一个反对中苏、威胁亚洲、准备新的侵略战争的条约。而《日美安保条约》对日本来说不是和平条约，是把日本拖入新的战争的条约。中国强调，愿意与日本人民和平相处、友好团结，反对战争政策。

中国反对美国扶植日本遏制中国、遏制共产主义在亚洲的"蔓延"的东亚政策。为遏制中国，美国改变了"中立"台湾政策，并以联合国的名义对中国实行禁运，这给中国国民经济恢复和抗美援朝物资供应造成了很大困难。为应对美国的封锁政策，恢复和发展国民经济，中国采取加强国内城乡交流、积极与苏联及东欧各国开展贸易、想方设法与西方国家打开

---

① 《周恩来外交文选》，第46页。

贸易等方式，推进经济的发展，这些政策取得了一定成效。

　　日本发动侵略战争害人害己，战争后期，美军对日本大城市进行了大规模空袭，日本几乎成为战争废墟，战后面临着恢复经济的繁重任务。在战后重建过程中，"吉田路线"发挥了重要作用。吉田茂认为，日本要结束被占领状态、恢复经济，就必须得到美国的认可和支持，因此，日本在外交上应与美国协调一致。1946年5月22日，第一届吉田内阁成立，吉田茂担任首相并兼任外相。吉田茂把政府工作重心放在经济恢复上，希望通过恢复和发展经济，达到重返国际社会乃至重新取得大国地位的目标，他在外交上坚持与美国协调，这就是所谓的"经济优先"战略，即"吉田路线"。1955年，日本自由党和民主党合并后，形成了自民党独占政权长达38年之久的状况，即"五五体制"。

　　进入"战后时代"的日本，与美国保持最密切的关系，通过协助美国的远东战略，以争取美国在政治、经济上的全面支持。日本有学者认为，日本战后实际上处于"没有外交"的时代。日本是个务实、崇尚强者的国家，它在外交上依附于美国，也有人称之为"对美一边倒"。但是，这并不意味着日本完全放弃自身的利益和诉求，日本力争在不违背美国意志的前提下，在日美同盟允许的范围内，尽力拓展外交空间，与亚洲邻国改善关系，为战后重建与经济发展，提供良好的国际环境。在日美同盟关系的框架下，日本明确"做亚洲的一员"的近期对外目标，力图尽早修复因发动侵略战争而恶化的与亚洲邻国的关系，建立正常、友好的国家关系。

　　中国幅员辽阔，人口众多，自然资源丰富，有巨大的市场潜力，日本是个务实的国家，它认为"国民政府已经移到台湾，它的统治权只限于台湾的狭小范围，而北京的共产党政权确立了中国大陆的统治权"[①]，中国对日本有着欧美国家不具备的地理优势。吉田茂在政治上采取反共立场，外交上依赖美国，但他非常清楚，日本要重新获得国际地位，实现复兴及发展经济的目标，中国是重要的国家。吉田茂表示，不能因意识形态的分歧而断绝与中国的来往。1950年4月29日，日本参议院通过《关于促进日中贸易的决议》，其中提到"在战前正常时期，占我国贸易总额65%的亚洲贸易，尤其是占其中一半以上的对中国的贸易之重开，对于即将面临美国援助逐渐减少的我国经济是一个重大的问题"，"政府应该抛开政治和意识形

---

① 吉田茂：《激荡的百年史》，第114页。

态方面的问题,从纯经济的观点出发,与新中国互派经济使节,尽快在制定和实行重开直接贸易的积极方针方面采取万全之策"。① 吉田茂认为,"就我而言宿愿中一直希望能够同台湾友好地恢复经济关系,但是我也不想因加深同台湾的关系而进一步否认北京政府"②。日本认为,开展与中国的贸易是解决日本经济萧条、贸易不景气的出路,不愿意因为与台湾方面媾和而彻底断绝与中国大陆的关系。

旧金山媾和会议后,美国关注日本选择中国政府还是台湾当局作为媾和对象。"日本独立之后究竟选择哪一方的问题上,美国变得格外关心。如果日本因为经济上的利益,而选择同北京政权建立友好关系,那么美国对待共产主义国家的态度也可能发生很大变化"③,美国不希望日本同北京接触并建立关系。作为美国的盟友,日本既要维护美国的战略利益,又要考虑自身战后重建、医治战争创伤等问题。旧金山媾和使日本与多数国家结束了战争状态,"各盟国及日本决定,他们此后之关系将是有主权的平等国家间之关系,在友好的结合下进行合作,以便促进他们共同的福利及维持国际和平与安全","各盟国方面承认日本以一个主权国家资格,具有联合国宪章第51条所提及的单独或集体自卫之自然权利,并得自愿加入集体安全协定"。④ 中国没有派代表参加旧金山会议,日本必须单独与中国签订和平条约,结束战争状态。日本非常慎重地选择"与中国任何一方的政府缔结和约",希望无论"与中国任何一方"媾和,都能为与中华人民共和国建立外交关系留下空间。

1951 年 10 月,吉田茂在参议院表示,"关于中共的问题,无论意识形态如何,应从现实外交着眼自主决定。现在对中共关系,从通商贸易上考虑,根据中共的态度,可以考虑在上海设立驻外办事处"⑤。吉田茂虽然仍然不愿意承认中华人民共和国,称中国为"中共",但是,他尽量淡化意识形态色彩,希望与中国建立贸易关系。日本不希望因为与美国的同盟关系而影响其在中国开拓市场。30 日,吉田茂又说:"日本现在有选择媾和对象的权利。行使这个权利时,应考虑客观必要和中国的形势,不应草率决定

---

① 《战后中日关系文献集(1945～1970)》,第 76 页。
② 吉田茂:《激荡的百年史》,第 115 页。
③ 吉田茂:《激荡的百年史》,第 115 页。
④ 《战后中日关系文献集(1945～1970)》,第 104、106 页。
⑤ 渡辺昭夫编『戦後日本の対外政策』有斐閣、1985、69 頁。

中国和日本的关系。"① 日本对与中国媾和态度慎重，在选择媾和对象上，尽可能地争取一些"自主"，寻求有利于日本国家利益、经济社会发展的途径。近代以来，日本不断侵略中国，在中国获得了巨大的侵略利益，战前日本对中国的出口额占其出口总额的 21.6%，进口额占其进口总额的 12.4%。② 战后日本不可能继续以武力对中国进行商品和资本输出，但是，它希望在互惠的基础上与中国保持贸易往来，这是日本经济恢复发展的需要。

在美日建立同盟关系的形势下，日本为了恢复和发展经济，并不希望因此堵塞与中国建立官方关系的大门，反映了日本力争外交有限"自主"的姿态和努力。美国和台湾当局都对吉田茂的发言表示"不解"和"震惊"。美国在中国人民志愿军赴朝参战后，开始对中国实行全面禁运，冻结中国在美国的资产，还操纵联合国通过对中国禁运的决议。中国针对美国的敌视政策宣布，"中华人民共和国境内之美国政府和美国企业的一切财产，应即由当地人民政府加以管制，并进行清查"；"中华人民共和国境内所有银行的一切美国公私存款，应即行冻结"，中美从民间到官方的贸易往来被断绝。③ 而日本首相在这个时候发表要与中国通商、贸易乃至媾和的讲话，显然与美国的对华政策不一致，引起美国的不满。美国议员多明确表示反对日本承认"共产中国"，美国国务卿顾问杜勒斯更是赤裸裸地威胁日本：如果日本与中华人民共和国开始外交谈判，上议院就不批准刚刚签订的《旧金山对日和平条约》。1951 年 10 月 30 日，台湾"外交部长"叶公超向美国驻台湾"公使"表示，吉田茂的发言是对自由世界的挑战，质询美国的意图。美国向台湾当局表示：美国事先不知道吉田茂会做上述表态，美国反对日本与中共建立关系，反对日本政府与中共互换驻外代表。美国"公使"表示，要再向日本政府强调以上立场。④ 美国不能给日本政府自主"选择中国任何一方与之媾和"之机会，要日本在对华关系上与美国保持一致，促使日本尽早与台湾方面媾和。中国认为美国、日本虽然都属于资本主义国家，冷战格局使他们对社会主义国家怀有敌意，但是，日本与美国的对华政策存在差异，中国希望中日两个不同社会制度的国家，能本着平

---

① 渡辺昭夫編『戦後日本の対外政策』、70 頁。
② 吉田茂：《激荡的百年史》，第 41 页。
③ 《中美关系资料汇编》，世界知识出版社，1960，第 358~359 页。
④ 渡辺昭夫編『戦後日本の対外政策』、70 頁。

等互利、互不干涉的原则，早日结束战争状态，建立正常的双边关系。

## 三 "日台和约"阻碍中日两国关系的发展

美国不断向日本政府施加压力，迫使日本政府选择台湾方面作为媾和对象。台湾地处远东军事战略要冲，在美国全球战略中具有重要地位。1951年12月10日，美国国务卿顾问约翰·杜勒斯作为特使抵达东京。杜勒斯在日本强调，逃到台湾的"国民政府"是得到美国与其他国家承认的"合法政府"，是联合国的"会员国"，中共政权是被联合国谴责的"侵略者"，是"非法"政权。美国要求日本选择与"国民政府"媾和，并缔结和平条约。吉田茂政府面对美国的直接压力，左右为难。日本是注重"实利"的国家，它不愿意因日美同盟关系而忽视中国的广阔市场，堵塞与新中国建立官方关系的道路。同时，它也不敢公开得罪美国去接近中国。日本左右逢源，希望美国允许其与中国开展贸易。吉田茂明确表示，日本在防止共产主义"扩散"的问题上，与美国是一致的。但是，防止共产主义"扩散"，不能仅仅采取封堵政策，应给共产制下的中国人接触自由世界的机会，用自由主义影响中国，而日本愿意做自由世界影响共产党国家的先锋。美国对日本的意见不以为然。战后日本没有军队，其在国防安全、经济恢复、重返国际社会等方面，都对美国有强烈的依赖性，不可能顶住美国的压力，选择与中华人民共和国媾和。

1951年12月18日，杜勒斯把事先写好的书信递交给吉田茂，要求吉田茂签字，这封信就是著名的《吉田书简》。《吉田书简》称，"日本政府很愿意与中国——日本的近邻——在政治上完全和平相处，并且通商。在目前，我们希望能够与中华民国国民政府建立这种关系。日本政府准备一俟法律允许就与中国国民政府——如果它愿意的话——缔结条约，以便按照多边和约中提出的原则，重建两国政府间的正常关系。关于中华民国方面，这个双边条约的条件将适用于现在、或以后可能属于中华民国国民政府管辖的全部领土。日本政府无意与中国共产党政权缔结一个双边条约"[①]。吉田茂明白如果他在书简上签字，就意味着日本政府同意书信内容，这会堵塞与中国建立和发展关系的通道，于日本利益不利。吉田茂向美国表示，要修改书信的一些内容，但是，美国不允许对书简做任何改动。日本只得

---

[①] 《战后中日关系文献集（1945~1970）》，第117页。

让步。于是，吉田茂致函杜勒斯，表示日本全部接受书简内容。随后，日本、美国分别将《吉田书简》公之于众。

美国炮制《吉田书简》，是出于远东战略的考虑，让日本、台湾当局在亚洲一道封锁共产主义的"蔓延"。《吉田书简》发表后，日本准备与台湾方面进行缔约谈判，恢复与建立双方间的官方关系，并向国内外申明，没有与中共政府实行媾和、签订和平条约的打算。台湾当局立即声明欢迎《吉田书简》。《吉田书简》发表后，美国参议院立即表决通过《旧金山对日和约》。

中国对日本公然支持蒋介石集团表示强烈的愤慨。外交部副部长章汉夫指出，《吉田书简》是继"旧金山和约之后，又一次对中华人民共和国最严重、最露骨的挑衅行为"，中国认为《吉田书简》阻碍着中日关系的发展，也违背了广大日本人民的利益，是与"全日本爱国人民争取与中华人民共和国结束战争状态，恢复和平关系的愿望，绝对不能相容的"[①]，中国批判日本政府敌视中国、企图制造"两个中国"的阴谋。

《吉田书简》发表后，日本进入与台湾方面的媾和谈判过程。1952年2月17日，日本前藏相河田烈为首的谈判代表团抵达台北。美国为使日、台媾和谈判取得实质性成果，分别去做日本与台湾方面的工作。日本与台湾方面进入正式谈判后，双方意见分歧很大，在条约名称、使用范围等关键问题上激烈辩论。日本代表根据《吉田书简》，提出条约名称为"日本国政府与中华民国政府关于终止战争状态及重建正常关系的条约"，台湾谈判代表认为，日本所拟定的条约名称没有"和平条约"的字样，不能体现条约的性质，坚持条约的名称为"和平条约"。此外，关于台湾当局的地位问题，台湾当局强调日本政府必须承认"中华民国政府"是中国的正统政府。日本代表则提出异议，谈判几成僵局。美国则极力斡旋，调停双方立场，还不断向日本政府施加压力，要求日本在美国国会批准《旧金山对日和约》前，完成与台湾签订"和约"的程序。最终，台湾方面代表与日本代表不断讨价还价，达成妥协，签订"和平条约"。

1952年4月28日，日本与台湾当局签订"日台和约"。条约宣布"中华民国与日本国之战争状态，自本约发生效力之日起，即告终止"，"日本国业已放弃在对于台湾及澎湖群岛以及南沙群岛及西沙群岛之一切权利，

---

[①] 《战后中日关系文献集（1945~1970）》，第118~119页。

权利名义与要求","中华民国与日本国间在中华民国30年即公历1941年12月9日以前所缔结之一切条约、专约及协定，均因战争结果而归无效"，日本国放弃在中国之一切特殊权利及利益，规定"中华民国与日本国愿依联合国宪章之原则彼此合作，并特愿经由经济方面之友好合作，促进两国之共同福利"，"中华民国"与日本愿尽速商订关于民用航空运输的协定，缔结规范或限制捕鱼及保存暨开发公海渔业的协定。条约规定："中华民国国民，应认为包括依照中华民国在台湾及澎湖所已施行或将来可能施行之法律规章而具有中国国籍之一切台湾及澎湖居民，及前属台湾及澎湖之居民及其后裔；中华民国法人，应认为包括依照中华民国在台湾及澎湖所已施行或将来可能施行之法律规章所登记之一切法人。"①

台湾方面称，"为对日本人民表示宽大与友好之意起见，中华民国自动放弃根据旧金山和约第14条一项第一款日本国所供应之服务之利益"②。《旧金山对日和约》第14条一项第一款规定："日本愿尽速与那些愿意谈判而其现有领土曾被日军占领并曾遭受日本损害的盟国进行谈判，以求将日本人民在制造上、打捞上及其他工作上的服务，供各盟国利用，作为协助赔偿各该国修复其所受损害的费用。此项办法应避免以增加的负担加诸其他盟国。当需要制造原料时，应由各该盟国供给，借免以任何外汇上的负担加诸日本。"③ "日台和约"中，台湾方面放弃了《旧金山对日和约》规定的日本劳役赔偿，以帮助日本复兴，这也为以后中国民间对日索赔造成了不利影响。

"日台和约"的适用范围是："中华民国之一方应适用于现在中华民国政府控制下或将来在其控制下之全部领土。"④ 日本的目的很明确，要为与中华人民共和国建立关系保留余地。但同时也为日本国内的反华势力鼓吹"两个中国"或"一中一台"留下了可利用的机会。"日台和约"签订后，台湾立即释放了冈村宁次等88名日本战犯。

"日台和约"是日本对外关系上追随美国、敌视中国的产物，阻碍了中日关系走向正常。"日台和约"为日本亲台势力鼓吹"两个中国""一中一台"提供了新的条件。中国认为美国强令吉田茂政府与台湾当局缔结所谓

---

① 《战后中日关系文献集（1945~1970）》，第126~127页。
② 《战后中日关系文献集（1945~1970）》，第127页。
③ 《战后中日关系文献集（1945~1970）》，第109页。
④ 《战后中日关系文献集（1945~1970）》，第128页。

"和平条约",是企图"把它所一手培植的两个走狗联合起来,妄想借此构成对我中华人民共和国的军事威胁",这个条约会使日本在亚洲被孤立起来,吉田政府的做法不代表日本人民,就如过去中国以蒋介石为首的中国国民党反动集团不能代表中国人民一样。中国仍然愿意与日本人民和平相处,友好团结,互通贸易,互相尊重民族独立和国家主权,以保障远东和平。中国坚持将日本人民与少数军国主义分子以及日本政府加以区别,坚信日本人民愿意与中国友好相处、发展友谊,两国人民的意愿一定能够实现。

"日台和约"是美日勾结、敌视中华人民共和国的产物。中国要克服困难,寻找推进与日本建立和发展友好关系的渠道。中国提出从民间层面开展对日外交,力图通过中日民间交流,增加了解,促使日本政府最终改变对华政策。人民外交是中国外交的一个重要方面和主要特点,中国认为资本主义国家的政府和人民不同,其人民对中国是友好的,中国可以通过民间外交,推动资本主义国家政府改变对华政策,实现不同社会制度国家的和平,"就外交工作来说,则是以国家和国家的关系为对象的。外交是通过国家和国家的关系这个形式来进行的,但落脚点还是在影响和争取人民,这是辩证的。这一点要搞清楚"[①]。中国认为中日关系归根结底要依靠两国人民来推动,要制定调动两国民间力量的政策,促进中日关系正常化。

## 第二节 中国制定"民间先行、以民促官"方针

日本在美国的压力下,终于没有实现"选择媾和对象"的自主权,与台湾当局建立了官方关系。中国为实现中日邦交正常化的最终目标,制定了"民间先行、以民促官"的对日方针,通过民间层面的交流和了解,促使日本政府认清形势,改变敌视中国的立场。1950年代起,中日两国间经济、贸易、文化、体育、艺术等各方面的交流全面展开,中国共产党与日本各在野党之间的党际交流、全国人大与日本国会之间的交流也非常活跃,形成从经济到政治、从民间团体到政党的全方位交流。这样的交流,促进了中日两国人民的了解,推动了经贸关系的发展,也对日本政府产生了一

---

① 《周恩来选集》下卷,第88页。

定影响。

## 一 "民间先行、以民促官"的提出

日本政府在外交上依赖美国，与台湾方面达成"和平"关系，妨碍着与中国建立官方关系。中国认为，中日两国有悠久的交往历史，这是两国的共同财富，也是建立两国新的友好关系的基础。冷战形势下，日本政府不可能短时间内改变追随美国、敌视中国的政策，但是，日本政府也不可能完全无视两国人民和平友好的愿望，迟早会改变对华政策。中国应该和日本人民一道，共同促使日本政府早日改弦易辙，实现两国关系正常化。为此，中国根据历史与现实，制定了"民间先行、以民促官"的对日方针，旨在通过中日两国间的民间经济、文化等方面的往来，增加彼此的了解和友谊，自下而上地推动日本政府改变对华政策，奠定中日关系的基础。

"民间先行、以民促官"的方针，是中国从历史与现实两方面考量的结果。中华人民共和国成立，中国实现了近代以来所追求的民族独立，接下来要为实现国家富强和人民富裕而努力。中国共产党由领导新民主主义革命的政党变为执政党，党的工作重心实现了由乡村到城市的战略性转变，要学会管理城市和建设城市。新中国成立之初，中国面临着国民经济严重衰退和全面萎缩的严峻形势，农业减产，工厂倒闭，物资奇缺，物价飞涨，城市失业严重，社会动荡不安。中国人民在自力更生的基础上，争取国民经济的恢复和发展，同时，也要争取外部的支持，与世界各国进行经济贸易往来，为经济建设提供更好的条件。

中国在外交上明确提出"一边倒"的1949年12月，毛泽东就中国开展对外贸易等问题做出指示，"在准备对苏贸易条约时应从统筹全局的观点出发，苏联当然是第一位的，但同时要准备和波、捷、德、英、日、美等国做生意，其范围和数量要有一个大概的计算"[1]，开展对外经济贸易，需有开阔的思维和目光，中国当然要与苏联为首的社会主义国家进行贸易往来，同时也要与美国等资本主义国家建立和发展经济贸易关系。中国恢复和发展国民经济，与近邻日本开展贸易往来，不仅可以提高经济水平，也有助于建立一个安全、稳定的周边环境。日本有与中国开展经贸关系的需要。日本需战后重建，而其资源比较匮乏，中国则资源丰富，有广阔的市

---

[1] 宋恩繁、黎家松主编《中华人民共和国外交大事记》第1卷，世界知识出版社，1997，第13页。

场潜力，日本不能忽视中国这个近在咫尺的市场。当然，日本有需要是一个方面，同时要考虑与美国的关系，在不触动日美同盟的前提下，为了日本自身发展的需要，有限地在外交上追求自主性。

中国政府寻找一切机会与日本进行贸易往来。日本首相吉田茂称，"中国变红也好，变黑也罢，对此我均无兴趣。中国是个天然的市场，对日本而言，目前，有必要把中国作为一个市场来考虑"①，日本在对华关系上以现实利益为依据。日本将中国作为一个市场来考虑，与美国对华政策的出发点不尽相同。然而，作为资本主义阵营的一员、美国的盟国，日本在对华关系上常处于两难境地。日本与台湾方面签订"和平条约"，在政治上支持台湾当局，但是，日本又不愿意放弃中国大陆市场，承认中华人民共和国实际掌控着中国大部分地区。在相当的时间内，日本采取两面讨好，政治、经济分离的策略，吉田茂说，"我非常希望与台湾修好关系，发展经济关系，但是，也力图避免否认北京政府……我不想恶化与中共政权的关系"②，与台湾方面建立官方关系，又要为与中国大陆发展经贸关系留下余地。日本企图两头讨好、两方得利的政策，损害了中国的利益，受到中国严厉的批评。当然，中国政府重视日本希望与中国发展经贸关系的愿望。

中国制定的"民间先行、以民促官"方针，是新民主主义革命胜利经验在国际关系中的运用和发展，是群众路线在外交工作中的尝试，也是现实可行的推进中日关系的政策。这一政策，体现了中国领导人准确把握国际形势，从长远考虑中日关系未来的远见。

战后日本企业界、经济界非常重视中国这个巨大的市场，希望能够进入中国市场，也希望日本政府能够为经济往来提供便利。中华人民共和国成立前后，日本成立了许多促进中日贸易的民间团体。1949 年 5 月，日本成立中日贸易促进会，促进会提出日本经济复兴有赖于与中国的经济合作，"开展与新中国的贸易及其它一切领域的合作是绝对必要的。这方面的成功与否，关系到我国的生死存亡"，促进会"准备为开展和新中国的直接贸易而开始活动，这也是希望通过中日贸易促进会去实现真正的中日友好，实现两国的繁荣和世界和平"。③ 日本的政党也为推进两国贸易积极呼吁，1949 年 5 月，日本改进党、民主党、社会党、共产党、劳农党等党派议员

---

① 《战后中日关系文献集（1945～1970）》，第 59 页。
② 渡辺昭夫编『戦後日本の対外政策』、69 頁。
③ 《战后中日关系文献集（1945～1970）》，第 64 页。

发起组织"促进日中贸易国会议员联盟",这是一个超党派组织,其目的是综合运用日本政界的力量,促进与中国的贸易和合作。日本经济界、政界的活动,反映了不同的阶层、党派发展中日贸易的愿望,促进日中贸易国会议员联盟成立后,发展迅速。1953年初,日本国会中有310多名参、众议院议员参加,有200多名都、道、府、县等地方议员参加。

1949年6月,日本又成立"中日贸易协会"。中日贸易协会认为历时3年的国共内战接近尾声,领导新中国的政权即将诞生,中国将从农业国转向工业国,中日两国应互通有无,"如果没有与邻邦中国的贸易,就不可能建设一个和平的日本","我们主张立即通过中日两国间的贸易实现日本的经济独立。可以说,新政权的使命对实现我们的目标是一个非常可喜的趋势"。[1] 中日贸易协会提出了发展中日两国贸易的三原则:无论企业大小,都能直接担当对华贸易;打破过去历史造成的中日关系旧观念,绝不再进行经济侵略;把日本经济和新中国的工业建设相结合,巩固、加深中日两个民族的友谊。日本国内成立的一系列促进中日经贸、友好的团体,有很多将"中"字放在前头,以示对开展与中国贸易的重视。中华人民共和国成立后,日本政府追随美国敌视、封锁新中国的政策,甚至一些有军国主义思想的强硬反共分子,依然称中国为"支那"。这些友好团体把"中"字放在前头,强调了中日贸易对日本的重要性,也有他们对即将诞生的新中国政府的期待。

日本经济界重视近邻中国的广阔市场,先后成立不同层次的促进日中贸易的组织,表明日本有识之士重视中日关系,看到了与中国开展经济贸易对日本国家和社会发展的作用,表明日本国民中蕴藏着与中国往来的深厚基础,这是实现中日贸易往来和中日友好的源泉。

中华人民共和国成立前,日本共产党曾经发表过《关于促进日中贸易的声明》,认为中国共产党的军队占领上海,中国革命的大局已定,毋庸置疑,未来的中国是共产党的。日本共产党主张开展日中交流,促进日中贸易。日本共产党倡议促进日中贸易的主张,受到日本工人、农民、中小企业家的关注,带动了日本国内的中国友好运动发展。中国充分估计日本人民在推动中日友好上的作用。

1950年1月,"日本中国友好协会"在中华人民共和国成立后不久即宣

---

[1] 《战后中日关系文献集(1945~1970)》,第61页。

告成立。该会集中了日本政界、经济界、工会、学界的精英人士，有22个都道府县派代表参加成立大会。日本前参议院副议长松本治一郎任会长，鲁迅先生生前的好友内山完造任副会长，协会出版机关刊物《日本与中国》，认为"日本与中国，互为亚洲的邻邦，在过去漫长的年代里，在政治、经济、文化等各个方面，都结下了极为紧密的关系。当两国关系建立在友好与互助之上时，两国人民生活，就有了和平、繁荣与幸福的保证；而当两国关系未能建立在这一基础之上时，两国人民的生活就会遭到破坏。近代以后，中国人民由于日本军国主义的侵略政策所长期遭受的不幸，是有目共睹的"；协会主张"深刻反省日本国民错误的中国观，努力将其纠正；推动日中两国人民的相互理解与合作，将努力促进两国文化的交流；为有助于日中两国的经济建设和人民生活的提高，将努力促进中日贸易；通过日中两国人民的友好互助，谋求相互之间的安全与和平，从而对世界和平做出贡献"[①]。协会认为，两国关系必须以两国人民的和平、繁荣与福利为基础。

日中友好协会在22个都道府县成立了分支机构，成为群众基础最好、最广泛的民间团体。为使日本国民更好地了解中国，日中友好协会从文化做起，通过多种渠道，收集、翻译、出版中国相关的图书资料，还主动与中国交换版画、图片，向日本国民介绍中国的音乐、歌曲、文学艺术作品，讲解中国国歌的内容、风格，并开展科学技术等方面的交流活动。协会订购了《人民日报》《世界知识》等中国出版的刊物，分发到日本的有关机构、团体及外务省。战后日本国内经济困难，在日华侨生活更为艰辛，在政治、经济等方面都受到不公正的待遇。日中友好协会呼吁日本国民与华侨友好相处，关注华侨经济、政治等方面的问题，尽可能给华侨以物质上、精神上的支持。日中友好协会从中日两国和平友好的愿望出发，认为日本全体国民都应对侵略战争时期迫害中国劳工的花冈事件、木曾谷事件表示遗憾。协会通过一系列活动，促进日本国民了解新中国，使自身组织扩大与发展，在日本国内的影响力不断提升。

朝鲜战争爆发后，日本紧随美国的反共脚步，加紧对国内民主活动的镇压。1950年起，日本政府在美国的纵容支持下，强行解散各类工会组织，封闭日本共产党机关报《赤旗报》，搜查宣传民主思想的刊物，迫害进步知

---

① 《战后中日关系文献集（1945~1970）》，第86页。

识分子。京都大学等著名高等学府，都发生了开除进步学生学籍的事件。日本媒体污蔑日中友好协会奉远东国际共产党情报局之命侦查美军动态，日中友好协会会员成为美国占领军和日本政府的"整肃"对象。1950年11月15日，日本大阪警视厅搜查课以"涉嫌违反根据占领目的行为处罚令"为名，搜查了位于大阪南区的日中友好协会大阪支部，"没收了反美传单、报纸等物证"[①]。12月31日，日本警视厅又奉美国占领当局之命，搜查东京日中友好协会中央总部，没收大量资料，逮捕工作人员。日中友好协会并没有被高压政策吓到，他们与日本政府针锋相对，不仅一如既往地开展活动，还提出在全国"发展百万会员"的宏大计划，以扩大协会的组织和影响力。

日本发动全面侵华战争时期，由于成年男子多被驱赶到战场上，国内劳动力紧缺。日本政府采取欺骗、绑架等手段，将大批中国劳工抓到日本，从事繁重的体力劳动。在恶劣的生产、生活环境下，中国劳工的死亡率极高，不少人因此客死异国。战争结束后，日本友好人士主动帮助受害劳工的家属，寻找和送还中国劳工死难者遗骨。1953年2月，在京都东本愿寺法师的倡议下，成立了"中国殉难者慰灵实行委员会"，日中友好协会的成员参与了该委员会的具体工作。委员会人员为了搞清楚中国劳工的下落，不辞辛苦，克服困难，寻访日本各地的相关公司和知情人士，将收集到的中国劳工死难者的名单整理编册，并将收集到的3000多具中国劳工的遗骨分10批送回中国。中国劳工的幸存者刘连仁，逃到北海道深山10余年，过着野人般的生活，被发现后，在日本朋友的帮助下返回中国。刘连仁事件轰动一时，中日两国人民看到军国主义发动的战争给中国人民造成的灾难，更加坚定了实行和平友好、不再战的决心。

## 二　开启中日"民间外交"

美国为了封堵社会主义国家，1949年11月与马歇尔计划的主要受援国在巴黎成立了"输出管制统筹委员会"（简称"巴统"或COCOM），日本与美国、英国、法国、比利时、荷兰等西方国家一道成为"巴统"组织成员国。"巴统"制定了针对社会主义国家出口"战略物资"和新技术的"禁运货单"。在这种情况下，日本民间呼吁政府重视对华贸易，以促进日本经

---

① 『朝日新聞』（大阪）1950年11月16日，夕刊。

济尽快复苏。日本政府在对华关系上唯美国马首是瞻,但是,不能不顾及民间呼声和本国经济发展,希望美国允许其有限地开展与中国的经贸往来。1950年3月,美国同意日本有条件地与中国进行贸易,并列出了允许对华出口货物的清单。日本抓住机会,于1950年4月通过《关于促进日中贸易的决议》,中日贸易有限度地展开。日本向中国出口电动机、钢材等经济建设急需的物资,中国则向日本出口其短缺的大豆、煤炭、铁矿石等物资。然而,好景不长,朝鲜战争爆发后,美国立即宣布对中国实行"封锁禁运",压迫日本政府严格控制与中国的贸易,其要求比"巴统"有过之而无不及。1950年12月,准备向中国出口的货物已经在神户港装船,却被日本政府紧急叫停,日本宣布停止向中国出口除纤维杂货以外的一切商品。

美国强迫西方国家对新中国封锁、禁运的政策,给中国国民经济的恢复和发展造成了困难,同时也影响到西方国家的利益,引起西方一些国家的不满。国际上出现了要求打破东西方贸易壁垒,实现共同发展的呼声。1951年10月,在丹麦首都哥本哈根举行了有21个国家的经济人士参加的会议,成立了国际经济会议发起人委员会。1952年4月,莫斯科准备召开国际经济会议,中国是这次会议的倡导者,中国国际贸易促进会主席南汉宸向日本著名的经济界人士村田省藏发出邀请,希望日本派代表出席会议。日本政府没有勇气冲破美国的限制,认为参加会议"为时尚早",拒绝为村田省藏等人发放出国护照,日本没有派代表参加会议。

1952年4月,国际经济会议在莫斯科召开,东西方有49个社会性质不同的国家派代表参加,会议代表达471名,成为名副其实的盛会。这表明搁置意识形态的分歧,在平等互利基础上开展经济、贸易合作,是不同社会制度国家人民的共同愿望。中国人民银行行长南汉宸作为代表团团长出席了会议。周恩来指示中国代表团成员,参加这样的国际经济会议机会难得,不能放弃。在那里,同外国代表团交往的面要宽一些,争取打开我们同西方国家贸易往来的局面。① 中国代表团在这次会议上表达了中国对于开展国际贸易的立场,主张世界上不同社会制度的国家,可以通过发展经济贸易关系,增进了解,实现和平合作,以求共同发展。中国愿意与一切国家建立平等互利的经济贸易关系。

莫斯科国际经济会议召开期间,日本国会议员帆足计、高良富和宫腰

---

① 《周恩来年谱(1949~1976)》上卷,第218~219页。

喜助等正在欧洲访问。他们得知会议召开的消息，准备绕道赴莫斯科参加会议。参议员高良富以到巴黎参加联合国教科文组织会议的名义，得到访问法国的护照；参议员帆足计和改进党众议员宫腰喜助一直主张推进中日贸易，他们是"促进日中贸易国会议员联盟"成员，二人以考察农业为由，取得访问丹麦的护照。三个人拿到护照后，分头赶赴莫斯科。遗憾的是，他们到达莫斯科时，会议已经结束。中国代表得知三位日本人士来莫斯科，积极与之接触，主动向他们介绍中国经济恢复和发展的情况，欢迎他们亲自到中国走走，感受中国的发展，三位日本议员欣然接受中国贸促会的邀请。

1952年5月15日，帆足计、高良富和宫腰喜助三人来到北京，这是中华人民共和国成立后日本政界人士第一次来访，中国给予高度重视和热烈欢迎。帆足计、高良富、宫腰喜助与中国国际贸易促进委员会的南汉宸、冀朝鼎就中日贸易问题举行会谈，签署《中日贸易协议》。协议本着平等互利的原则规定，中日"每方购入与售出的金额各为3000万英镑。经双方同意以同类物资相互交换"[1]，确定了双方输出的货物种类及所占比重，双方贸易在以货易货基础上进行，仅以英镑计价。为履行协议，日本将派民间正式工商业代表来中国谈判。协议规定：双方执行合同时，如发生纠纷，将设立仲裁委员会，仲裁在中国境内举行。协议规定的贸易应在1952年12月31日以前执行；如果协议到期，规定的贸易额尚未全部完成，经双方商量后可再延长。

《中日贸易协议》是战后中日两国间签订的第一个贸易协议，是促进中日两国经济贸易合作的文件，有利于两国的经济恢复和发展。中华人民共和国成立后，致力于恢复和发展生产、医治战争创伤，经济建设是新中国的头等任务。中国需要大量的机械设备、原材料和工业品；而日本经济恢复和发展，也需要中国的农产品、原料，这是一个互利共赢的协议。协议规定的贸易额并不多，但是，它开中日民间贸易之先河，"中日两国在经济方面也有极为紧密的联系。恢复和发展两国间的正常贸易一直有利于两国人民。这次签订协议对复兴和发展日本经济更具有重大意义"[2]。中日两国的贸易前景极为远大。中国工农业迅速恢复和发展，可以增加出口的农产品、畜产品和其他土特产品的数量。中日两国之间的相互贸易需求将不断

---

[1] 《战后中日关系文献集（1945~1970）》，第130页。
[2] 《战后中日关系文献集（1945~1970）》，第132页。

增加，完全有可能在此协议的基础上，继续扩大双边贸易，进而促进中日两国实现和平友好，建立正常的国家关系。

高良富认为中日民间协议，体现了莫斯科国际经济会议关于平等互利、尊重民族、不干涉内政、世界和平主义的精神，是具有深远意义的历史性协议。她对中国人民不仅原谅日本的过去，而且主动为提高日本人民的生活水平而努力，表示感谢。希望日本工会团体和产业界人士，不辜负中国人民的信赖，与新中国进行贸易，把中国的丰富资源与日本的潜在工业技术结合起来，完成实现和平的使命。帆足计、宫腰喜助发表了联合声明，他们说："贸易协定是以个人名义签订的，不是政府间的正式协定。但正因为它是民间性质的协定，所以我们认为它更有力地显示了两国人民对和平、友好及经济合作的愿望。"① 日本《朝日新闻》等重要报纸在第1版刊登了中日签订贸易协议的消息，肯定了协议不受政府关系的约束，以及规定的具体贸易原则。

日本三位国会议员来中国访问并与中国有关部门签订第一次民间贸易协议，在日本国内引起了极大的轰动，工商界反响尤为强烈。三位国会议员回到日本时，受到各界的热烈欢迎。三位议员受邀到日本巡回报告访问中国的感受，日本厂商主动要求他们介绍中国的发展，表现出与中国开展贸易的迫切愿望。但是，日本政府继续实行敌视中国的政策，竟以违反"护照法"的名义，准备对三位议员进行"惩处"。日本各界人士表示支持和保护三位议员的访华行动，迫使日本政府让步，取消惩治三位议员的计划。

中日之间第一次民间贸易协议签订后，日本工商界人士积极寻求与中国进行经贸合作的渠道。1952年9月19日，中国国际贸易促进委员会主席南汉宸致电日本中日贸易促进会，希望该会派代表来北京具体商谈履行《中日贸易协议》的业务及技术性问题，南汉宸在答记者问时指出，"日本许多厂商在协议签订后，不断给我们来信，提出他们要求交易的物资，到目前为止已达70余种。我们对所签订的中日贸易协议自始至终是抱着忠实履行的态度的"②，希望中日继续协商有关付款方式、交易物资价格、运输等问题。中国国际贸易促进会还制定日本船只航行中国办法，将上海、大沽两个港口作为日本船只停靠口岸，对日本船只运载货物、装卸、遇难援

---

① 《战后中日关系文献集（1945~1970）》，第134页。
② 《战后中日关系文献集（1945~1970）》，第135页。

救等做了明确规定。1952年11月，中国进出口公司与日本巴商事株式会社在北京签订了一项易货贸易合同，这是执行第一次贸易协议的具体合同。1952年12月31日，中国国际贸易促进会与日本中日贸易促进会专务理事铃木一雄签订《中日贸易协议延期半年议定书》。1953年6月30日，第一次贸易协议顺延半年，至1953年底为止。

日本是"巴统"成员国，美国怂恿日本政府破坏第一次《中日贸易协议》，限制日本对中国出口物资的范围，《中日贸易协议》中所规定的日方输出物资大部分被放在"禁运"之列。日本政府虽然看到了中国这个广阔的市场，但是不敢公开违背美国的意志，导致日本出口中国的物资极其有限。日本巴商事株式会社社长樱井英雄与中国进出口公司签订了总额为38万英镑的进出口贸易合同。日本政府以这项贸易涉及"禁运货单"为由不予批准，日本银行不受理外汇业务，致使合同不能履行。由于日本政府的干扰，《中日贸易协议》只完成了计划的5%。

中国国际贸易促进委员会主席南汉宸指出，《中日贸易协议》签订后，贸易成交的数额和协议所定的总额距离甚远，是因为美国的禁止和破坏；而日本政府听任美国的摆布，限制日本对中国出口物资的范围，致使无法全面实现协议。南汉宸认为，"中国与日本距离较近，本来可以在新的互利、平等的基础上重建战后的中日贸易。然而一年来的事实证明，不打破美日反动派的'禁运'、'封锁'、阻挠、破坏和阴谋，中日贸易是不可能顺利开展的。我们相信爱好和平的日本人民定会作更进一步的努力，消除上述中日贸易的障碍，那么，中日贸易的前途，还是有希望的"[①]。

尽管第一次《中日贸易协议》完成额很少，也使中日相关企业、公司遭受了损失，但是，这毕竟是新中国成立后中日间的第一个民间正式的贸易协议，它开启了两国经济贸易的大门，合乎中日两国人民要求开展经贸往来的愿望，其开创意义将在中日民间外交史上留下浓重的一笔，成为"民间先行、以民促官"结出的最初果实。中国认识到中日贸易的大趋势，不失时机地采取促进中日经贸合作的新措施，促成签订了中日两国新的贸易协议，将民间贸易不断向前推进。

## 三 在经贸交流中推进"以民促官"

美国介入朝鲜战争后，在日本大量采购军用物资，直接刺激了日本经

---

[①] 《战后中日关系文献集（1945～1970）》，第148页。

济的恢复和发展,使之呈现出"特需景气"。1950年6月到1953年底,美国向日本订购了各种"特需"物资,同时,美军官兵轮流到日本训练、休整,在日本花费的各项"服务费用",总计超过36亿美元,占同期日本全部外汇收入的1/3以上,而日本战后6年多的时间里获得的美国经济援助只有19.6亿美元。据统计,3年半内,"特需"出口分别占日本同期总出口量的18.2%、43.7%、66.1%和63.5%。日本经济各项指标上升,1951年和1953年,工业产量和人均国民生产总值,分别达到和超过了战前水平。1949年底,日本的外汇储备仅有2亿美元,1951年底猛增到9.4亿美元。[①]朝鲜战争使日本经济状况迅速恢复并好转,增强了其战后重建的信心。

朝鲜战争结束后,日本经济恢复和发展的脚步放缓。美国仍坚持全面遏制中国的政策,尽管美国的盟友纷纷要求放松对华控制,但是美国从其遏制共产主义的目标出发,对出口限制没有任何松动。日本是美国控制对华贸易最严的国家,它一再强调控制对华贸易给本国带来的经济困难,要求美国将其对华贸易放宽到与英国同等程度上,但遭到美国的拒绝。由于失去了所谓的"特需景气",日本经济发展呈倒退的趋势,政府倍感压力。于是,日本在保持与美国同盟关系的同时,想方设法拓展新的市场,扩大与其他国家的经济贸易往来,寻找新的经济增长点。日本认为近在咫尺、幅员辽阔、市场潜力巨大的中国,对未来日本的发展非常重要。

日本在对华贸易上采取了一些比较灵活的措施。1953年7月29日,《朝鲜停战协定》签订仅仅过去两天,日本国会就通过促进日中贸易的决议,提出应该立即采取适当的措施,促进日中贸易,"对阻碍日本与中华人民共和国之间贸易限制,至少目前应达到相当于西欧所实施的水平;放宽旨在互相通商的出国的限制等"[②]。30日,参议院通过该决议。在这个政府的正式文件中,日本使用了中华人民共和国这个国名,而不是以前的"中共",折射出日本政府对中国态度的细微变化,实际反映了日本对中日关系的重视。

中国注意到了日本政府的变化,采取相应的措施推动中国有关部门与日本国会、政党建立友好交流关系,通过日本国会议员、在野党以及企业界人士,推动中日民间贸易进一步发展。1953年9月,日本"促进日中贸易国会议员联盟"组成以池田正之辅为团长的"日本中国通商考察议员团"

---

① 吴学文、林连德、徐之先:《当代中日关系(1945~1994)》,第57页。
② 『朝日新聞』(東京)1953年7月30日、第1版。

访问中国，出席中华人民共和国成立4周年庆祝活动。这个考察团由日本各政党、各行业代表组成，是超党派代表团。该代表团成员的护照一律由外务省签发，表达着其有一定程度的政府色彩。实际上，日本政府是以东方民族特有的含蓄方式，向中国表达发展两国经贸交流的态度。从三名国会议员访华被政府要以违反"护照法"惩罚到政府发给代表团护照，两年的时间，日本在对华关系上迈出了一大步。池田正之辅是日本政界、商界的著名人士，他将访问中国的目的概括为三点，即"在政治上加深日本国民和中国人民的友好关系；在平等互利的基础上扩大中国和日本的贸易；为了达到上面两个目的，双方要互相实地考察，了解实际情况"[1]。他认为，日本国民的代表第一次正式进入中华人民共和国国境，将成为政治和外交上的一个重大转机。

中国对这个有日本政府背景的代表团来访非常重视。中国人民保卫世界和平委员会主席郭沫若会见了代表团一行，郭沫若再次强调中国人民是把日本人民和日本政府区别开来看的。中国人民愿意增进和日本人民的友谊，"今天中日两国的正常外交关系尚未建立以前，中国人民愿意首先开展中日人民间的经济交流与文化交流，并和日本人民一道为保卫亚洲与世界和平而努力"[2]。表达了中国继续开展民间交流的信心和决心，认为民间交流对于维护地区和世界的和平都有意义。

日本"促进日中贸易国会议员联盟"代表团与中国国际贸易促进委员会于1953年10月29日签订了中日第二次贸易协议，协议规定在有效期内，每方出口及进口的金额各为3000万英镑。根据同类物资相易的原则，规定了双方输出商品的分类及所占总额之百分比，确定甲类占总值的35%，乙类占40%，丙类占25%。协议有效期为一年，如到期尚未达到贸易的总额，经双方同意，可酌量延长期限。

中日第二次民间贸易协议签订后，日本工商界人士更是积极与中国厂家接触、谈判，寻求贸易合作的项目。在两国有关方面的共同努力下，第二次贸易协议完成了计划的38.8%，虽然还没有过半，但是比第一次贸易协议有了长足进步，说明两国发展经济贸易往来是大势所趋。按照日本统计，1954年中日贸易额为5900万美元，日本出口为1900万美元。[3] 整个

---

[1] 《战后中日关系文献集（1945~1970）》，第151页。
[2] 《战后中日关系文献集（1945~1970）》，第154页。
[3] 吴学文、林连德、徐之先：《当代中日关系（1945~1994）》，第61页。

1950年代，中日贸易中中国一直是顺差，日本受制于"巴统"，出口受到限制。

中日签订的两个民间贸易协议表明，两国蕴藏着友好合作的坚实基础，"民间先行、以民促官"具有现实可能性。中国与不同社会制度国家通过经济往来促进政治关系，通过民间交流促进官方关系发展，有广泛的前景。

## 四 "民间外交"的扩大与发展

日本是一个四面环海的岛国，大自然给日本带来丰富的海洋资源，渔业在日本国民经济中占据重要位置。长期海洋环境下的生产、生活，使日本人的餐桌离不开海产品。东海、黄海有丰富的渔业资源，这里有著名的渔场。中日两国隔海相望，两国渔民经常在这一地区进行捕捞作业。当然，同在一个地区捕鱼，两国渔民捕鱼作业中的纠纷也在所难免。由于日本政府与台湾当局签订所谓"和平条约"，每当中日两国渔民发生海上纠纷，两国政府无法出面，两国渔民的相互避难、救急更无从谈起，渔民的安全难以得到必要的保障。这对中日两国渔民和渔业发展来说，都是十分不利的。

为了解决渔业生产和渔民海上作业安全问题，1954年，日本福冈、下关、长崎等地的渔业公司成立了"日中渔业协议会"。协会希望与中国就渔业问题进行谈判，能够签署相关协定，为渔民海上生产生活提供保障。一般来说，渔业协定是有政府关系的国家间签订的，中国考虑到两国渔民的切身利益，特别是日本人由于自然环境，长期形成的生活习惯等因素，邀请日本渔业代表团来中国，进行渔业生产谈判。

1955年1月13日至4月15日，中华人民共和国渔业协会与日本日中渔业协议会代表团，就黄海、东海的渔业问题进行谈判。中日双方代表本着相互友好和谅解的精神，经过充分协商，签订第一次中日民间渔业协定。协定以平等互利、和平共处为原则，对中日两国渔业界在黄海、东海海域捕鱼问题做了合理的安排。协定包括"关于维持渔船作业秩序的规定""关于渔船因紧急事故寄泊和救助海难后处理办法的规定""关于交换渔业资料和交流技术的规定"，除资源保护区和军事警戒区外，划分出六个渔区，规定了渔区的名称、位置、限期、渔轮数量和保护渔业资源的措施。

由于中日两国没有正常的官方关系，中日两国民间渔业团体之间签订的协定只能是临时性质的，有很大的局限性。两国渔业协会表示，在执行这个协定的同时，各自愿意促请本国政府迅速举行中日渔业谈判，为签订中日两国政府之间的渔业协定而努力。1956年5月,中日双方代表商议,将渔业协定延长一年。中日民间渔业协定的签订,体现了中日两国渔业界相互谅解和友好合作的愿望,促进了中日两国渔业界的交流,有利于两国经济的发展,也显示了"民间外交"在推进两国人民相互了解中的作用。

二战后,各国在清算法西斯给国际和平带来危害的同时,也在探讨如何维护人类和平,避免战争悲剧重演,实现世界和平。为了维护和平,1952年10月,北京召开了亚洲及太平洋区域和平会议。中国向日本有关团体发出了邀请,希望日本派代表团来参加会议。日本相关团体接到邀请,立即组成代表团准备参加会议。但是,日本政府阻挠代表团到北京,最终日本代表团没有参加会议。尽管日本没有派代表团出席大会,出于对和平的关注,大会还是通过了《亚洲及太平洋区域和平会议关于日本问题的决议》。决议认为,美国政府公开利用日本的军国主义分子,将日本变为在远东发动侵略战争的基地,这严重地威胁了亚洲及太平洋区域的和平与安全。为了亚洲及太平洋区域和世界的和平与安全,应对日本人民的合理愿望予以支持。鉴于非法的旧金山片面"和约"在亚洲及太平洋区域所引起的紧张局势,"有关国家必须按照波茨坦公告及其他有关日本问题的国际协定的原则和精神,缔结具有全面性质的真正的对日和约。反对和制止日本军国主义复活,支持日本人民建立一个独立、民主、自由、和平的新日本。任何外国军队应立即撤离日本领土,任何外国不得在日本保有军事基地,任何外国不得干涉日本内政。任何外国政府对于日本和平建设及对外贸易的各种人为限制,必须消除"①。决议认为,有必要组织一个和平访问代表团到日本,支持日本人民为和平所做的努力。

日本民间为恢复中日邦交正常化、维护和平而不断努力,推动政府改变对华政策。1953年9月,日本拥护和平委员会主席大山郁夫访问中国。周恩来作为中华人民共和国国务院总理,会见了大山郁夫,这是周恩来首次会见日本客人。大山郁夫说:"过去日本军国主义分子长期侵略中国,日本人民未能及时加以制止,使中国人民蒙受巨大损失,我代表日本人民向中国人民表示歉意。中华人民共和国政府和中国人民对于日本人民一贯采取友好态度,我代表日本人民谨致感谢。"② 周恩来代表中国政府强调,日本发动侵略战争给中日两国人民都造成巨大损失,应牢记历史教训。"日本

---

① 《战后中日关系文献集(1945~1970)》,第137页。
② 《战后中日关系文献集(1945~1970)》,第150页。

军国主义分子的对外侵略罪行,不仅使中国人民和远东各国人民遭受了巨大损失,同时更使日本人民蒙受了空前未有的灾难。我相信,日本爱好和平的人民将会记取这一历史教训,不在让日本重新军国主义化和重新对外侵略,以免日本重新蒙受比过去和现在更加深重的灾难。"[①] 中国愿意与世界爱好和平的国家恢复正常关系,特别是与日本的关系。中日两国人民应共同奋斗,打破美国政府和日本政府对中日贸易发展和文化交流的阻碍。但是,日本政府如果继续保持与台湾方面的"外交关系",就会阻碍两国关系的正常化。周恩来向日本客人介绍了中国在平等互利的基础上,发展中日两国贸易的政策,对有日本人担心的"中国工业化了,中日贸易就没有前途",提出了自己的看法,认为中国实现工业化,中国国家和人民的生产和需要就会愈加扩大,就愈加需要国际间的贸易。日本是中国的近邻,在和平共处的基础上,中日贸易的发展和经济的交流,有广阔的前途。中国强调日本军国主义是中日两国人民的共同敌人,发展经济贸易往来对现在和将来两国关系的发展是有好处的。

1950年代,中国提出的"民间先行、以民促官"对日政策,切合实际,收到了良好效果。1954年9月,日本国会议员代表团和日本学术文化代表团访问中国。毛泽东、周恩来、刘少奇等分别接见了这两个代表团。中国领导人向日本客人阐述了中国对于世界形势、中日未来关系的看法,阐述了中国和平的外交政策。周恩来总理指出:过去日本侵略中国,今天中国强大起来了,不会威胁日本。我们是为世界和平而奋斗,这不是我们的一般政策,而是基本政策。中日2000多年是和平共处的,60年来是不好的,但这已经过去,我们应该让它过去,历史不要再重演。周恩来认为,中日两国关系友好地发展起来,前途一定是广阔的。中日两国应该按照和平共处五项原则彼此承担义务,中日两国应和平相处。中日关系正常化的障碍不在中国方面,《旧金山对日和约》不承认中国人民选择的政府,而选择了台湾当局,令中国人民非常痛心。周恩来希望日本代表团成员回国后,多做工作,促使日本当局改变对中国的看法。

1952年,日本国会议员帆足计、高良富和宫腰喜助来中国访问。他们提出,为了使日本国民真正地了解中国,要把有利于中日文化交流的作品介绍给日本。周恩来赞同日本客人的看法,向他们赠送了由贺敬之等创作

---

[①] 《战后中日关系文献集(1945~1970)》,第150页。

的同名歌剧所改编的电影版《白毛女》录像带。帆足计等人回国之后,把《白毛女》的录像带交给日中友好协会。日中友好协会策划《白毛女》上映会,日本观众第一次看到新中国的电影。而真正意义上把《白毛女》介绍给更广大日本民众的,是1955年松山芭蕾舞团上演的芭蕾舞剧《白毛女》。松山芭蕾舞团成为世界上唯一演出中国剧目的外国芭蕾舞团。1955年7月,松山树子作为和平代表首次应邀来华访问,周恩来在会见松山树子时,特地将中国歌剧《白毛女》中喜儿的扮演者王昆和电影《白毛女》中喜儿的扮演者田华请来,三位"白毛女"齐聚一堂,畅谈演出体会,留下了美好的回忆。1958年3月,日本松山芭蕾舞团携芭蕾舞剧《白毛女》首次访问中国,在中国各地演出28场,受到中国观众的热烈欢迎。此后,松山芭蕾舞团十几次访问中国,清水正夫作为日中友协的负责人100多次来华访问,在中日文化交流史上写下了浓重的一笔。2008年5月8日,胡锦涛主席看望松山芭蕾舞团,称赞其"半个世纪以来,你们秉持中日友好信念,积极促进两国文化交流,为增进两国人民的相互了解和友谊发挥了独特作用"[①]。清水正夫和松山芭蕾舞团是中日民间交往的先驱,"芭蕾外交"成就了中日两国民间交往史上的一段佳话。

中国有关部门还积极与日本知名人士联络,通过他们转达中国政府和人民希望中日两国民众加强沟通与了解的愿望,发挥他们在沟通中日友好中的作用。1955年12月,国务院副总理郭沫若率领中国科学代表团访问日本。在东京一下飞机,郭沫若就说:"我前后在日本逗留了20年,日本是我的第二故乡。最近时期,中日两国人民之间的友好往来已经有了显著的增加。这是一种可喜的现象。"[②] 他认为中日两国关系的隔阂和敌对绝不会带来任何的好处,只有和平相处,友好往来,才能够使两国人民得到最大的利益。中国访日科学代表团在日本进行了20余日的访问,促进了中国学术界和日本学术界之间的接触和联系,也进一步加强了中国人民和日本人民之间的互相了解和友谊。

梅兰芳在1919年和1924年曾经两次到日本进行访问演出。1923年9月,日本发生了"关东大地震",人民生命财产受到严重损失,1924年梅兰芳到日本演出时,为"关东大地震"做募捐义演,深深感动了当时的日本民众。观众喜欢梅兰芳的表演,在日本至今仍然有很多梅兰芳的戏迷。梅

---

① 《人民日报》2008年5月9日。
② 《战后中日关系文献集(1945~1970)》,第251页。

兰芳本来计划在 1930 年代再度赴日本演出，由于 1931 年日本发动九一八事变，开始侵华战争而未能成行。日本侵华战争期间梅兰芳蓄须明志，不为日军演出，受到中国人的尊敬。1956 年 5 月，梅兰芳率领中国京剧代表团访问日本。此次时隔 32 年后访问日本，在日本引起巨大轰动，很多观众远道赶来观看演出，无不为中国传统艺术的魅力和演员高超的演技所倾倒。

文化艺术交流是中日"民间外交"的重要组成部分。1956 年 6 月，中国十大城市举办"日本电影周"，电影周期间，日本著名演员来到中国，所到之处受到中国观众的热烈欢迎。电影周为中国民众了解日本的社会和艺术开启了一个窗口。1950 年代，日本画家、作家、音乐家等纷纷访问中国，构成了"民间外交"的一道亮丽的风景。文化艺术作为"软实力"在"民间外交"阶段发挥着不可替代的作用。

新中国成立以后，由于各种各样的原因，有一些日本人侨居中国。中国政府对日侨实行保护政策，对他们的生活、工作等给予关照和帮助。对于这些日本侨民是否返回日本，中国政府充分尊重他们的意愿，积极协助愿意回国的日本侨民返回日本，对愿意留在中国的，表示欢迎。中国红十字会遵照政府的有关指示精神，积极协助日侨归国，做了大量卓有成效的工作。

1950 年夏天，中国红十字会代表团向日本红十字会表示愿意帮助了解在华日侨情况。截至 1952 年底，在中国的日侨共有 3 万人左右，他们在中国生活安定。除日侨外，中国还有少数日本战犯在拘押中，听候审讯。而日本俘虏已经全部遣送完毕。

1953 年 2 月，日本红十字会、日本和平联络委员会和日中友好协会三个团体代表来中国，与中国红十字会商谈日侨回国具体问题。中国红十字会代表团首席代表廖承志指出，在新中国成立后，留在中国的守法的日本侨民得到了中国政府的保护。他们在中国过着和平的生活，可以和日本国内自由通信。中国政府对愿意回国的日本侨民给予了协助，对愿意留下来的，是允许的。廖承志驳斥了一些别有用心的人把中国协助日侨回国说成是"遣返"的论调，明确指出，只是对于战争俘虏才有遣返问题。在中国的日本人除少数战犯外，都是侨民，根本不发生所谓"遣返"问题。至于少数战犯的处理问题，乃是中国方面的事。

中国红十字会对日本侨民回国，在申请、出境港口、日期等方面做了具体、周到的安排，并表示"在大批日侨回国结束之后，仍然会有零星愿意回国的日侨，在这时候，我们仍愿意和你们保持联系，随时协助他们回国"①。中国确定天津、秦皇岛、上海三港为回国日侨集中和登船地点。第一批回国日侨的人数是 4000～5000 人，以后每批回国日侨集中时间间隔 20 天左右，每批 3000～5000 人，中国负担日侨到达港口前的一切费用。中国红十字会协助日侨分批回国截止期限为 1953 年 6 月底至 7 月初。

1953 年 10 月 30 日，中国红十字会会长李德全在会见日本"促进日中贸易国会议员联盟"代表团时指出："自从 1953 年 3 月起，到 10 月止，共有七批日侨回国，人数达 26026 名。日侨分批回国已宣告截止。"② 李德全表示，按照中国红十字会代表团和日本红十字会、日本和平联络委员会、日中友好协会三团体组成的代表团所签订的关于商洽协助日侨回国问题的公报第 12 条，在今后如仍有个别日侨愿意返回日本时，中国红十字会愿意继续给以协助。中国红十字会协助大批日侨返回祖国，是基于将日本人民与军国主义区别开来的考虑，相信包括日侨在内的日本人民，是爱好和平的，对回国日侨给予充分的人道主义关怀。中国政府和人民的博大胸怀，得到了日本各界的广泛称赞。

为了感谢中国红十字会协助日侨回国所做的工作，日本红十字会、日本和平联络委员会和日中友好协会三团体，准备邀请中国红十字会代表团访问日本。经过三团体的努力，1954 年 5 月，日本促进日中贸易国会议员联盟和众议院海外同胞遣返特别委员会，向国会提出了"关于邀请中国红十字会代表"的决议。决议指出，从中国集体撤退大致告一段落，"但就仍然遗留的大量同胞实行撤退一事，中国红十字会也作了进一步采取有善意的措施的保证。留守家属的迫切期待现在唯系于此。日本红十字社久已竭尽全力力争，以本社贵宾的名义邀请中国红十字会代表访日以报答其厚意，同时就今后的撤退要求其进一步帮助"③。经过日本友好团体的不断努力，1954 年 5 月 27 日和 29 日，日本国会众参两院最终通过这项决议。

1954 年 10 月 30 日至 11 月 12 日，中国红十字代表团访问日本。这是新中国派出的第一个大型访日代表团，要把中国人民发展与日本人民长期友好和平共处的意愿和决心转告给日本人民，利用这次机会与日本红十字会等团体商洽有关协助日侨归国问题，把在中国的日本战犯名单带给日本。

---

① 《战后中日关系文献集（1945～1970）》，第 143 页。
② 《战后中日关系文献集（1945～1970）》，第 160 页。
③ 《战后中日关系文献集（1945～1970）》，第 161 页。

中国红十字代表团在日本受到国会议员、民间知名人士、华侨代表的热烈欢迎。代表团与日本各界、各团体和日本国民进行了广泛的接触。代表团先后共参加19次日本各界、各团体和各地方代表的国民欢迎大会和各种座谈会，17次宴会和茶会，并举行了13次记者招待会、广播和电视会，向日本各界诚恳地、详细地表达了中国人民发展中日友好的主张和愿望："加强中日两国人民的友好关系对亚洲和平是如何重要。代表团强调：为了保证亚洲与世界和平，中日两国人民的责任十分重大。中国和中国人民愿意把互相尊重领土主权、互不侵犯、互不干涉内政、平等互利、和平共处的五项原则适用于和世界各国的关系上，当然也同样适用于对日本的关系上。这是中国的国策，也是中华人民共和国的和平外交政策的具体表现。"[①]廖承志说："中国的大文豪鲁迅先生说过：'世上本没有路，走的人多了，也便成了路'，只要我们走下去，自然就会开出中日友好的大道，中日两国友好合作，为保卫亚洲和平做出努力是当务之急。两国要友好，靠讲道理不行，而要做出实际的努力。"

中国红十字会代表团成员充分利用这次难得的机会，足迹遍及日本各地，与日本各阶层人士、民间友好团体进行了广泛的接触。听到了日本各阶层希望中日友好、要求加强往来和恢复中日正常关系的呼声。代表团还与日本红十字会、日本中国友好协会、日本和平联络委员会进一步商议了日侨回国的具体问题，制订了日侨回国的备忘录。中国红十字会代表团访问日本，把中国人民愿意同日本人民长期友好、和平共处的意愿和决心，明确而诚恳地转告给日本人民和日本的广泛社会阶层，加深了中日两国人民的友谊，使更多的日本朋友了解中国的和平政策和中国人民保卫亚洲与世界和平的决心，推进了两国人民相互了解。中日两国红十字会的交流与合作，表达了两国人民和平友好的愿望，推动"民间外交"向更广阔的领域发展。

## 五　对日本战犯的思想改造及其成果

中华人民共和国成立后，中国关押着1000多名日本战犯，这些战犯不同于普通日本士兵，他们是侵略战争的参与者、指挥者，负有重要的战争责任。对于关押的日本战犯，中国注重从思想上进行改造，通过各种学习、

---

① 《战后中日关系文献集（1945～1970）》，第173页。

参观活动，帮助他们认识军国主义发动的战争罪行，认识日本侵略战争给中国人民造成的巨大灾难。进而启发他们的觉醒，使其成为推进中日和平友好的力量。中国对在押日本战犯，采取惩办与教育相结合的办法，给以人道主义的待遇，而非精神虐待和肉体折磨。抚顺战犯管理所曾分期分批地组织在押战犯到中国的大中城市参观，让他们亲眼看到战争遗迹，了解战争给中国人民带来的损失，使其认识自己的战争责任和罪行。经过思想教育与改造，多数日本战犯对战争罪行有所认识，对中国人民表示忏悔，希望洗心革面，从杀人恶魔变为热爱和平的人。1955年底，中国提出宽大处理日本战犯的意见。

1956年4月25日，中华人民共和国全国人民代表大会常务委员会通过《关于处理在押日本侵略中国战争中战争犯罪分子的决定》，决定认为：日本战争犯罪分子，对中国人民犯下了各种罪行，使中国人民遭受了极其严重的损害。按照他们所犯的罪本应该予以严惩，"但是，鉴于日本投降后10年来情况的变化和现在的处境，鉴于近年来中日两国人民友好关系的发展，鉴于这些战争犯罪分子在关押期间绝大多数已有不同程度的悔罪表现，因此，决定对于这些战争犯罪分子按照宽大政策分别予以处理"[1]，对于战犯中次要的或者悔罪表现较好的，可以从宽处理，免予起诉，近期送他们回国。对于日本投降后又在中国领土内犯有其他罪行的日本战争犯罪分子，则多罪合并论处。

1956年6月21日，中华人民共和国最高人民检察院决定，对335名罪行较轻或有悔罪表现的日本战犯免予起诉，立即释放。335名战犯得知自己要被释放时，都非常激动，许多人喜极而泣，流下了激动的泪水。之后最高人民检察院又两次决定对日本战犯免予起诉，前后共有1017名日本战犯被免于起诉。对在押的45名战犯，在服刑期间表现好的，可以提前释放，对年老、患病的可以假释。战犯家属可以到中国探望。中国对日本战犯的改造与宽大政策，打动了战犯及家属，他们无不对中国人民表示感谢。

日本战犯被释放回国后，绝大多数对自己在侵略战争中所犯下的罪行表示深刻的忏悔和反省。他们回到日本后，利用各种机会揭露军国主义发动侵略战争的罪行，批判日本右翼势力破坏中日友好的活动，多数人参加

---

[1] 《战后中日关系文献集（1945~1970）》，第272页。

了日中友好协会的工作，致力于和平事业。1957年2月，被中国政府释放回国的战犯组成"中国归还者联络会"，由前陆军中将藤田茂任会长。他们在日本从事反战和平活动，经常到学校、社会上进行讲演，用亲身经历揭露军国主义给中日两国人民带来的灾难，促使日本政府和国民反省、反思战争。20世纪五六十年代，日本右翼势力活动比较猖獗，日本政府对被遣返的战犯态度冷漠，甚至诋毁、压制"中归联"的活动，认为他们被"洗脑"了。但是，"中归联"成员不畏艰难，在极为困难的条件下，出版了揭露军国主义战争罪行和反省战争的书籍——《三光》和《侵略》，在日本社会引起了强烈反响，促使更多的人思考战争与和平。1980年代，中曾根康弘任日本首相时以公职身份参拜供奉甲级战犯的靖国神社，"中归联"立即举行游行抗议。1988年12月，"中归联"组团访问抚顺，在战犯管理所捐建了"向抗日殉难烈士谢罪碑"，表达对抗日烈士的敬意。

1956年9月，中国邀请日本前军人代表团访问中国，到抚顺战犯管理所看望服刑的战犯。代表团看到了正在管理所服刑的战犯，个个身体状况良好，精神面貌焕然一新，无不感到惊讶。他们表示，中国给予战犯良好的待遇和生活，表现了博大的胸怀，认为战争给中日两国人民造成了灾难，应该珍惜和平，反对战争。廖承志把日本前军人代表团在中国东北各地参观的情况汇报给毛泽东，提出"为使他们进一步扩大对日本的影响，主席接见他们一次确是有极大好处的"[①]。毛泽东采纳了这一建议，亲自接见了日本前军人代表团。代表团回国后成立了"日中友好旧军人会"，这个组织成为推动中日和平友好的重要力量。

1964年3月，中国根据日本战犯的表现，释放了全部在押战犯。中国对关押日本战犯的思想教育和改造，收到了良好的效果。日本战犯回国后，多次对中国政府宽大处理和监狱管教人员耐心教育表示感谢，不少人表示要把致力于中日友好事业作为向中国赎罪的实际行动。

中国以战略的眼光看待中日关系，宽大处理日本战犯，表现了中国人的博大胸怀。这不仅赢得了日本民众的称赞，也在世界上引起强烈的反响。事实证明，中国政府对日本战犯的改造政策是非常成功的，是将不利因素转变为有利因素的范例。毛泽东1964年会见日本社会党代表团时，谈及改造日本战犯工作，对改造日本战犯工作表示肯定，认为多数战犯被改造过

---

① 《战后中日关系文献集（1945~1970）》，第290页。

来，转而从事中日友好工作。宽大处理战犯，表明中国将少数日本军国主义分子与广大日本人民区分的必要性。日本战犯经过在中国的学习和思想改造，逐渐认识到参与战争的罪行和战争性质，实现了"从鬼到人"的转变。

## 第三节 在彼此尊重的基础上扩大两国民间交流

中国认为，中日两国不同的社会制度可以和平共处，只要彼此尊重，扩大了解，就可以推动民间交流的领域不断扩展、层次不断提高。中国尊重日本的社会制度，虽然在战争责任问题上，区分日本政府和广大的日本人民，但是，在推进中日关系发展中，又不把日本人民与日本政府截然分开，认为日本现行的社会制度是日本人自己的选择，中日两国尽管社会制度不同，但两国存在着广泛的共同利益，从民间层次推动建立正常的国家关系，符合两国人民的根本利益，有利于东亚地区的和平。

### 一 中日两个不同社会制度的国家可以和平友好

1950年代中后期，国际形势发生了重大变化，美苏两个超级大国随着形势的变化而调整对外政策，两国关系逐渐从对抗走向缓和。1953年，苏联领导人斯大林逝世，继任者赫鲁晓夫认为斯大林在指导国家建设中存在许多错误，为纠正斯大林模式的弊端，他着手实行国内改革，要改变高度集中的政治体制、僵化的经济体制。苏联随之开始谋求与西方资本主义世界和平共存、和平竞赛，与美国改善关系。苏联希望通过改革彰显社会主义制度的优越性，进而在与资本主义的和平竞赛中胜出，达到最终战胜资本主义的目的。

苏联积极与西方各资本主义国家改善关系，争取早日实现与日本关系的正常化。中国对苏联与日本改善关系的政策给予了回应。1954年10月12日，中国和苏联发表了对日关系的联合宣言。宣言认为，日本应当得到完全的民族独立，建立自己的民主制度，发展自己独立的和平经济和民族文化。中国和苏联"对日关系的政策，是根据不同社会制度的国家可以和平共处的原则，并且相信，这是符合各国人民的切身利益的。它们主张同日本按照互利的条件发展广泛的贸易关系，并同日本建立密切的文化联系。两国政府表示愿意采取步骤，使它们自己同日本的关系正常化，并声明，日本致力同中华人民共和国和苏联建立政治关系和经济关系方面，将会得到中苏方面完全的支持"①。苏联和中国都愿意在和平共处的原则下，与日本实现关系正常化。

在比较有利的国际环境下，中国不断积极地扩大中日"民间外交"，并通过来访的日本团体、友好人士，向日本政府转达希望邦交正常化的愿望。1954年10月，周恩来接见日本国会议员访华团和日本学术文化访华团时表示，"从中日关系的历史来看，我们两千多年来是和平共处的"，中日两国都实现工业化，两国才能和平共处、中国"希望亚洲各国能够和平共处，恢复正常关系，这对世界和平是有好处的"，②表达了中国希望与日本和平共处、共同发展的愿望，认为两国经济、社会的进步，是两国和平共处的基础。周恩来希望日本代表团回国后，向日本政府转达中国的立场，促进中日两国早日恢复邦交。

1954年12月，周恩来总理在中国人民政治协商会议第二届全国委员会第一次会议上说，"中国政府一贯主张在遵守平等互利和互相尊重领土主权等原则的基础上同一切国家建立正常关系。我国是愿意同日本建立正常关系的。如果日本政府也能抱有同样的愿望，并采取相应的措施，中国政府将准备采取步骤，来使中国同日本的关系正常化"③，明确提出中国促进中日关系正常化的原则立场。

1950年代中后期，日本内阁发生变化，中国重视日本不同执政者对华政策的差异，不失时机地推进与日本改善关系。1954年12月，鸠山一郎出任日本首相。鸠山试图在外交上有所作为，改变一切服从美国的政策和形象，他标榜日本要实行"自主外交"，尽快恢复与苏联的外交关系，申请加入联合国，改善中日关系，这是鸠山内阁外交的主要目标。鸠山一郎认为，资本主义的一些国家认为苏联、中国是第三次世界大战的主要威胁，不能与社会主义国家交往，不能与社会主义国家开展贸易，这是不对的。鸠山认为，如果自由主义国家把苏联、中国当作敌人，不去与它们改善关系，反而会诱发战争。因此，日本应该早日结束同中国、苏联的战争状态。中国注意到鸠山内阁对中国态度的细微变化，并予以积极回应，认为"日本新政府的这一表示，显然是值得注意的，中华人民共和国一再声明，它愿

---

① 《战后中日关系文献集（1945~1970）》，第168页。
② 《周恩来外交文选》，第87、92页。
③ 《战后中日关系文献集（1945~1970）》，第186页。

意采取步骤,恢复和日本的正常关系"①。

在冷战的大背景下,两个阵营的国家不得不选边站队,而意识形态、社会制度是它们选择敌友的主要前提。在这种形势下,中国提出不同社会制度国家可以和平相处,对西方各国选择资本主义制度表示理解,也不简单将资本主义国家的政府和人民对立起来,承认资本主义国家政府是其国内人民选择的结果,强调尊重它们的社会制度。在亚非会议上,周恩来明确指出,中国尊重别人选择的生活方式和政治、经济制度,对于日本的社会制度和政府,"我们尊重日本人民,日本人民选择了吉田(茂)政府,我们就承认它代表日本人民,日本人民现在选择了鸠山(一郎)政府,我们就承认它代表日本人民"②,中国承认日本政府是代表日本人民的,不再把日本政府和日本人民完全对立起来。

中国认为日本虽然是美国的盟国,但是其国内民众一直开展反对美国驻军、要求返还冲绳主权的活动,表明日本与美国存在着不同的利益诉求,他们之间是有矛盾的。中日两国在反对美国压迫、维护主权方面有共同的利益,中国希望扩大这种共同利益,增进两国人民的交流,在反对美国压迫方面联合起来。1955年9月,日本国会议员代表团来华访问,毛泽东会见了代表团,进一步强调,日本是"我们的邻舍,左邻右舍,是很接近的一个邻舍。日本朋友到中国来,从你们日本家里到我们家里来看一看,我们应该感谢。以后我们要多来往"。③ 毛泽东认为,中日两国有一个共同的问题,就是有一个国家压在我们的头上,他批评美国的手伸得很长,"它抓住我们的台湾,也抓住日本、菲律宾、南朝鲜。亚洲这样大的地方它都想抓。这件事情终究不能持久的。这里是我们的地方,这里的事情应当由我们的人民来管。现在我们要求它放手,把手拿走。放手以后,我们再来拉手"④。毛泽东认为,各国的事情应该由各国自己来管,中国支持日本争取完全独立,各国、各民族都有自己的长处,相互之间应该取长补短,互相学习,互通有无,和平友好。

1956年10月19日,日本与苏联发表《日本国与苏维埃社会主义共和国联盟联合宣言》。11月27日,日本众议院通过日苏联合宣言;12月5日,

---

① 《人民日报》1954年12月30日。
② 《战后中日关系文献集(1945~1970)》,第206页。
③ 《毛泽东外交文选》,第219~220页。
④ 《毛泽东外交文选》,第220页。

日本参议院通过该宣言，日苏关系实现正常化。日苏关系正常化是日本加入联合国的有利条件，也对中日关系继续改善产生了积极的影响。1956年底，联合国大会第11届会议通过表决决定接纳日本为联合国正式会员国。日本实现了加入联合国、重返国际舞台的目标，并将在国际事务中发挥其作为会员国的作用。

日苏关系正常化、日本加入联合国，实现了鸠山内阁提出的"自主外交"中的两个目标。日本将努力实现第三个目标——改善中日关系。日本希望通过与中国发展贸易、进行文化交流，推进中日关系的发展。在日美同盟的框架下，日本也有人担心，如果继续扩大与中国的贸易，可能引发美国不安，影响日美关系。鸠山一郎认为这些担心大可不必，与中国开展贸易是为了避免战争，美国人会理解日本的目的，"自由主义国家把苏联、中共当作敌人，不进行交往和贸易，倒是会诱发第三次世界大战"[1]。鸠山一再强调，日本与苏联、中国进行贸易往来，是为了维护地区和世界的和平。

1955年1月，周恩来会见日本国际贸易促进协会会长村田省藏，周恩来向村田详细介绍了中国的外交方针，说明中国不干涉日本内政，不搞革命输出的原则立场。日本人士进一步了解了中国的对外方针以及对日本政府的态度，打消了担心中国搞革命输出的疑虑，有助于中国贸促会、红十字会等组织与日本相关团体的交流与合作。

1955年7月，周恩来在第一届全国人民代表大会第二次会议上再次指出中日关系正常化的重要性，提出中国为促进中日关系正常化已经采取一系列措施。例如，中国红十字会妥善解决了日侨回国问题，而在战争期间被掳到日本的大批中国人却至今下落不明，在日华侨仍然不能自由同祖国亲人联系和来往。为此，"中国政府主张撤除人为的障碍，打开中日两国之间的贸易"，"中国政府希望这种不正常的情况能够得到改善"，[2] 并敦促日本政府采取切实措施，保障华侨的权益，创造条件促进中日贸易。

中国强调，中日两国存在着广泛的共同利益，主张通过"民间外交"推动改善官方关系，希望日本政府最终改变政治上敌视中国的政策。同时，中国尊重日本战后的国家发展道路，中国作为社会主义国家可以与资本主义的日本和平友好。中国在侵略战争责任问题上，一向坚持把政府与广大

---

[1] 《战后中日关系文献集（1945~1970）》，第182页。
[2] 《战后中日关系文献集（1945~1970）》，第212页。

日本人民区别开来，认为日本人民也是战争受害者。对现在的日本政府，中国承认它是日本人民选择的，是代表日本人民的，中日两国建立官方关系，将有利于两国民间交流以及两国社会经济的进步，这就为从"民间外交"向官方关系发展创造了更好的条件，表明两国关系正常化具有现实可能性。

## 二 亚非会议上中日两国代表的交流互动

为了给社会主义革命和建设提供良好的国际环境，中国非常重视与周边国家的和平友好关系。1953年12月31日，印度代表团访问中国，就废除英国殖民主义在中国西藏的特权问题进行谈判。中国提出与印度发展关系的五项原则，即"互相尊重领土主权、互不侵犯、互不干涉内政、平等互惠和和平共处的原则"[①]，五项原则正式被写入双方达成的《关于中国西藏地方和印度之间的通商和交通协定》的序言中。1954年6月，周恩来率领中国代表团访问印度、缅甸。在与印度、缅甸会谈的联合声明中，中印、中缅共同倡导了和平共处五项原则。和平共处五项原则成为中国处理国际关系的准则，为处理中日关系提供了基本原则依据。

1954年10月，印度、印度尼西亚、缅甸、斯里兰卡、巴基斯坦五国筹备召开没有殖民国家参加的国际会议，中国表示支持。会议发起国对是否邀请日本参加会议，产生了意见分歧。中国认为，亚非会议对于加强亚非国家间合作、维护世界和平具有非常重要的意义。日本曾经是侵略国家，日本的侵略给亚洲各国人民带来了巨大灾难。但是，现在日本处于半被占领状态，日本民族也受到压迫，日本是亚洲的重要国家，应该邀请其参加会议。中国的主张得到了会议发起国的认可。

1955年4月，亚非会议在印度尼西亚万隆召开，中国派出国务院总理兼外交部长周恩来为团长的代表团，日本也组成以经济审议厅长官高碕达之助为团长的代表团。万隆会议是亚非国家在二战结束后首次举行的没有美国等西方大国参加的大会。周恩来在大会上全面阐述了中国的外交政策和立场，指出这是历史上第一次亚非两洲这么多的国家在一起举行会议，亚非地区的面貌发生了巨大变化。亚非国家经过长期努力，已经把命运掌握在自己手里了。周恩来认为，"国家不分大小强弱，在国际关系中都应该享有平等的权利，它们的主权和领土完整都应该得到尊重，而不应受到侵

---

① 《周恩来选集》下卷，第118页。

犯。所有附属国人民都应该享有民族自决的权利，而不应遭受迫害和屠杀。各族人民不分种族和肤色都应该享有基本人权，而不应该受到任何虐待和歧视"，"根据互相尊重主权和领土完整、互不侵犯、互不干涉内政、平等互利的原则，社会制度不同的国家是可以实现和平共处的"，各国互相尊重主权和领土完整，和平才有希望。① 中国希望亚非国家友好合作、实现和平共处。周恩来阐述了中国的内外政策，欢迎各国代表到中国去走走、看看，加强沟通和了解。亚非会议提出处理各国关系的十项原则，中国的和平共处五项原则得到广大亚非国家的赞同。

周恩来会见了日本出席亚非会议代表团的全体成员，并同他们进行了两次长谈，中日两国代表团在万隆会议上的接触，对于促进中日民间贸易向半官方层面发展起了重要作用。日本代表团也重视与中国代表团的交流，"当时在日中关系严峻的情况下，借此机会日中贸易得以步入正常轨道……周恩来、高碕达之助两位在亚非会议上的会面，成为从日中友好到实现贸易、邦交正常化的开端，具有历史意义，但是，考虑到日美关系，不得不采取'偶然会面'的形式"②。日本20世纪中期发动侵略战争，给亚洲各国带来了巨大灾难。与会的亚洲国家虽然同意日本派代表团参加会议，但是各国代表团普遍对日本代表比较冷淡。日本代表团提出了发表和平宣言的倡议，各国反应冷淡。日本代表感到非常苦恼和尴尬。中国代表团了解事情经过后，主动撤回自己的提案，支持日本代表团的提案。中国代表团在会议上强调，自己所提出和平宣言的倡议"是采用了日本代表团的建议。我们认为日本代表团的建议很好，采用和平宣言一词可以表示我们的团结"③，并协助大会通过日本代表团的和平提案，这样，日本代表团在万隆会议上有所收获。周恩来表示，中国政府愿意求同存异，解决国际问题，尊重一切国家的人民有自由选择他们的生活方式和政治、经济制度的权力，其中也包括日本。日本代表切身体会到中国人的博大胸襟和真诚态度，表示要积极促进日本政府改变对华政策。

万隆会议是一次成功的会议，中国倡导的和平共处五项原则得到了广大亚非国家的赞同，成为处理国与国关系的准则。通过万隆会议，中国不仅与亚非广大发展中国家建立了良好的关系，亚非国家同新中国建交的数

---

① 《周恩来外交文选》，第116、119页。
② 吴学文、王俊彦：《廖承志与日本》，中共党史出版社，2007，第189页。
③ 吴学文、王俊彦：《廖承志与日本》，第190页。

量大增，而且也为与社会制度不同的日本建立和发展友好关系打下了深厚的基础。中国领导人在万隆会议与日本代表交流、互动，对日本代表团的关照，增进了两国的相互了解，对促进两国关系正常化发挥了重要作用。

## 三　发挥官方在民间贸易中的作用

1950年代中期，中日两国各阶层要求恢复正式官方关系的呼声日益强烈。为了发挥官方在中日贸易中的作用，中国制定了"民间往来，官方挂钩"的原则，推进中日关系早日正常化。1955年3月，中国组成以国际贸易促进会副主任雷任民为团长的贸易代表团前往日本。这是中国贸易代表团第一次访问日本，也是继中国红十字会代表团之后，中国派出的第二个访日代表团。

日本友好团体和企业界都对中国贸易代表团的访问表示欢迎。美国政府知道中国贸易代表团准备访问日本的消息后，向日本政府施加压力，要求严格限制日本企业与中国贸易代表团接触，阻碍中日经济贸易发展。日本政府迫于美国的压力，不得不限定中国贸易代表团在日本的考察范围。尽管如此，日本政府深知开展对华贸易对日本国家发展的意义，尽可能为中国代表团提供便利和特殊待遇，同意中国贸易代表团使用密码电报与本国联系。日本民间友好人士、团体为使中国贸易代表团能广泛接触政府要人，做了许多工作。在日本政府不便出面的情况下，"恢复日中、日苏邦交国民会议"以民间团体的名义宴请代表团，邀请日本政府官员参加，使中日官方成员有机会直接见面与交流。

1955年5月4日，中国贸易代表团与日本国际贸易促进协会、促进日中贸易国会议员联盟签订第三次《中日贸易协定》。第三次《中日贸易协定》对贸易总额、双方输出商品比例、输出商品货单、商品检验、仲裁和互相举办商品展览会等问题，做出具体的规定。双方认为，"要使中、日两国间的贸易关系能够正常地发展，必须由两国政府就中、日贸易问题进行商谈，并签订协定。双方将为此努力促请本国政府尽早实现"[①]。在商谈《中日贸易协定》的同时，中国贸易代表团还与日本工商界和其他各界人士进行了广泛的接触、交流。

第三次《中日贸易协定》规定，双方在有效期内每方输出和输入的总

---

① 《战后中日关系文献集（1945~1970）》，第206页。

额为3000万英镑。根据同类物资相易的原则,双方输出的商品比例为:甲类占总额的35%,乙类占40%,丙类占25%。协定还规定,"双方同意在对方国家举办商品展览会。中国方面的商品展览会规定于1955年内在东京和大阪举办,日本方面的商品展览会规定于1956年春季在北京和上海举办;双方同意:相互在对方国家设置常驻商务代表机构;双方的商务代表机构及代表的人员享有外交官待遇的权利,双方并同意努力促其实现。双方努力促请本国政府尽早就中、日贸易问题举行两国政府间的谈判,并签订协定"[①]。日本政府对第三次《中日贸易协定》表示比较积极的态度。外务大臣重光葵认为:"如果作为不享有外交特权的民间代表的话,将尽量给予方便。日本所以准许设立共产党中国的代表机关,是因为想要在国际上所容许的范围内,尽量同共产党中国进行贸易的缘故。"通产大臣石桥湛山提出:"虽然日本政府不能同意交换代表北京政府的官方贸易代表团,也不能同意互派外交使团,但是对于共产党中国似乎急于希望在这里设立的非官方贸易代表团,政府给予'特别权利',但是不是外交性质的。"[②] 虽然日本政府严格规定两国贸易属于民间范畴,区分开展贸易与承认新中国的关系,但是,可以看出其对中日开展民间贸易的支持。

第三次《中日贸易协定》将前两次的协议改为协定,表达了中日双方希望贸易关系能够长期、稳定的愿望。中日在没有外交关系的情况下,约定设立享有外交官待遇的商务机构,说明中日"民间外交"发展到了更高的水平,实现了"民间协议、官方挂钩"。中日两国政府为完成第三次《中日贸易协定》提供了力所能及的便利,最终完成了计划的67%,比前两个协议完成率提高了一大截,显示了中日贸易的巨大潜力和发展趋势。

### 四 通过相互举办商品展览会促进交流和了解

1955年10月、12月,中日两国根据第三次《中日贸易协定》,分别在日本东京和大阪举办中国商品展览会。日本各界对两个展览会表示出极大的热情,共有109万余人前往展览会参观。这次展览会,充分展示了新中国经济建设、社会发展的成就,引发了日本工商界人士对中国经济建设的关注,他们纷纷表示要与中国开展经济、贸易往来。

---

① 《战后中日关系文献集(1945~1970)》,第208页。
② 《日本政府对中日互派民间贸易代表的看法》,中华人民共和国外交部藏档案,档案号:105-00337-01。

1956年10月和12月,日本商品展览会在中国北京和上海举行。这是新中国成立以来,资本主义国家首次在中国举办展览会,体现了中国对中日双方贸易交流的重视。毛泽东、刘少奇、周恩来、朱德、邓小平等党和国家领导人前往北京的日本商品展览会参观。毛泽东主席还为展览会题词,"看了日本展览会,觉得很好,祝日本人民成功"。周恩来指出,"如果来自日本方面的人为障碍能够得到消除,中日两国的贸易必定会得到很大发展","中国需要向一切技术先进的国家学习科学技术,日本技术比中国先进,我们又是近邻,学习起来将更方便。希望在和平共处、友好合作、平等互利的基础上,促进中日两国的关系,真正做到共存共荣"[1],表明中国希望学习日本先进技术,建设现代化国家,与日本和平共处的愿望。《人民日报》社论指出,"中日两国商品展览会的相互举办,反映了两国人民对扩大中日贸易和促进两国友好关系的共同愿望","中日两国从历史和地理条件来看,发展平等互利的贸易关系和互通有无,是非常必要的"[2],中国希望通过这次日本商品展览会看到日本人民在工业生产中的最新成就,学习邻邦先进的技术和经验,以便更好地来建设我们的国家。现在两国贸易还处于不正常状态,相信这次日本商品展览会,将进一步增进中日两国之间的了解,促进两国贸易和技术交流的扩大,促进中日两国民间友好关系的发展,继而推动官方关系的发展。

中日两国在没有正常外交关系的情况下,分别在对方国家举办大型展览会,有许多困难,尤其是在日本,举办商品展览会纯属民间行为,政府不能直接介入。美国不断向日本政府施加压力,日本政府不可能为展览会提供必要的支持。当时日本参观中国商品展览会的观众,每天达到万人以上,展览会的安保任务繁重。日本的右翼分子,每天都开着高音喇叭车,高呼反华口号,去会场捣乱。日本友好人士自发地维护会场秩序,防止右翼分子干扰、破坏,中国商品展览会顺利举行。

中日两国举办商品展览会时,要在举办国悬挂对方的国旗。由于日本侵华战争结束仅10余年,战争记忆仍然铭记于心,日军的暴行仍历历在目,中国人普遍对展览会要悬挂日本国旗表现出不解和反感,很多人看到日本国旗,就想起被日本侵略军杀害的亲人,想到日军在中国犯下的累累罪行。中国政府理解百姓的心情,毕竟战争结束时间不长,中国人的战争创伤不

---

[1] 《战后中日关系文献集(1945~1970)》,第292~293页。
[2] 《人民日报》1956年10月16日。

可能立刻抚平。但是，既然允许日本在中国办展览会，中国就要允许挂日本国旗。中国认为，展览会上不仅要允许挂日本国旗，还要保护好，以免别有用心的人乘机破坏、制造事端。中国通过各个部门、各种渠道做民众的工作，特别强调当年发动侵华战争的是日本少数军国主义分子，发动侵略战争的责任不在日本人民方面，日本人民也是战争的受害者，多数日本人对中国人民是友好的。通过深入的宣传和有效的工作，中国民众对于战争的责任者和受害者关系有了比较全面的认识，理解展览会悬挂日本国旗的意义，对发展中日友好的政策表示理解。在日本商品展览会期间，北京、上海都没有发生干扰悬挂日本国旗的事件。在中日两国人民的共同努力下，中日商品展览会取得了圆满的成功。

中国人博大的胸襟，赢得了日本人的广泛赞誉，也为中日贸易的扩大提供了新契机。日本对中国的善意投桃报李，1956年12月12日，日本众议院通过决议，要求政府采取措施，"放宽巴黎统筹委员会和对华出口管制委员会的限制，设立民间通商代表机构、确立直接结算支付方式并随后缔结政府间的贸易协定等，以进一步促进中日贸易"[①]。当然，任何事情都不可能一蹴而就，何况中日两国关系发展这样的大事。日本政府没有勇气完全排除美国的干扰，根本改变对华政策。日本政府针对双方在第三次《中日贸易协定》中约定的设立常驻商务代表问题进行阻碍，使这个机构迟迟不能设立。由于美国的压力，日本政府仍然坚持"日台和约"中的立场，继续承认和发展与台湾方面的官方关系，中日邦交正常化难以取得实质性进展。

---

① 《战后中日关系文献集（1945~1970）》，第299页。

# 第三章　稳步推进中日关系向前发展

1950年代后期到1960年代初期，国际风云变幻，超级大国关系的变化及其对外战略的调整，影响着分别属于两个阵营的中日两国的关系。中国仍然深信可以与社会制度不同的日本改善关系，实现和平友好，仍努力促使日本政府彻底改变敌视中国的立场。日本自民党一党执政的状况仍然延续，但是，自民党中不同派系的领袖担任首相，其对华政策还是有很大不同的。中国注意到日本内阁更替对中日关系的影响，坚决反对岸信介内阁倒退中日关系，并采取了针锋相对的措施，同时，又放眼长远，提出推动中日关系向前发展的策略，继续扩大中日的民间交流，有序稳步地推动中日关系向前发展。

## 第一节　坚决反对日本政府倒退中日关系

中国提出"民间先行、以民促官"的对日方针，赢得了中日两国各界的支持，两国民间交流由浅入深，交流领域不断扩大。然而，任何事物的发展都不是一帆风顺的，世界形势的变化、日本首相的更迭等，都影响着两国关系的发展。特别是1950年代末1960年代初，岸信介担任日本首相期间，在外交上紧随美国，采取一系列倒退中日关系的做法，致使两国关系出现严重困难和曲折。

### 一　国际形势变幻对中日关系的影响

冷战的大格局下，美苏两个超级大国在世界各地争夺霸权，造成不同地区的矛盾与冲突，威胁着世界安全与和平。美苏一方面继续对立，另一方面也不断调整相互之间的关系，一时美苏关系出现了某种缓和。1958年3

月，苏共中央第一书记、部长会议主席赫鲁晓夫兼任总理。赫鲁晓夫担任苏联最高领导人后，在国内进行改革，力图打破斯大林时期的僵化体制，提出了国民经济和社会发展的计划，为在经济上赶上并超过美国，赫鲁晓夫提出"苏联在今后15年内，国民生产总值和人均生产量都要达到世界第一"①（最终没有实现）的宏伟发展计划。同时，赫鲁晓夫希望与美国改善关系。1959年9月，他访问美国，与美国总统艾森豪威尔在戴维营举行"亲切的"会谈。美苏双方就柏林问题达成协议：苏联撤回要求西方国家撤出柏林的最后通牒，美国承诺柏林现在的局面不会无限期维持下去。赫鲁晓夫认为这次会谈打破了苏美僵持的坚冰，苏联在道义上取得了胜利。世界各国关注着美苏领导人的接触，"戴维营精神"成为美苏和平共处的代名词。

中国认为，在世界范围内，社会主义与资本主义可以和平相处，致力于与日本等西方国家改善关系。但是，中国并不认为社会主义可以通过和平过渡方式来实现，在主张与资本主义国家和平共处时，中国对其"和平演变"政策保持着高度警惕，认为资本主义是世界和平的威胁。苏联与美国等西方国家的和平共处，是以和平竞赛的方式来彰显社会主义制度的优越性，对资本主义国家缺乏必要的警惕，在某些方面对资本主义妥协。赫鲁晓夫与艾森豪威尔还讨论了中美问题，赫鲁晓夫表示不赞成使用武力解决中美间的问题。中国对美苏两个大国讨论中国问题表示不满，认为这是对中国内政的干涉。

苏联是世界上第一个社会主义国家，二战后成为社会主义阵营的领导。中华人民共和国成立后，苏联向中国提供过大量的经济援助。中国一直视苏联为社会主义的老大哥，在外交上实行对苏"一边倒"，主张各国共产党应团结在以苏联为首的无产阶级国际主义的旗帜下。1956年，苏共二十大上，赫鲁晓夫做了《关于个人迷信及其后果》的秘密报告，苏共中央通过了《关于克服个人崇拜及其后果的决议》。

中国对赫鲁晓夫全盘否定斯大林、资本主义向社会主义"和平过渡"等，虽有不同的看法，但仍然支持以赫鲁晓夫为代表的苏联共产党，希望苏联政治稳定、经济发展，希望社会主义阵营力量不断加强。中国一直认为"苏联是最先进的社会主义国家，我们首先要向苏联学习。这一点是肯

---

① 原栄吉『日本の戦後外交史潮』、60頁。

定的，不容许动摇的。我们并不因为这次苏联共产党第二十次代表大会批判了斯大林，就说苏联也有错误，就不学了，那是不对的"[1]。毛泽东对斯大林的功过是非做过分析，认为斯大林的"成绩是主要的，缺点错误是第二位的"[2]。1956年4月5日，《人民日报》发表题为《关于无产阶级专政的历史经验》的社论，肯定苏共二十大反对个人崇拜问题，歌颂了斯大林的七分功，明显地不同于苏联的观点。

1956年9月，中国共产党召开第八次全国代表大会。毛泽东说：苏共二十大揭发了斯大林的错误。这种批评是好的。赫鲁晓夫的报告做了一件好事，它打破了神化主义，破除了迷信，揭开了盖子。这是一种解放，一场解放战争，大家都敢讲话了，使人能想问题了。这也是肯定，否定，否定的否定。[3] 中国认为，社会主义国家内部、社会主义阵营中间，不可能没有矛盾和分歧，社会主义阵营中的分歧，应该秉承以斗争求团结的宗旨，各国要在独立自主的基础上，解决分歧，维护社会主义阵营的团结。

然而，随着中国与苏联在如何认识马克思主义、如何建设社会主义等问题上出现分歧，中苏两党两国的关系出现裂痕。中国认为赫鲁晓夫提出的与资本主义和平共存、和平竞赛，进而实现和平过渡，是向资本主义的妥协，背叛了马克思主义的基本原理。1957年11月，毛泽东率领中国代表团到苏联，参加社会主义国家共产党和工人党代表会议，以及64个共产党和工人党代表会议。在起草两个会议宣言时，中苏两党在资本主义向社会主义过渡、关于马克思主义的立场观点方法等问题上，产生严重分歧。

苏联在对外关系中，在与各国共产党、工人党和社会主义国家的关系中，长期存在严重的"老子党""大国沙文主义"倾向，它干涉各社会主义国家的发展道路和建设模式，把自己的利益凌驾于其他社会主义国家利益之上。苏共二十大以后的匈牙利事件、波兹南事件，都对社会主义阵营产生了消极影响。苏联在对华关系上，也存在着"老子党"的倾向。1958年10月，苏联正式提出要在中国建立中苏共管的长波电台，由两国海军共同使用，苏联负担电台建设费用的64%，中国负担36%。毛泽东同意建设这个项目，但是坚持中国负担所有费用，电台建成后，权利属于中国，中苏双方可以共同使用。中苏为此进行了长时间的交涉，苏联最终同意了中国

---

[1] 《周恩来外交文选》，第159页。
[2] 《毛泽东文集》第7卷，第333页。
[3] 石仲泉等主编《中共八大史》，人民出版社，1998，第278页。

的方案。中华人民共和国成立后，中国海军、空军等力量薄弱，为了加强海军建设，中国希望苏联为中国海军建设提供技术支持。苏联提出要在中国领海上建立共同潜艇舰队。中国认为苏联此举旨在控制中国海军，是大国沙文主义的表现，遂拒绝了苏联的要求。

  1958年7月底，苏联领导人赫鲁晓夫访问中国，毛泽东、国防部长彭德怀等与赫鲁晓夫举行了会谈。在中苏领导人会谈中，赫鲁晓夫明确反对中国进行核试验，承诺将中国置于苏联的核保护伞下，这当然为毛泽东所拒绝。苏联对中国独立自主地探索社会主义建设道路表示不满，中国认为苏联提出与美国和平共处，与美国首脑往来，违背了马克思主义，犯了修正主义的错误。8月3日，中苏签订关于建立长波电台和苏联向中国派遣海军专家的协定。但是，中苏两党两国围绕如何对待马克思主义、如何建设社会主义等重大问题的分歧，依然存在。赫鲁晓夫访问中国时，正值中国准备炮击金门。毛泽东在与赫鲁晓夫会谈中，对炮击金门只字未提。23日，中国人民解放军炮击金门。苏联对中国炮击金门非常不满。《中苏友好同盟互助条约》规定，中国一旦与美国发生军事冲突，苏联有义务向中国提供援助。苏联认为，炮击金门这样重要的事件，中国不通报苏联，使苏联在外交上非常被动；中国炮击金门不仅仅是中国的内政问题，中国应该事先与苏联沟通，中国军队此举，影响了美苏和平相处。苏联要求中国在台湾问题上承诺不使用武力，中国拒绝了苏联的要求。对于炮击金门一事，中国向苏联解释，中国人民解放军炮击金门不是立即要武力解放台湾，并承诺"自己承担后果，不拖苏联下水"①。苏联认为赫鲁晓夫访问中国时，中国不通报准备炮击金门一事，是对苏联的不信任。

  1959年初，苏共召开第二十一次代表大会，确立了对美缓和的方针，中苏两国领导人在对国际形势认识上的分歧越来越大。苏联对中国采取了惩罚性措施。1959年6月，苏联撕毁《中苏国防新技术协定》，撤走专家。1959年，中印发生边境冲突，苏联发表声明，偏袒印度，指责中国。1959年10月，赫鲁晓夫来华，参加中华人民共和国成立10周年庆典活动。赫鲁晓夫企图说服中国配合苏联的缓和政策。中国认为美国武力阻止中国统一台湾，威胁了中国的安全，拒绝配合苏联的缓和政策。毛泽东对苏联的对外政策进行了分析，认为苏联"有两大怕，一怕帝国主义，二怕中国的共

---

① 《周恩来年谱（1949~1976）》中卷，第166页。

产主义"①，既然苏联不反美，那么中国就自己反，中国对外实行既反苏又反美、"两个拳头打人"的方针。

1960年4月起，中共中央发表一系列文章，阐述关于时代特征、战争与和平问题的看法，批评苏联的对外政策。1960年6月，社会主义国家共产党和工人党代表在布加勒斯特举行会议，苏联代表团在会上全面攻击中共，进一步向中国施压，中国共产党代表团进行了针锋相对的斗争。1960年7月，苏联违背《中苏友好同盟互助条约》，突然照会中国，单方面决定撕毁与中国签订的600多个合同，撤走1300多名专家，停止供应中国经济建设急需的设备，中止科学技术合作项目。1961年，苏联逼迫中国偿还抗美援朝时军用物资的贷款。苏联背信弃义的行为，加重了中国的经济困难，中苏两国关系全面恶化。1960年11月，在莫斯科81个共产党和工人党会议前夕，苏共代表团向各国代表散发长达6万多字的信，恶毒攻击中国共产党，挑起中苏两党代表团在会议上的激烈争论。

1961年10月，苏共二十二大上，赫鲁晓夫把和平共处、和平过渡、和平竞赛的纲领路线系统化，提出了全民国家、全民党的理论。中国认为"三和两全"理论，是苏联共产党修正主义的标志。1961年12月到1963年初，中共中央连续发表7篇评论文章，全面批判苏联的内外政策。中苏两党在政治上的分歧更加严重。中国与苏联的大党主义、大国主义进行了坚决的斗争，继续独立自主地建设中国的社会主义。

中苏关系恶化的同时，中美关系依然对立。美国没有改变其敌视和封锁中国的政策，企图使台湾与中国大陆永久分离。1954年9月，第一次台湾海峡危机爆发后，美国向蒋介石表示放弃金门、马祖，要制造台湾与大陆间的相对均势与隔离，制造"两个中国"。美国继续在国际组织和国际活动中排斥中国，阻挠联合国讨论中国的代表权问题，全力支持台湾当局。中国对美国毫不妥协。1954年10月，印度总理尼赫鲁访问中国。毛泽东在与尼赫鲁会谈时，提出了对原子弹的看法，"古代使用的是冷兵器，例如刀、枪等。后来使用热兵器，例如步枪、机关枪、大炮等。现在又加上原子弹。但是基本的差别就是，冷兵器杀伤的人较少，热兵器杀伤的人多一些，原子弹杀伤的人更多。除了死伤的人数以外，没有什么差别"②，蔑视美国的核讹诈政策，希望消除世界上普遍存在的恐美病。三年后，毛泽东

---

① 《建国以来毛泽东文稿》第8册，中央文献出版社，1993，第601页。
② 《毛泽东文集》第6卷，第367页。

又提出了原子弹是"纸老虎"。1957年11月，毛泽东在莫斯科共产党和工人党代表会议上发表讲话，指出"目前形势的特点是东风压倒西风，也就是说，社会主义的力量对于帝国主义的力量占了压倒的优势"①。毛泽东认为帝国主义害怕社会主义，而不是相反。

1958年10月，毛泽东阐明"帝国主义和一切反动派都是纸老虎"的论断，认为帝国主义是纸老虎，是因为他们脱离人民，"从本质上看，从长期上看，从战略上看，必须如实地把帝国主义和一切反动派，都看成纸老虎。从这点上，建立我们的战略思想。另一方面，它们又是活的铁的真的老虎，它们会吃人的。从这点上，建立我们的策略思想和战术思想"②，因此，对美国，我们应该在战略上藐视，在战术上重视。1958年8月，中国人民解放军炮击金门岛，第二次台海危机爆发，美国第七舰队向台湾海峡增兵，两岸形势一度紧张。中国认为美国的台湾政策是给自己脖子上套绞索，毛泽东指出："美国在全世界许多国家建立了几百个军事基地……都是套在美帝国主义脖子上的绞索。不是别人而是美国人自己制造了这种绞索，并把它套在自己的脖子上，而把绞索的另一端交给了中国人民、阿拉伯各国人民和全世界一切爱和平反侵略的人民。"③ 1958年10月，美国国务卿杜勒斯"访问"台湾，给台湾当局撑腰打气。美国与台湾的共同声明中，提出"金门、马祖"与台湾、澎湖群岛的防卫有密切的关系，并说服蒋介石不使用武力反攻大陆。1950年代末，中美关系一度紧张。中美虽然恢复了自1955年8月以来的日内瓦大使级会谈，但是，两国的关系没有任何改善的迹象。

1950年代中期以后，中国面临着来自美国、苏联两方面的压力。在复杂的国际形势中，中国认为局部有可能发生战争，而世界大战是可以避免的，重要的是要加快社会主义建设。1957年中国顺利完成国民经济发展的第一个五年计划后，于1958年又开始实行国民经济发展的第二个五年计划。

## 二 中国坚决反对"两个中国"图谋

1950年代后半期，中国制定了加快国民经济发展的计划，加强与资本主义国家的经济贸易联系。正如周恩来指出的："目前我国对尚未建立外交关系但有民间来往的六十多个国家，可通过和平友好、文化交流、贸易来

---

① 《毛泽东外交文选》，第291页。
② 《毛泽东外交文选》，第363页。
③ 《中华人民共和国对外关系文件集》第5集，世界知识出版社，1958，第169页。

往等活动打开局面……在外交关系上要创造一种新的形式。"[①] 1957年，中国制定第二个五年计划之际，向英国、法国、日本等西方国家提出了购买机械设备的意图，这些国家对中国的计划给予积极回应。1957年5月，英国政府宣布取消对中国禁运，扩大对华贸易。

中国非常重视发展与日本的经济贸易往来。1958年3月，毛泽东提出"同日本做大生意，同东欧做小生意，是否妥当"[②]的意见，希望在与日本发展经贸往来的同时，增加与东欧各国的贸易，特别提到中日钢铁贸易协定会使以后5年中国对日贸易额发展到1亿英镑的问题。[③] 中国希望通过扩大中日民间交流，让更多的日本人了解中国，促使日本政府改变敌视中国的政策。

随着中日民间贸易的发展，两国各个领域的合作交流不断扩大。1957年4月，日本社会党代表团来华访问，周恩来与该代表团会谈时指出，"中日两国人民进行国民外交，再从国民外交发展到半官方外交，这样来突破美国对日本的控制"，"在中日来往中，要使日本人民了解台湾是中国的一部分，中国人民有权利解决而且有能力解决台湾问题"[④]，希望日本各界友好人士积极为改善两国关系付出努力，并影响日本政府，使之彻底改变敌视中国的政策。1955年以后，日本政党经过多次分化改组，形成自民党一党独大的局面。日本历届政府都有发展中日贸易的愿望，但是，各届内阁对华态度和政策还是有所不同的。

1957年2月，岸信介担任日本内阁首相。岸信介内阁提出日本基本的对外政策：以联合国为中心，与自由主义国家协调，坚持做亚洲一员。与自由主义国家协调，不言而喻首先是加强与美国的同盟关系。岸信介执掌日本内阁时，中日"民间外交"经过数年发展，交流的领域、经济贸易往来的规模有了长足的发展。岸信介多次强调，日本应采取积极方针，促使中日关系正常化。但是，岸信介又坚持把中日关系限定在民间贸易往来层面上，他说："中共和日本的关系，在目前，就增进贸易关系这一点而言，是应当积极地加以考虑的，但还不到使邦交正常化，承认它并开辟正常外交关系的阶段。"[⑤] 他认为还没有达到承认新中国、全面恢复两国邦交的

---

[①] 《周恩来年谱（1949~1976）》中卷，第98~99页。
[②] 《建国以来毛泽东文稿》第7册，中央文献出版社，1992，第110页。
[③] 《建国以来毛泽东文稿》第7册，第119页。
[④] 《周恩来外交文选》，第228页。
[⑤] 《战后中日关系文献集（1945~1970）》，第308页。

阶段。

　　岸信介认为日本加入了联合国，就应该以联合国为中心。中华人民共和国不是联合国的会员国，日本就不能与中国建立正式外交关系。对于业已存在的中日民间贸易，岸信介提出政治经济应该分开，实行政治经济分离政策。他认为推进贸易与正式承认中共政权不同，"中国不是联合国的会员国……这个联合国的决议还有效，我们不能承认中国"[①]。岸信介政府虽然提出与中国增进贸易，但又认为还没有达到开辟外交关系或者实现邦交正常化的阶段，表面上积极与中国发展关系，实际行动中却采取"政经分离"的对华政策，既要在与中国贸易中得到实惠，又不承认新中国，这种两面政策不可能促使中日关系向前发展。

　　第三次《中日贸易协定》实现了"民间协议，官方挂钩"，两国贸易实际完成额，比前两个协议有了很大进步，呈现出良好发展态势。对于中日贸易的发展，岸信介表示赞许，要促进中日贸易，但是，他认为第三次《中日贸易协定》，将协议提高到"协定"层次不合适，以后签订第四次贸易协定，必须明确限定在民间层面。岸信介阻挠中日双方互设商务代表机构，要求中国贸易代表按手印，使通商代表团限定在非正式的民间范围内。

　　1950年代中后期，西方国家为了自身经济发展，将对华政策做了一些调整，放宽了对华贸易的限制。日本企业界希望政府能摆脱美国的限制，鼓励扩大日中贸易。岸信介认为英国废除对中国出口限制，是令人遗憾的，日本不准备取消对中国出口的限制。岸信介政府一方面企图通过与中国贸易捞到实惠，一方面又在政治上阻挠中日关系向前发展。岸信介政府表示，"政府正以贸易与政治承认脱钩的方针努力扩大两国的贸易"[②]，就是要将政治与经济截然分开，阻碍中日关系向高层次发展。

　　1957年5月，岸信介开始了东南亚访问之旅，先后访问了缅甸、印度、巴基斯坦、锡兰（现为斯里兰卡）、泰国等国。6月初"访问"台湾，这是日本在任首相第一次"访问"台湾。在台湾，岸信介与蒋介石举行会谈，表示，"日本和台湾的真正合作，对于稳定亚洲和世界和平是必要的"，"中国大陆现在处在共产主义的统治之下，从这点出发，在某种意义上说，更有必要加深双方的合作"，"在某种意义上，共产主义对日本的渗透，与其说来自苏联还不如说来自中国的更为可怕，因此在这个意义上说，如果能

---

[①] 古川万太郎『日中戦後関係史』原書房、1981、138頁。
[②] 《战后中日关系文献集（1945~1970）》，第425页。

收复大陆，我认为是非常好的"。① 蒋介石认为，"中华民国"与日本，没有一方灭亡，一方仍存在的道理。希望"两国"通力合作，希望日本对于国民党反攻大陆给予精神上、道义上、国际政治上、国内政策上的协助。岸信介表示对"中华民国"的处境表示同情，认为有必要加强"两国"间的进一步合作。

岸信介与台湾"行政院长"俞大猷发表共同声明，称"两国"就处理国际问题时应遵从联合国宪章的原则取得了一致意见，决心继续在联合国采取密切配合的行动，"面临不安的国际形势，为了在亚洲确保自由，必须进一步加强自由世界的团结，这是两国领导人的共同见解。两国政府一致认为像两国之间一样，在自由亚洲及太平洋诸国的关系上也要在经济领域和文化领域里加强合作"②。岸信介政府要继续发展与台湾方面的官方关系，敌视中华人民共和国。

同年6月，岸信介访问美国。他向美国表示，日本与美国在外交上协调一致，制止共产主义在亚洲的蔓延。岸信介特别强调日本与美国的关系最为重要，污蔑新中国，认为共产主义是亚洲的主要威胁，声称"中国共产党将试图渗入整个亚洲"，威胁亚洲的和平，要加以防范。7月1日，岸信介在接受记者采访时说，"美国已经了解到日本现在没有承认中共的意思"③，日本继续与美国在亚洲的政策相配合，将共产主义视为妨碍亚洲和平发展的危险因素。

对于岸信介政府一系列倒退中日关系的做法，中国表示坚决反对。1957年7月25日，周恩来接见日本记者时指出，"岸信介内阁成立后，作为亚非国家的成员之一，他去访问亚洲国家本来是很好的。以日本今天所处的地位，岸信介首相暂时不来中国访问，是可以谅解的。但是他却到台湾去了。岸信介作了鸠山、石桥、吉田所没有作过的事，这是中国人民极为反感的"④。周恩来认为岸信介支持蒋介石"收复大陆"，就是公开与6亿中国人民为敌，还批评岸信介政府要求中国贸易代表按手印是对中国的侮辱。日本政府要求调查所谓在中国"下落不明"的日本人，是极不友好的行动。周恩来驳斥岸信介诬蔑中国要将共产主义渗透到整个亚洲，希望日本政府

---

① 『朝日新聞』1957年6月4日。
② 《战后中日关系文献集（1945~1970）》，第311页。
③ 渡边昭夫编『戦後日本の対外政策』，82页。
④ 《战后中日关系文献集（1945~1970）》，第313页。

能够认清世界发展的趋势,摆脱美国的控制,做有利于中日关系发展的事。

中国通过来访的日本民间团体,表达了发展中日关系的愿望,对岸信介倒退中日关系表示不满,希望日本友人督促政府改变反华立场。1957年10月,周恩来会见日本恢复日中邦交国民会议访华团,请代表团成员回国后告诉岸首相,中国没有挑衅,是岸信介在挑衅,"岸首相不只在台湾,在东南亚、美国也说了不友好的话。中国人是懂得友谊的,人家对我们三分好,我们回答在三分以上。我们对岸首相的不友好的回答,并不影响同日本人民的友好"①。中国依然对中日关系的发展充满信心,表达了礼尚往来、以友好对友好的愿望。

岸信介坚持认为,"现阶段,不是建立政治关系——承认中共、恢复邦交的时期。但是,推进贸易的方针并没有改变。对华出口管制委员会的限制也采取了缓和的措施,说我们不友好,不知道指的是什么"②。岸信介政府的对华政策就是,在政治上追随美国、制造"两个中国";在经济上利用中国的市场,获得好处。由于岸信介内阁坚持"政经分离"对待中日关系,影响了中日两国关系进一步向前发展,由此出现一系列阻碍中日关系深入发展的事件。中国与岸信介政府倒退中日关系的行径做了坚决的斗争,毛泽东指出,"当前世界上最大的帝国主义是美帝国主义,在许多国家有他的走狗。帝国主义支持的人,正是广大人民所唾弃的人。蒋介石、李承晚、岸信介、巴蒂斯塔、赛义德、曼德列斯之流,或者已经被人民所推翻,或者将要被人民所推翻。这些国家的人民起来反对美帝国主义的和其他帝国主义的走狗,也就是反对帝国主义的反动统治"③。他批评岸信介政府与台湾方面发展关系、敌视中国的做法,认为岸信介就是美帝国主义的走狗,迟早要被日本人民赶下台。

在中日两国没有正式外交关系的情况下,中国政府本着人道主义精神,对滞留在中国的侨民提供了力所能及的帮助,协助日本红十字会分期分批将愿意回国的日侨送回日本国内。到1955年7月,中国还有大约6000名日本侨民,他们表示愿意继续留在中国生活、工作。中国政府多次表示,这些侨民如果愿意回国,将继续给予便利,尽力给予援助。但是,日本政府却要求中国调查"下落不明"的日本人。1955年7月,日本驻日内瓦总领

---

① 《战后中日关系文献集(1945~1970)》,第331页。
② 《战后中日关系文献集(1945~1970)》,第327页。
③ 《人民日报》1960年5月10日。

事照会中国驻日内瓦总领事，要求中国交代所谓"下落不明"的 4 万日本人问题。中国外交部为此特别声明，那些被日本军国主义政府驱使参加侵略中国的战争而下落不明的日本人问题，应该由日本政府向日本人民交代，而日本政府为了推卸责任，要求中国政府代它做出交代，是毫无道理的。日本政府对于中国政府提出的在日本侵略战争期间，成千上万的中国人被掳到日本的问题避而不答，是不允许的。中国政府对于岸信介政府企图抹杀中国红十字会协助日本侨民返回日本的努力，反而提出要求中国政府调查"下落不明"日本人的问题，进行了批评，并明确答复中国没有办法调查"下落不明"的日本人。

在发动侵华战争期间，日本政府不断从被占领国家掠夺劳动力，据统计，从 1943 年 4 月至 1945 年 5 月，中国有 38935 人被掳到日本作劳工，其中死亡 6830 人，死亡率高达 17.5%。[①] 据日本民间调查，死亡人数还不止于此。"其中死亡率最高的仁科矿山高达 52%，而以掳掠劳工的批次计算，1944 年 11 月川口组芦别矿业所，第二次掳掠的 100 名中国劳工，到日本战败，劳工归国前，竟有 65 人死亡，死亡率更高达 65%"。[②] 被掳的中国劳工在日本从事繁重的体力劳动，生活条件极差，死亡率非常高。劳工们为了生存，进行过反抗斗争，如著名的花冈起义。战后在日本红十字会等团体的协助下，一些劳工的遗骨被运回中国。1958 年 2 月 9 日，中国山东省劳工刘连仁在日本北海道石狩当别町奥泽山中被人发现。刘连仁是山东高密人，1944 年被日军非法绑架，抓到北海道明治矿业公司挖煤，因为不堪繁重劳动和殴打，于 1945 年 7 月逃出煤矿，在深山躲藏 13 年之久，过着常人难以想象的非人生活。刘连仁是日本军国主义迫害中国劳工的铁证。

刘连仁事件在日本社会引起了强烈反响。日本友好人士、民间团体、华侨给予刘连仁必要的帮助，并要求日本政府承担责任，向刘连仁道歉，赔偿损失。岸信介政府不仅没有对刘连仁提供帮助，反而说刘连仁是"非法入境者"，甚至说他是特务，否认强掳中国劳工的事实，推卸责任。刘连仁在日本发表《告日本政府》，申明自己是被日军非法绑架的，对日本政府不给予帮助，还说其是非法居留者，感到非常惊讶和愤怒，他向日本政府提出抗议，要求日本政府依照国际法早日将自己送回国。

中国红十字会要求日本政府承担责任，赔偿刘连仁和家属在 14 年间所

---

[①] 《人民日报》2002 年 1 月 8 日。
[②] 陈景彦：《二战期间在日中国劳工问题研究》，吉林人民出版社，1999，第 5 页。

遭受的精神上和物质上的损失，负责把刘连仁送回中国。岸信介政府在国内外舆论的压力下，表示会设法送刘连仁回国。4月10日，刘连仁带着120位难友的遗骨离开日本，乘船回到久别的祖国。岸信介继续回避日本政府的责任，对中国红十字会要求提供侵华战争中被掳去日本的中国劳工名单问题不予理睬。

日本外务省曾经在战争结束后，将太平洋战争中在日本的中国劳工情况做成报告书，提交政府。日本政府对其对劳工所犯的罪行，一般采取不认账的方式。当事实俱在、无法抵赖时，政府则将责任推给民间团体，借以减轻或逃避责任。对日本强掳中国劳工问题，直到1994年6月，当时的日本外相柿泽弘治才在参议院外委会上承认这一事实。2001年，在中日两国人民的共同努力下，日本法院做出了日本政府向刘连仁赔偿的决定，此时刘连仁已经离开了人世。

### 三 反对日本"政经分离"的对华政策

岸信介政府在对华政策上采取两面手法，即"政治与经济相分离"，既在政治上继续敌视中国，又想在对华贸易中捞好处，这一做法严重阻碍着中日关系向前发展，理所当然受到中日有识之士的批判。岸信介政府拒不履行第三次《中日贸易协定》关于建立商务代表机构的决定，人为地给两国经贸往来设置障碍，直接影响了1957年秋天在名古屋和福冈举行的中国商品展览会的正常筹备与布展。

1957年9月，日本促进日中贸易国会议员联盟、日本国际贸易促进协会和日中输出入组合等组成的日本通商使团来到北京，准备与中国相关部门就第四次贸易协定问题举行谈判。中国国际贸易促进委员会与日本访华通商使团，围绕中日贸易问题进行了长达40多天的商谈。

谈判的分歧主要是在设置商务代表的问题上。日本认为中国商务代表是一般旅行者，按日本政府规定，一般外国人在日本居留两个月以上办理延长居留手续时要按手印。中国认为日本的这种做法，是不承认中国商务机构的代表享有外交待遇，把中国商务代表视为一般的旅行者，比第三次《中日贸易协定》有所倒退，认为按手印是一种侮辱。关于商务代表机构的人数，双方意见也不同。日方要求将中国商务代表限定为5名；中国认为应该根据实际需要来决定商务代表人数的多少，而不应事先限制。日本不承认中国商务代表机构有悬挂国旗的权力，也就是说，认为中国的商务代表机构不是代表国家的机构。中国认为日本的做法不友好，1956年日本在中国举办商品展览会时，中国人民不念旧恶，允许会场悬挂日本国旗。现在日本反倒要求中国商务代表机构不能悬挂中国国旗，这是倒退。日本代表对备忘录里的互设商务代表机构等提案没有异议，但是强调需要回国与政府协商，建议暂时休会。中国国际贸易促进委员会考虑到日本方面的实际情况，同意休会。

日本通商代表团回国后，立即向政府和有关部门通报了谈判情况，希望岸信介政府改变敌视中国的政策，尽快恢复双边贸易谈判。中日在谈判中分歧很大，贸易协定不能顺利签订。

周恩来指出，"尽管日本现政府在许多方面对新中国采取了不友好的态度，尽管由于日本政府企图把不合理的限制和侮辱性的规定强加于中国方面而使第四次中日民间贸易协定没有能够签订，但是，中日两国人民之间的来往和贸易关系还是有了很大的开展，体现了两国人民要求和平友好的共同愿望"[1]。中国政府批评岸信介政府阻挠第四次民间贸易协定签订的行动，同时看到日本存在着强劲的要求发展中日贸易、恢复中日邦交的力量，中日关系发展是不可逆转的。

1958年2月，日本促进日中贸易国会议员联盟、日本国际贸易促进协会、日本日中输出入组合再次组成代表团访问北京；3月5日，与中国国际贸易促进委员会签订了第四次《中日贸易协定》。

第四次贸易协定规定，在协定有效期内，每方输出和输入商品的总额为3500万英镑。根据同类物资相易的原则，双方输出的商品分类及所占总额的百分比为甲类占总额的40%，乙类占60%。"双方同意，相互在对方国家设置常驻的民间商务代表机构"，"双方给予对方商务代表机构所属人员出入境的方便、海关的优待和以贸易活动为目的的旅行自由；商务代表机构可以使用进行业务所需要的密码电报；商务代表机构有权在其建筑物悬挂本国国旗。双方商务代表机构人数由双方各自根据进行工作的需要加以决定；商务代表机构所属人员及其家属不按指纹"[2]。双方努力促请本国政府尽早就中日贸易问题进行两国政府间的谈判，并签订协定。第四次贸易协定的有效期是一年，经双方同意后，可以延长和修订。

日本代表团回国后，向日本政府转达了会谈内容。4月9日，日本政府

---

[1] 《战后中日关系文献集（1945~1970）》，第343页。
[2] 《战后中日关系文献集（1945~1970）》，第345、347页。

对第四次贸易协定的答复称"将尊重第四次中日贸易协定的精神"。同一天，日本政府官房长官爱知揆一代表日本政府，对第四次《中日贸易协定》发表谈话，声称日本政府没有承认中共的意向，不承认民间通商代表具有官方的特权地位，仍尊重与"中华民国"的关系，希望不要引起"商务代表机构的设立可能意味着事实上的承认"这样的误会；同时打算在国内各项法令规定的范围内给予支持和协助。此外，"日本政府认为，因为目前没有承认共产党中国，所以不能承认民间商务代表机构所谓有权悬挂共产党中国国旗，这是理所当然的事情"[①]。对第四次《中日贸易协定》，日本政府说的与做的存在着明显的不同。

中国逐一驳斥了日本政府在答复中"支持和协助"第四次《中日贸易协定》的3个前提条件，即在国内各项法令的范围内、根据没有承认政府这个事实、考虑目前的国际关系，指出日本以根据国内法为由，是要使我方商务代表机构无法悬挂本国国旗。第四次《中日贸易协定》是双方民间团体之间的协定，根本不牵涉中日两国互相承认的问题，日本政府对于第四次《中日贸易协定》的实施做出不应有的保证，是别有用心的。中日两国的民间团体和商品展览会在对方国家悬挂本国国旗，过去从来没有因为中日邦交未恢复而感到不便。双方悬挂国旗当然是代表自己的国家，日本政府把国旗说成是私人财产，倒是闻所未闻的今古奇谈。至于考虑到目前的国际关系，显然是指日本和美国的关系，意味着日本政府屈从美国政府的意志。中国认为，"在日本政府设置的障碍没有扫除以前，这个协定是无法实施的"[②]，岸信介一面对中国人民显示出露骨的敌意，一面想从中日贸易中捞一把，肯定是办不到的。

### 四　长崎国旗事件及影响

1958年4月30日，日本日中友好协会长崎支部举办"中国邮票剪纸展览会"，会场设在长崎浜屋百货商店的大厅，会场上悬挂着五星红旗。台湾驻日"大使馆"得知展览会悬挂中国国旗后，立即向日本外务省提出要求把中国国旗取下来。日本外务省劝告主办团体取下中国国旗，并告诉长崎市长，在日本悬挂中国国旗是不适宜的。日中友好协会长崎支部拒绝取下中国国旗。5月2日下午，两名日本人（关东、石桥清司）闯进会场，扯

---

① 《战后中日关系文献集（1945~1970）》，第361页。
② 《战后中日关系文献集（1945~1970）》，第360页。

下展览会会场上悬挂的中国国旗。日中友好协会长崎支部的工作人员，立即夺回中国国旗，并到附近的警察署报警。日本警察当场逮捕了两名肇事者。长崎警察署在对二人进行了简单的询问后，当天即将二人释放。事件发生后，日中友好协会长崎支部根据日本刑法第92条规定，向法院控告两名暴徒，要求长崎市警察署彻底查明这次事件的幕后指使。日中友好协会长崎支部认为，"我们日本国民举办中国文物展示会、展览会等，或者根据需要悬挂中国国旗，这是我们日本国民的自由和权利，这种自由和权利不允许任何人侵犯"①。日本外务省认为，刑法第92条不适用于这一事件，这两个人不会受到日本刑法的处罚。

日本政府包庇侮辱中国国旗的不逞之徒，是政治上敌视中国的反映，严重影响了中日关系的发展。中国要求日本政府严惩暴徒，保证中日"民间外交"的顺利进行。中国国际贸易促进委员会负责人指出，日本没有把中国放在平等的地位，长崎国旗事件不是偶然的。中国不会在屈辱和不平等的条件下，与日本开展贸易往来。陈毅副总理指出，"岸信介一方面表示要扩大中日贸易，以图从中国捞取经济实惠，但是，另一方面却粗暴地破坏中日贸易协定，在长崎放纵暴徒侮辱中国国旗，并且亲自带头连篇累牍地发表污蔑和攻击中国的言论"②，中国不能容忍岸信介政府敌视中国的政策，并驳斥了岸信介不承认中华人民共和国是独立国家，把中国国旗说成是私人财产的谬论。

日本外务省不仅包庇纵容侮辱中国国旗的肇事者，还污蔑中国没有与日本进行贸易的诚意，认为"中共把与贸易没有直接关系的问题提出来，并进行政治性批判，这使人怀疑中共对推进日中贸易关系是否抱有诚意"③；不接受中国的批评，认为陈毅的讲话是想离间日本国民与政府的关系，要使自民党陷入不利地位。日本政府把阻挠中日贸易发展的责任推到中国方面。岸信介说，"与这个国家也必须进行贸易是明明白白的。但是，提到承认中共，那就是另当别论的问题了。日本承认中华民国为正式政府，不调整这一国际关系就不能承认中共政府。就拿国旗问题来说，也不能两方同等对待"④。他坚持"政经分离"下与中国进行贸易往来。

---

① 《战后中日关系文献集（1945～1970）》，第367页。
② 《战后中日关系文献集（1945～1970）》，第370页。
③ 《战后中日关系文献集（1945～1970）》，第373页。
④ 《战后中日关系文献集（1945～1970）》，第377页。

中国对岸信介破坏中日和平友好的所作所为做出回击，决定：废除中日钢铁贸易长期协定；正在日本谈判钢铁协议合同的中国五金、矿产公司代表团立即终止谈判回国；中国政府停止签发对日进出口许可证；推迟中国妇女代表团访日；取消北京市的访日和平代表团。6月11日，中国渔业协会致电日本日中渔业协议会，指出中日两国渔业界友好合作的基础已被岸信介政府破坏无遗。中国遗憾地通告，延长中日民间渔业协定的问题，是无法加以考虑的。正在日本访问的中国歌舞团停止演出，提前回国。中日持续多年的贸易、经济、工农业、文化等方面的交流被迫中断。

中国认为中日民间交流中断是岸信介政府导致的，日本必须纠正错误，对长崎国旗事件负责任，"在岸信介政府没有根本改正它的错误，而且继续敌视中国人民，继续制造'两个中国'继续阻挠中日两国关系正常化的情况下，中日两国人民的文化友好往来不可能不受到严重的影响"[①]；批评岸信介政府将一系列敌视中国事件用"误解"来解释，企图把中日关系恶化的责任推到中国人民身上的险恶目的。中日友好协会会长廖承志要求，"日本政府必须在长崎国旗事件上做到三条：一是岸信介内阁正式派出政府代表前往肇事现场，在原处重新悬挂中国国旗；二是国旗事件的肇事者由于犯有侮辱中华人民共和国国旗之罪，必须受到应有的惩罚；三是惹起长崎事件的岸信介内阁，派遣正式代表团来北京向中国谢罪"[②]，表达了中国对岸信介政府纵容侮辱中国国旗罪犯的不满。毛泽东希望日本政府妥善处理这一事件后，重新开展中日民间贸易。毛泽东指出，"贸易总有一天要重开的，不能一万年不做生意，但是在日本政府现在这种做法之下，我们只好如此。这是我们唯一能够走的路"[③]。

## 五 反对日美《新安保条约》干涉中国内政

岸信介内阁时期，日本在外交上进一步追随美国，岸信介把与美国修改"安全条约"作为其任期内的重要目标。1958年10月起，日美两国进行修改《日美安保条约》的谈判。《日美安保条约》是美国实施对日占领、控制日本的产物，美国承担了日本的防卫，驻日美军的经费却由日本承担，美军在日本有很多特权。美军士兵自驻扎之日起，就不断发生危害驻地百

---

[①] 《人民日报》1958年6月25日。
[②] 吴学文、王俊彦：《廖承志与日本》，第259页。
[③] 《毛泽东外交文选》，第372页。

姓的犯罪活动。犯罪的美国士兵多从轻处理。因此,《日美安保条约》对日本来说是屈辱的。自条约签订之日起,日本国内反对声音不断,要求美军从日本领土上撤除一切军事基地和武装力量。美军基地遍布日本各地,其中冲绳最多,美军基地撤出日本的问题至今仍然没有得到解决。2004年8月13日,一架美军MV-22鱼鹰倾转旋翼机落在冲绳国际大学的校园里,飞机落下的地方离教学楼仅有几米,幸好没有造成师生伤亡。冲绳县厅所在地那霸市,每天都在美军的干扰之下,美军装甲车在公路上畅行无阻,飞机在城市上空盘旋。

中国近代不断遭受日本的侵略,尤其是1930年代,日本发动侵华战争,给中国造成了巨大的生命财产损失。饱受战争灾难的中国人,对日美在亚洲增强军事部署,谋求远东霸权的"安全条约"的谈判,不能不给予特别的关注。外交部长陈毅指出,"美国不怀好意,急于拖日本下水,使日本成为它在亚洲进行侵略的工具。日本岸信介政府也甘愿投靠美国,把日本更紧地绑在美国的战车上,以便实现它继续敌视中国和向东南亚扩张的政策"[①]。中国认为日美之间的所谓"安全条约"谈判,实际是不安全的,威胁着地区的和平稳定。

1960年1月19日,岸信介与美国总统艾森豪威尔签署《日本国和美利坚合众国共同合作及安全保障条约》(以下简称《新安保条约》)。条约删除了美军可参与平定日本国内"内乱"的条款,增加了具有军事同盟性质的内容。例如,关于日本的自卫力量,提出了"以宪法的规定为条件维持及发展其能力","日本被攻击时,两国根据宪法规定及手续,对付共同的危险"[②]。《新安保条约》较之旧条约更强调日美之间的合作,明确了美国对于日本防卫的义务。条约声称,美军驻留在日本不仅是为了日本的安全,而且是为了维护远东的和平与安全。《新安保条约》增加"远东条款",把日本的防御范围扩大到菲律宾以北地区、韩国和中国台湾地区。新条约规定在条约生效后,日美要随时协商,特别是美军配备及装备的重要变更及因作战行动使用设施、区域时,应与日本事先商量,且不许带核武器进入日本,以免引起日本国民的恐慌。岸信介以为《新安保条约》的签订,使日美的合作得到加强,日本的安全更有保障,可以为他的政治生涯捞取新的资本,他对继续担任首相信心十足。

---

① 《战后中日关系文献集(1945~1970)》,第417页。
② 原荣占『日本の戦後外交史潮』、70頁。

日美《新安保条约》的"安全"和"防卫"范围，延伸到中国沿海地区，显然干涉了中国的主权与利益，引起中国的强烈不满。在国际关系上，一个国家若将其所谓"防卫"范围划到其他国家的领土上，必然会侵犯邻国主权。近代日本就曾打着保障"主权线"、维护"利益线"的旗号，发动了一系列侵略战争。日美《新安保条约》将所谓日本"安全防卫"范围扩展到中国沿海，这是对中国主权的侵犯，与"主权线""利益线"一样，是扩张、侵犯邻国主权的举措。日美《新安保条约》公布后，中国外交部立即发表声明，反对日美以修改安全条约为名，签订军事同盟条约，认为这是日美勾结，准备新的侵略战争，威胁亚洲和世界和平的极其严重的步骤。

日本国内的一些民间和平团体也反对《新安保条约》，认为它违背"和平宪法"的基本精神，批评岸信介的亲美政策。《新安保条约》遭到日本民间的抵制和抗议。条约签订后，日本的学生罢课、工人罢工，形成了声势浩大的反对"安保条约的斗争"，要求岸信介下台。中国认为，《新安保条约》的矛头指向中国，对日本军国主义复活保持高度的警惕。毛泽东指出：日美军事同盟条约"对亚洲和世界和平是严重的威胁，同时也必将把严重灾难带来给日本人民，中日两国人民和亚洲人民以及全世界爱好和平的人民都应当反对日美军事同盟条约"[1]。中国各地举行声援日本人民反对日美安保条约的游行集会活动。5月9日，首都北京100万人集会声援日本人民的斗争。中国33个城市和山西省8个县，共1200多万人参加了盛大集会和示威游行，希望"条约成为废纸，把它扔进茅坑里面去"，坚信"日本人民必定能取得最后的胜利"[2]。6月23日，《新安保条约》生效。岸信介实现了他在任期内修改安保条约的愿望，以为可以作为一项重要的政治资本，但最终由于日本各界强烈反对，不得不在《新安保条约》生效之日辞去首相的职务。岸信介是日本历史上第一个因民众反对而被迫辞职的日本首相。

## 第二节 中国提出推动中日关系发展的新策略

岸信介政府在追随美国、敌视中国方面，超过了以往历届政府，给正在发展中的中日"民间外交"造成了巨大困难，致使中日贸易一度中断。为了挽回岸信介政府敌视中国所造成的后果，中国制定了一系列推进中日

---

[1] 《战后中日关系文献集（1945~1970）》，第488页。
[2] 《日本问题文件汇编》第3集，世界知识出版社，1961，第206页。

关系的新策略，阻止中日关系继续恶化。

## 一　发展中日关系的"政治三原则"

岸信介政府的反华政策，使正在向前发展的中日民间贸易、文化、经济等交流中断，中日关系倒退，损害了两国人民的共同利益。为推动中日交流继续发展，中国本着"友好当先，抵抗在后"的精神，提出发展中日关系的"政治三原则"。

1958年6月11日，中国渔业协会主任杨煜致函日本日中渔业协议会会长平冢常次郎，指出由于岸信介政府采取敌视中国的政策，中国无法考虑延长中日民间渔业协定。中方要求岸信介政府改变敌视中国的政策，不再制造"两个中国"的阴谋，不要继续阻挠中日两国正常关系的恢复，传达了中国对继续开展民间经贸往来的政治原则。

同年7月7日，卢沟桥事变爆发21周年之际，《人民日报》发表题为《中国人民坚决反对日本潜在的帝国主义》的社论，批评岸信介政府追随美国，继续制造"两个中国"，与中国人民为敌，阻挠中日恢复正常关系；指出走和平道路有利于日本的发展和亚洲与世界的和平；认为岸信介如果继续这样做，必然把日本重新拖上帝国主义的老路。社论指出，"中日两国在平等和友好的基础上，建立正常关系，和平共处，开展各方面的往来，这不仅符合于中日两国人民的愿望和利益，也符合于亚洲和世界的和平的利益。但是，如果岸信介政府继续敌视中国人民，继续制造'两个中国'，继续阻挠中日两国正常关系的恢复，那么，中日来往全面中断的责任，应该全部由岸信介政府担负"[1]，实际阐述了发展中日关系的政治三原则，即日本政府立即停止并不再发生敌视中国的言论和行动、停止制造"两个中国"、不要妨碍恢复中日两国的正常关系。这三项政治原则，是中国与日本继续发展友好往来的前提。

中国认为如果岸信介政府继续实行敌视中国的政策，中日之间一系列的协定、谈判将无法开展，现在即将开始的"中日两国民间渔业协定的签订问题也是无法加以考虑的"[2]，拒绝岸信介政府企图在政治上敌视中国，又企图在与中国贸易过程中捞取实惠的两面政策。中国提出的"政治三原则"，引起日本各界的关注，得到许多有识之士的赞同。日本前首相石桥湛

---

[1]　《人民日报》1958年7月7日。
[2]　《战后中日关系文献集（1945~1970）》，第383页。

山、原内阁大臣松村谦三、著名经济界人士高碕达之助等,都发表谈话,支持中国提出的"政治三原则",希望中日贸易在"政治三原则"的框架内得到继续。

1959年3月,日本社会党领袖浅沼稻次郎来中国访问,周恩来总理在接见浅沼稻次郎时,批判岸信介政府倒退中日关系的做法,指出推进中日"民间外交"发展的过程中,两国政府必须有所作为。中日贸易、文化等方面的往来是民间性质的,但是,在"民间外交"的发展中,政府必须要发挥作用,没有政府的支持,经贸关系不能顺利开展,"以民促官"也就是一句空话。岸信介内阁时期,日本政府采取一系列敌视中国的政策,造成了中日经贸往来的中断,所以,在中日民间往来中,必须强调政治立场。中国承认日本政府是代表日本人民的,日本不能在政治上敌视中国,否则,贸易是不平等的,也难以有大的发展。"政治三原则"反映了中国对政府与"民间外交"关系的基本看法,政府在"民间外交"中不是无所作为的,政府的态度直接影响着"民间外交"。中国认为,如果日本政府不承认"政治三原则",中日贸易将无法继续。"政治三原则"是"民间先行、以民促官"的保障,按照"政治三原则",中日关系才可能向更高水平发展。

## 二 "政治经济不可分原则"

在国家关系的发展中,政治与经济相互联系、相互影响,有区别而又不可能绝对分开。中国提出"民间先行、以民促官"的目标是最终建立中日官方关系,以经济促政治,以民间促官方。因此,中国认为中日两国关系的发展中,应遵循"政治三原则",并在此基础上,正式提出了"政治经济不可分原则"。中国认为岸信介"一面在政治上敌视中国,但经济上又要做买卖,这是不合逻辑的",岸信介"并不是不讲政治,他的政治就是敌视中国,在敌视中国、阻挠中日关系正常化和阴谋制造'两个中国'的情况下,就无法恢复中日两国的经济关系"[1],岸信介说一套做一套,对发展中日关系没有诚意,他要在政治上继续敌视中国,在经济上又妄图从中国捞取实惠,把政治与经济完全割裂开来,而"在国家与国家的关系上,政治和经济是不能分开的。'只讲贸易,不讲政治',不过是岸信介创造的一个谬论。其实就是岸信介本人,也从来没有把政治和经济分

---

[1] 《战后中日关系文献集(1945~1970)》,第439页。

开过"①，政治与经济是分不开的。因为世界上没有任何一个独立的国家，可以一面听任另一个国家在政治上露骨地敌视自己，一面又同这个国家发展经济和文化关系。中国强调中日关系问题必须从政治问题着手，必须经过政府途径解决，丝毫不意味着低估中日两国的"民间外交"，而是在岸信介政府顽固地坚持敌视中国政策的情况下，要进一步巩固中日两国人民的友谊，反对阻挠中日关系正常化的人为障碍，如此才能推动中日关系向前发展。

1959年4月18日，周恩来在第二届全国人民代表大会第一次会议上做的政府工作报告中指出，"岸信介政府又积极准备修改日美'安全条约'，同美国进行新的军事勾结，并且企图用原子武器装备日本军队。这对于亚洲各国的安全，特别是对我国的安全，形成了严重的威胁"，"岸信介政府现在虽然为了应付日本人民的压力，不能不在口头上表示愿意恢复中日贸易，实际上却继续追随美国，敌视中国，玩弄'两个中国'的阴谋，继续阻挠中日关系的正常化，致使中日两国人民改善两国关系、恢复两国贸易的愿望至今不能实现。中国人民和日本人民的利益是一致的。中国人民不能坐视日本军国主义的复活，也不能容忍岸信介政府继续采取敌视中国的政策"②，认为岸信介在中日关系发展上两面派的做法，违背了中日两国人民的意愿和利益，必然受到中日两国人民的唾弃。

"政治三原则"和"政治经济不可分原则"，申明了中国对于改善中日关系、发展中日民间贸易往来的基本立场，表达了中国希望两国关系继续发展的诚意，得到了日本各界人士的欢迎，也推动了中日关系的发展。

### 三 中国提出经济贸易往来中的"三原则"

中国提出关于发展中日关系的"政治三原则"和"政治经济不可分原则"，得到日本经济界、政治界知名人士和民间友好团体的支持。中国抓住机会，通过多种渠道向来访的日本客人进一步阐明这些原则的内涵和目的。1959年9月，日本前首相石桥湛山访问中国。石桥湛山赞同中国提出的"民间往来，官方挂钩"的方针。周恩来总理会见石桥湛山时，又特别指出"中日两国政治和经济关系的发展必须结合起来，不能予以分割"③，重申发

---

① 《人民日报》1959年3月19日。
② 《战后中日关系文献集（1945～1970）》，第446页。
③ 《战后中日关系文献集（1945～1970）》，第453页。

展中日关系的基本原则。

日本社会党书记长浅沼稻次郎、前首相片山哲、自由民主党顾问松村谦三等政治活动家，纷纷发表谈话，赞同"政治三原则"和"政治经济不可分原则"，希望日本政府改变敌视中国的立场，在这些原则基础上，推动中日民间经贸恢复和发展。中国提出的"政治三原则"和"政治经济不可分原则"，遭到了岸信介政府的诋毁和攻击，岸信介认为"政治和经济分开的问题不仅是岸内阁的想法，而且是自由主义国家一致的结论"[①]，他继续坚持"两个中国"的立场，企图在与中国开展经济贸易中捞取实惠，政治上与美国一道继续敌视中国。

为了推动中日民间贸易的发展，中国提出"贸易三原则"。1960年8月，日本日中贸易促进会专务理事铃木一雄访问中国。周恩来接见铃木一雄时指出，过去中日曾经搞过民间团体协定，想通过民间协定来发展中日贸易，经过岸信介政府这一段时期，证明这种做法行不通。岸信介不承认、不保证民间协定的实施，并采取敌视中国的政策来破坏它。中国不能容忍岸信介的行动，只好将中日贸易来往停了两年多。中日贸易恢复，对中日两国人民都有好处。鉴于以往中日贸易发展的经验教训，为今后中日两国贸易能够顺利开展，周恩来代表中国政府提出了"贸易三原则"，即政府协定、民间合同、个别照顾。

政府协定就是一切协定今后必须由双方政府缔结才有保证，因为过去的民间协定，日本政府不愿给以保证。两国任何协定都要通过政府来签订，民间协定才有保证，这包括贸易、渔业、邮政、航运等领域。至于政府协定，总要在两国政府向着友好方向发展，并且建立起正常关系的情况下才能签订，否则不可能签订。关于两国政府关系，中国还是坚持过去说过的"政治三原则"。"政治三原则"不是对日本政府有所苛求，而是公平的，中日两国都不能在政治上敌视对方，又在经济贸易中取得实惠。

"是不是没有协定两国之间就不能做买卖呢？不然。在条件成熟的时候是可以的，可以签订民间合同。……再次，是个别照顾"[②]。"贸易三原则"将以往民间贸易加上政府的保证，实践证明没有政府协定、没有政府的保证，民间的贸易合同很难被严格执行，且会遭遇意想不到的困难。中国提出的"贸易三原则"是在"政治三原则""政治经济不可分原则"的基础

---

[①] 《人民日报》1959年9月23日。
[②] 《周恩来外交文选》，第291页。

上，在具体的经贸往来中，强调中日两国政府的责任，对恢复中日关系和促进中日贸易是有益处的。周恩来希望铃木回国后，与日本日中贸易促进会的有关公司谈谈。"贸易三原则"表达了中国对发展两国贸易的诚意，希望中日两国政府在民间贸易中发挥应有的作用。

中国回击岸信介内阁加紧追随美国、敌视中国、倒退中日关系的政策，同时，又从长远的角度看问题，看到中日关系发展的大趋势，提出"贸易三原则"，指出中日两国政府对于民间交流不应无所作为，而应发挥指导与促进作用，希望日本政府认清形势，多做有利于中日两国利益的事情。"贸易三原则"对于恢复一度中断的民间交流，实现以民间促官方、以经济促政治，以及政治与经济的相互促进，发挥了积极作用。

## 第三节　多渠道多角度地推进中日关系

岸信介在对华关系上，采取政治与经济割裂的政策，人为设置中日交流的障碍，姑息国内反华势力破坏民间交流的举动，直接导致发展势头正旺的中日民间交流被迫中断。中国一方面与岸信介倒退中日关系的行为做斗争，另一方面非常珍惜来之不易的中日民间交流，除提出发展中日关系的一系列策略原则外，多渠道、全方位地加强与日本民间友好团体、在野党、经济界、文化界等各界人士的往来，发挥日本各阶层在推动中日关系发展中的作用。

### 一　发挥日本知名人士的作用

中国一贯重视与资本主义国家开展人民外交，也重视这些国家社会知名人士的特殊作用。日本政界、经济界、文化界活跃着一批了解中国历史文化、愿意推进中日关系的友好人士，其中不乏与中国领导人保持着个人深厚友谊的知名人士，他们是推动中日友好的重要力量。

日本政坛重量级人物、自由民主党顾问松村谦三与廖承志是早稻田大学的校友，两人长期保持着深厚的友谊。松村谦三担任过鸠山一郎内阁的文部大臣。中国科学院院长郭沫若早在1950年代就曾邀请松村谦三来中国访问。松村谦三愉快地接受邀请，本计划1956年来中国访问，因日本内阁更替，其访华计划被搁置下来。1959年10月，松村谦三终于实现访问中国的愿望。他表示，这次访问"不局限于重开中日贸易、文化交流等摆在眼前的问题,还要与中国就更广泛的、关系到日中恢复邦交的基本问题交换意见"①。松村谦三的想法与中国发挥日本知名人士在"以民促官"中作用的设想不谋而合。中国高度重视松村谦三来华访问。日本战后改革走上民主政治道路,但是,与西方国家不同,其政治中还保留着东方式的人情,一般来说,卸任官员与现任政府官僚会保持比较密切的私人关系。现任政府会根据需要,采纳卸任官员的建议。卸任官员有时会被派往外国进行访问,传达政府的外交政策,他们在现任官僚的对外政策中发挥着润滑剂和探测器的作用。

松村谦三目睹中华人民共和国成立后社会各方面的发展,"我非常钦佩和关心新中国建国十年来,贵国领导者和六亿国民所表现的努力和伟大发展,我认为必须找出最好的办法,早日解决中日两国间最近二三年的不正常状态。现在有周总理和各位的努力,实现这个愿望将是我最大的快乐"②。周恩来希望松村谦三在中国多停留些天,多到各地走走、看看。他专门陪同松村先生乘火车参观了北京郊区的密云水库。轻松愉快的旅行,便于中日双方交换意见。松村谦三还到兰州、西安、三门峡、洛阳等地参观访问,由衷地钦佩中国经济建设的成就。周恩来、廖承志、郭沫若等人与松村谦三见面,阐释了中日两国虽然社会制度不同,但是在和平共处五项原则和万隆会议十项原则的基础上,可以也能够互相尊重,建立睦邻友好关系。继松村谦三之后,日本各界知名人士频繁来中国访问,与中国一起探讨继续发展中日关系的有利与不利因素,共同为推进中日关系向前发展寻找对策。

## 二 中国共产党与日本共产党加强交流

日本共产党成立于1922年7月,与中国共产党一样,日本共产党也是共产国际的一个支部,其曲折发展的历程与复杂多变的国内外形势、共产国际的指导密切相关。日本共产党与中国共产党保持着密切的关系。李大钊马克思主义观的形成,受到了日本马克思主义者、社会主义者的深刻影响。日本共产党成立后,走过了曲折的道路,组织反复被解散、重建。日本发动侵华战争期间,日本共产党处于"地下"状态,在极度困难和危险的环境下,在国内开展反战斗争,呼吁日本人民反对法西斯政府对外侵略

---

① 田川誠一『日中交渉秘録』毎日新聞社、1973、12頁。
② 田川誠一『日中交渉秘録』、13頁。

战争。由于日本政府的迫害，日共领导人有的被迫长期流亡国外，有的被逮捕、关押、杀害。延安及中国共产党领导的各敌后抗日根据地，都有日本共产党员活跃的身影，他们为中国抗日战争的胜利做出了自己的贡献。战后日本实行民主改革，日本共产党成为合法的政党，是日本社会中比较有影响的在野党之一，也是日本所有政党中，唯一没有与其他政党合并或者自动解散的政党，在日本社会有着比较广泛的基础。

新中国成立后，日本共产党坚持"一个中国"的原则，谴责近代以来日本军国主义对中国的侵略，主张中日实现邦交正常化，与中国共产党保持着良好的党际交流关系。中国共产党或者日本共产党召开全国代表大会时，两党总是互致贺信，或者派代表团旁听对方的大会。中国共产党与日本共产党在1950~1960年代，都对日本军国主义复活保持着高度警惕，反对岸信介内阁倒退中日关系。

1958年7月，日本共产党第七次代表大会上，通过《日本共产党关于日中关系正常化的决议》，决议批判日本政府无视国民的愿望，阻碍日中友好关系的发展，破坏日中贸易第四次协定以及渔业协定的实施，阻碍两国人员往来、文化交流等活动，致使出现侮辱中国国旗事件。日本共产党提出应"率先促进恢复日中邦交、日中友好和平的诸运动，并使其成为全体国民的大运动"①，呼吁彻底实施第四次《中日贸易协定》的各项内容，废除同台湾方面的所谓"和平"条约，早日恢复日中两国邦交正常化。中国共产党对日本共产党的友好举动给予积极回应，祝贺日本共产党全国代表大会召开，赞赏会议通过的决议。

1959年2月，日本共产党代表团访问中国，中国共产党与日本共产党发表联合声明，声明对日美修改"安全条约"表示担忧，认为中日两国是近邻，有着悠久的交流历史，两国建立邦交、进行密切的经济和文化交流，有利于两国人民，有利于维护远东的和平；呼吁两国人民共同排除困难，努力恢复外交关系，发展经济、文化交流以及各个方面的友好往来。中国认为，"对于发展中日两国人民之间的友好关系，对于恢复中日邦交，日本共产党和日本人民作了巨大的努力。中国人民对日本共产党和日本人民的爱国的正义的斗争，表示衷心的敬意；对日本共产党和日本人民在我国人民反侵略斗争中所给予的同情和支持，表示深深的感谢"②。中国注意发挥

---

① 《战后中日关系文献集（1945~1970）》，第392页。
② 《人民日报》1959年3月6日。

日本共产党在恢复中日邦交正常化中的作用，注意两党意识形态一致性，也重视日本共产党政策与现阶段日本人民要求的共同方面，切实推进两国关系的发展。

1959年9月，日本共产党代表团再度来华，参加中华人民共和国成立10周年庆祝活动。中国共产党代表团与日本共产党访华代表团举行会谈，发表联合声明，强调"中华人民共和国自从建国以来，对日本人民一贯采取了友好亲善的政策。中国对外政策的基本方针，是始终不渝地信守和平共处五项原则"①，日本共产党对中国在中国共产党领导下所取得的成就表示钦佩，两党将和两国人民一道为维护远东和平做出贡献。

1964年2月21日，日本共产党中央委员会第一书记、参议员野坂参三在日本发表演讲，提出日本政府应"废除'日台条约'，停止制造'两个中国'的阴谋。立即承认中华人民共和国政府，并与之签订日中和平条约。为恢复中国在联合国的合法席位，并将'台湾'从联合国开除，日本应给以积极支持。停止对中国的经济封锁，建立不受美国限制和压制的自由贸易，繁荣文化交流和交通"②，日本的对华政策，不仅限于恢复日中邦交的问题，也是日本独立、和平、民主斗争的一部分，解决中国问题，将为建设新日本做出巨大贡献。中国共产党与日本共产党一直保持友好党际关系，在"文化大革命"前，中国一直重视日本共产党在社会中的影响，注重发挥日本共产党在恢复中日邦交正常化中的作用。1966年，中国发动"文化大革命"后，两党对"文化大革命"等问题，产生意见分歧，党际交流被迫中断，直到中国实行改革开放后，中国共产党才与日本共产党恢复了正常的党际关系。

### 三 重视日本重要在野党的"补充外交"作用

中华人民共和国成立后，中国非常重视与不同社会制度国家发展友好关系，重视资本主义国家执政党与在野党在外交中的不同作用。战后日本实行了民主改革，建立了真正的政党政治体制，政府具有处理内政外交的大权。1947年的"和平宪法"虽然保留了日本天皇，但是天皇只是象征，不能参与国家政治。

二战结束后，日本人的政治热情被激发出来，国内成立了许多新的政

---

① 《战后中日关系文献集（1945~1970）》，第459页。
② 《战后中日关系文献集（1945~1970）》，第709页。

党，一时间政党林立，1946年政党的数量达300余个，后来一些小的政党或解散或合并，社会上比较有影响力的政党只有四五个。1940年代后期到1950年代前期，自由党、民主党、社会党等政党轮流执政。1955年11月，自由党与民主党合并，组成自由民主党，此后，自民党连续38年掌控日本政坛，形成了所谓的"五五体制"。日本各在野党中，社会党的影响最大，其在1947~1948年曾经短暂执政，被戏称为"万年野党"。日本的在野党在政治目标、具体政策、利益诉求等方面与自民党存在着差异，不过在野党领袖却与自民党官僚多保持着比较好的个人友谊。在野党虽然没有外交决策权，但是在国会中有一定席位，是发展与日本外交的重要补充。中国重视日本在野党"补充外交"的作用，尤其重视与日本最大的在野党日本社会党的友好往来。

1950年代起，日本社会党不断派代表团访问中国，对中国的经济建设、社会进步有一定了解，认为与中国建立外交关系，有利于日本的经济发展，有利于亚洲的和平。1957年1月19日，日本社会党第13次党大会上，提出了关于恢复日中邦交的方针，认为日本不能忽视中华人民共和国在世界政治经济中的比重正在逐年增大。"作为党应该开展的争取和平与独立的日常斗争的四根支柱之一，把日中恢复邦交国民运动提了出来"[1]。社会党认为，开展日中邦交正常化的运动，是现在日本外交上最紧急且重要的问题。社会党要在国会、实业团体、地方议会等方面，向社会各阶层发出呼吁，开展国民运动、缔结政府间贸易支付协定、交换通商代表、废除巴黎统筹委员会限制、实施渔业协定和文化协定、获得自由交流等，不承认"两个中国"的存在，希望迅速地与中华人民共和国恢复邦交。

中国重视日本社会党在其国内的政治影响力，认为与社会党的往来可以起到推动日本政府改变对华政策的作用。1957年2月，周恩来会见日本国会议员，指出"我们主张各国从事政治的人，应该增加来往，增进了解。尤其是中日两国，我们要求和平友好，共存共荣，需要多来往"，"我们很愿与日本友好，尊重日本人自己选择的制度"[2]。周恩来认为，中国支持日本人民取得真正独立，并不是希望日本和中国一样，实行社会主义制度。中国尊重日本人民的政治选择、制度选择，中日两个社会制度不同的国家可以和平相处、友好合作。

---

[1] 《战后中日关系文献集（1945~1970）》，第300页。
[2] 《战后中日关系文献集（1945~1970）》，第301页。

1957年4月，中国人民外交学会会长张奚若和日本社会党访华亲善使节团团长浅沼稻次郎发表共同声明，认为尽快、正式、全面地恢复国交的阶段已经到来，要促进两国关系正常化。周恩来在接见日本社会党访华亲善使节团时指出，"我特别高兴地看到，日本人民要求和平友好的愿望在一天天增长，而贵党是反映了日本人民的要求和愿望的。中国人民愿意和日本人民友好，从中国人民对来访的所有日本代表团、来访人士以及对社会党朋友们的欢迎情况，也可以看出中国人民的感情。这种感情还会一天天发展。所以，我相信中日亲善友好、共存共荣，是有确实可靠的基础的。我对贵团的来访再一次表示谢意，它标志着在两国关系上增加了新的内容"①，肯定了日本社会党的对华方针与活动，希望日本社会党承担起责任，促进中日两国打破隔阂，促进世界人民的了解。

日本社会党访华团回国后，向岸信介谈了他们访华的感想和发展中日关系的建议，希望政府将中日民间贸易协定改为政府间协定，也可以先与中国缔结气象、邮政等政府间协定，实际是在呼应中国的"贸易三原则"。但是，岸信介仍然积极追随美国敌视中国的政策，认为"单纯地把台湾问题看做中国的所谓内政，以包含台湾在内的整个中国为合法政府，与之现在就开辟邦交，或者予以承认的那种阶段，尚未到来"，"作为政府，正如迄今为止我通过国会讲过的那样，与中共之间，关于积极地增进贸易关系，必须充分地予以考虑，但尚未到达开辟外交关系或者与其邦交正常化的阶段，这是我们的信念"②，要在政治与经济分开的层面进行两国贸易，反对将第四次《中日贸易协定》提高到官方水准。

1958年5月11日，日本社会党发表关于打开日中关系的声明，认为日中两国关系已出现令人非常忧虑的事态，日本政府不顾大局和舆论而倒行逆施，破坏了至今的日中关系。社会党声明要求"岸首相取消敌视中国的言行；取消爱知官房长官的谈话，对《第四次贸易协定》的实施给予保证；为打开当前的局面，立即举行两党的正式会谈，由政府实施其结论"，③ 要求再次向中国派遣国会代表。社会党从对政府监督的角度，提出恢复中日邦交的方针、办法。

1958年7月1日，社会党委员长浅沼稻次郎等向众议院提出打开日中

---

① 《周恩来外交文选》，第226页。
② 《战后中日关系文献集（1945～1970）》，第308～309页。
③ 《战后中日关系文献集（1945～1970）》，第377页。

两国间紧张局面的议案,要求政府改变态度,采取积极措施,迅速解决全面实施日中两国之间第四次贸易协定的问题,继续实施渔业协定,实现侨胞回国和开展文化、技术交流。1958年8月,中国再次向日本社会党参议院议员佐多忠隆表达希望恢复中日两国之间的经贸关系,但是岸信介政府应公开声明"立即停止并不再发生敌视中国的言论或行动;停止制造'两个中国'的阴谋;不要妨碍恢复中日两国的正常关系",① 要求日本政府惩办长崎国旗事件肇事者,派出正式代表来中国道歉。佐多忠隆回国后,向社会党做了访华报告书。日本社会党根据形势,提出打开日中关系基本方针,"日本社会党始终主张日中两国迅速实现正式、全面的邦交正常化,并为此作出不懈的努力"②,并提出一些具体措施。中国高度评价日本社会党为发展中日关系所做的努力,认为"日本社会党已经提出一个全面改善中日关系的主张,我们全面地支持这一主张","可以肯定地说,中国人民将像过去一样不吝惜和日本人民一道为改善中日关系并增进中日两国人民的友好关系而共同努力"③,希望日本社会党在敦促日本政府改变敌视对华政策方面继续努力。

1959年3月,日本社会党领导人浅沼稻次郎再次访问中国。毛泽东、周恩来等中国领导人会见浅沼稻次郎时,再次强调中国对于恢复邦交正常化的立场,岸信介政府必须要承认中国提出的"政治三原则"和"政治经济不可分原则",在此基础上重开中日贸易。社会党表示完全同意中方的立场,明确提出,"不承认'两个中国'的存在,解放台湾是中国的内政问题,承认中华人民共和国在联合国的代表权,并且为了达到中日邦交的正式恢复,必须首先废除'日蒋和约',必须同中华人民共和国签订和约"④。

1960年10月12日,社会党委员长浅沼稻次郎发表竞选演说时,被日本极端右翼分子刺杀,右翼分子明确表示对社会党有关中国的政策不满。日本极右翼势力的疯狂举动,并没有动摇社会党的政策,社会党仍以在野党的身份,推动中日关系向前发展。1962年1月,毛泽东会见日本社会党国会议员黑田寿男,表示"中国人民同日本大多数人民历来是友好的,战后友好关系还有发展;就是同自由民主党的政府,同垄断资本的关系还不

---

① 《战后中日关系文献集(1945~1970)》,第397页。
② 《战后中日关系文献集(1945~1970)》,第399页。
③ 《人民日报》1958年9月16日。
④ 《战后中日关系文献集(1945~1970)》,第440~441页。

成,还要等候。要分清同日本人民的关系和同日本政府的关系,两者是有区别的"①。毛泽东认为,日本政府内部各个派别对中国的态度是不同的,中日民间交流、来往,可以增进了解,相互交换意见,交流经验,中日两个不同社会制度的国家可以友好相处。

1964年2月,日本前首相片山哲等25人发表恢复日中邦交的呼吁书,"事实越来越清楚说明,不承认占世界人口1/4,并稳步顺利建设着祖国的中国是一个国家,在国际政治上是多么不合情理"②,美国封锁中国和"两个中国"的政策正在破产。日本和中国在历史和地理上有着特殊关系,现在处于"交战状态",至今尚未建交,这是不合理的,日本应认识恢复中日邦交正常是重大政治问题。他们希望日本政府立即恢复与中华人民共和国的邦交,扩大贸易、经济和文化的交流,废除"日台和约",努力恢复中华人民共和国在联合国的合法席位。他们呼吁日本各阶层广泛开展运动,为实现这些要求而不懈努力。2月20日,日本社会党再次发表恢复日中邦交的方针,重申社会党的一贯对华方针,要求日本政府废除所谓的"日华和平条约",认为台湾是中国不可分割的领土,台湾问题应作为中国的内政问题来解决,美军应从台湾海峡撤退,谋求恢复中华人民共和国在联合国的合法席位,废除《日美安保条约》,与中国缔结互不侵犯双边条约,为推进邦交正常化开展国民运动。中国希望利用社会党领导人与执政的自民党官员之间的私人友情,向自民党领导人建言,转达中国对恢复邦交正常化的态度。

日本公明党、民社党等在国会众参两院占有一定席位,也是日本政治上有重要影响的在野党。中国通过各种渠道与日本各在野党建立和发展友好关系,希望日本在野党在国会审议与中国相关决议时,发挥"补充外交"的作用,促使日本政府早日改变对华态度和政策。

## 四 国际风云变幻中把握中日关系的大趋势

1960年代国际风云变幻,两极格局中的资本主义阵营和社会主义阵营内部,都出现了矛盾和分歧。中苏关系破裂在社会主义阵营中引起巨大震动,不仅影响着东方阵线,也对世界格局产生了巨大影响。1950年代后期,中国经济建设出现曲折,国民经济比例失调,工农业生产量降低,人民生

---

① 《毛泽东文集》第8卷,第242页。
② 《战后中日关系文献集(1945~1970)》,第706页。

活水平下降，国民经济出现严重困难局面。为纠正"左"的错误，中国制定"调整、巩固、充实、提高"的发展国民经济方针，努力使国民经济好转。在国际上，中国的国家安全也面临着严峻的形势。苏联赫鲁晓夫提出"三和"理论后，美苏关系得到缓和，美国认为中国是世界和平的"严重威胁"，比苏联更好战，从而加强了对中国的防范，第七舰队游弋在台湾海峡。美国不断在亚洲扩张势力，直接介入越南战争。中国认为美国出兵越南直接威胁中国的国家安全，是美国霸权主义的表现，"我们完全同情和坚决支持越南人民为反对美帝国主义的侵略，反对南越卖国集团的恐怖统治，争取祖国和平统一的爱国正义斗争"[①]。中国在经济发展遇到各种困难的情况下，开始支持越南人民的抗美战争，付出了巨大的物质、精神努力。为准备可能出现的战争危险，中国大力实施"三线建设"，加强国防军事工业，做好防止帝国主义发动侵略战争、发动第三次世界大战的准备，中美两国的矛盾和对立加剧。

在社会主义阵营内，中苏两党在如何认识马克思主义、如何建设社会主义等方面出现严重分歧，思想上的分歧，导致中苏两国关系进一步恶化。苏联领导人赫鲁晓夫在处理与中国共产党以及与中国的关系时，存在着严重的大党主义、大国沙文主义，对中国的内政外交横加指责。中国坚决反对苏联的大国沙文主义，坚决不屈服于苏联的压力，走独立自主的社会主义建设道路。1960年4月，中国以机关刊物《红旗》为主要阵地，发表《列宁主义万岁》等三篇社论，点名批判南斯拉夫共产主义者联盟的现代修正主义思想，实际是把矛头指向苏联。中国虽然强调社会主义国家可以和资本主义国家和平相处，但是认为与资本主义国家的缓和不是排斥斗争，世界各国人民要反对帝国主义的冷战政策，通过斗争来制止战争。中国认为世界人民有制止帝国主义战争的可能性，也认为帝国主义有发动新的战争的危险性，要始终保持对资本主义的警惕，而不是像苏联那样把和平共处、和平竞赛作为总的对外战略和方针。

1960年6月初，苏联提议在罗马尼亚的布加勒斯特举行一次社会主义国家共产党和工人党代表会议。在各国共产党和工人党代表团会议上，苏联代表散发材料攻击中共。赫鲁晓夫在大会总结发言中，无端指责中国，诬蔑中国共产党是"疯子"，中国要发动战争，中国在中印边界问题上是

---

① 《建国以来毛泽东文稿》第9册，中央文献出版社，1996，第546页。

"纯粹的民族主义"。中国共产党代表团对赫鲁晓夫的大党主义进行了坚决斗争，采取"坚持原则，留有余地；坚持团结，反对分裂；坚持斗争，后发制人"的方针；发表《中国共产党在布加勒斯特兄弟党会谈上的声明》，指出中国共产党在马克思列宁主义的一系列基本原则上是同赫鲁晓夫有分歧的。赫鲁晓夫对中国共产党代表团的围攻，在国际共产主义运动中开了一个极端恶劣的先例，恶化了中苏两国的关系。1963年9月到1964年7月，中国连续在《人民日报》、《红旗》杂志上发表文章（九评），阐述中国共产党对于斯大林、国际共产主义运动的看法，将矛头直接指向苏联领导人，公开批判赫鲁晓夫的修正主义。

中国在苏联巨大的压力下，继续坚持独立自主的和平外交政策，重视经济建设中的自力更生。中国不顾苏联的反对，于1964年10月16日成功进行原子弹试爆，打破了美、苏核垄断局面。日本作为世界上唯一遭受过原子弹袭击的国家，对中国试验核武器表示担心。周恩来致电日本首相池田勇人，表明中国发展核武器是"被迫而为""完全是为了防御"，承诺在任何情况下"都不会首先使用核武器"[①]，希望日本能够理解中国的核政策。但是，日本仍然对中国核试验表示反对和遗憾。

1960年代，中国继续与周边国家、资本主义国家改善关系，并提出"两个中间地带"的理论，认为在世界上，亚洲、非洲、拉丁美洲等已经独立和争取独立的国家属于中间地带；西欧、大洋洲和加拿大等资本主义国家和地区也属于中间地带。日本属于资本主义国家中的中间地带，中国要与中间地带国家联合起来，反对美国的霸权政策。

1960年7月，池田勇人担任新一任日本首相。池田内阁在执政理念上，与以前各届政府有所不同，它强调发展国民经济，提高日本人的生活水平，实现社会的稳定发展。池田勇人在外交上继续强调"做自由主义阵营的一员"，与以美国为首的自由世界相协调。在对内政策上提出实行民主政治和国民收入倍增计划。池田以"宽容和忍耐"的"低姿态"推动国内政治，加强与在野各党的对话。日本有学者分析指出，池田内阁上台，标志着日本"战后"与"经济"取代"战前"与"政治"，是日本政界"质"的转变。1960年12月，日本制定《国民收入倍增计划构想》，提出日本国民生产总值10年翻番的目标，并大力推进农业现代化、中小企业现代化，促进

---

① 《战后中日关系文献集（1945～1970）》，第754页。

相对落后地区经济发展、产业结构调整等一系列促进经济高速增长的政策。这些政策为日本经济迅速发展提供了保障，为其成为经济大国打下了坚实的基础。日本政府制定的国民收入倍增计划使国内民众注意力从政治转向经济，缓和了国内矛盾，社会秩序趋于稳定，国民对政治的热情减退。池田内阁在对外政策上，虽然继续维持并强化与美国的同盟关系，但是在对华关系上比岸信介内阁有所进步，对中日民间交流给予可能的支持，极力避免与中国的对抗，在不伤害日美关系的框架内，扩大与中国的经济交流。

岸信介内阁时期，西欧国家纷纷以延期付款等优惠方式，扩大对中国的出口贸易，对华贸易额飙升。日本工商界人士对此非常焦虑，担心已经开辟的对华贸易市场被西欧挤占。他们认为对华贸易是日本实现经济高速增长、国民收入倍增的重要条件。日本政府认为发展中日贸易对国内经济增长大有裨益。池田提出，"对中共政策上未必要采取与美国相同的态度。我在六七年前就主张与中共友好相处，但很不容易搞好。外交不仅仅是对中共的政策，首先重要的是提高自由国家对日本的信任感"[1]。池田认为，首先应搞好日本的内政，取得自由国家的信赖，也不要为中共所愚弄，日本要做不受人操纵的国家，现在就可以搞文化、经济交流，"如果不涉及是否承认中共的问题，我想促进两国间的对话还是可以的。在贸易上，我还是希望在日中间采取积累方式进行"[2]。他认为对华贸易采取与西欧各国同样的条件，不会出现什么问题，"与中国开展贸易绝不会导致混乱"[3]。池田内阁时期，日本在外交上继续与美国保持密切同盟关系的同时，也尽可能地追求外交的"自主性"。中国积极评价池田内阁的对华政策，尤其注意到池田在任首相期间，两度访问亚洲太平洋地区国家，都没有"顺访"台湾，认为这对中日关系的发展是有益的。

1960年代初，日本在野党、民间团体频繁来华访问。访华成员无不表示对近代日本侵略给中国造成的灾难进行反省，诚恳地表示道歉、谢罪。中国赞赏他们的勇气，向日本朋友表示，不必每次都来告罪，"双方都应该向前看"[4]。中国反对日本少数人否定侵略战争的行为，对军国主义保持着高度警惕，认为中日关系发展的大趋势是和平友好。

---

[1] 《战后中日关系文献集（1945～1970）》，第495页。
[2] 《战后中日关系文献集（1945～1970）》，第535页。
[3] 『読売新聞』1962年10月30日，夕刊。
[4] 《周恩来外交文选》，第303页。

## 五　不断扩大中日两国各领域的交流

中国通过来访的日本客人向其政府传达发展中日关系"政治三原则""政治经济不可分原则"等基本原则立场，期待日本政府采取有效措施，推动中日关系发展。1960年7月，长崎国旗事件后中国第一个访日代表团赴日本参加第六届禁止原子弹氢弹世界大会。代表团积极向日本阐明中国的对日原则和基本政策，表示中国可以与不同社会制度的国家和平共处，希望日本政府不再采取或完全放弃敌视中国政策，不再从事或停止参加制造"两个中国"的阴谋，不再阻挠中日两国关系的正常化。

1960年9月18日，中国人民对外文化协会和日中友好协会发表共同声明，"在近年来两国人民友好合作发展的基础上，进一步扩大两国人民的友好往来和文化交流，争取实现中日关系正常化是符合两国人民的共同愿望的。为此目的，双方将根据和平共处五项原则和万隆会议的精神，决心为粉碎美帝国主义及其追随者日本反动势力所执行的敌视中国、制造'两个中国'和阻碍中日关系正常化的政策，继续进行坚决的斗争"①。为继续扩大民间交流，中国邀请日本相关民间团体来华访问，两国文化、体育、妇女等界的交流呈现出从未有过的繁荣，形成民间促官方的良好局面。

1961年2月，周恩来在会见日本经济友好访华代表团时指出，"中日两国人民都应该以历史为鉴，努力消除近几十年来的不愉快事情的影响，使中日两国几千年来的友好关系在新时代的基础上，永远地发展下去。中日两国人民永远地友好下去，这是两国人民的根本利益所在，这是共同的，没有冲突的"②，肯定日本战后走上和平、独立、中立、民主的发展道路，申明"政治三原则""政治经济不可分原则""贸易三原则"是为促进中日友好关系而提出的，希望日本政府理解并遵循这些原则。

1960年10月10日，高碕达之助率日本实业界代表团访问中国。高碕达之助是万隆会议时日本代表团的团长，万隆会议期间，与周恩来有过接触。他钦佩周恩来的为人，一直将周恩来在万隆会议上给日本代表团的关照与帮助记在心里。高碕达之助认为日本经济要发展，就必须与中国进行经济贸易往来。周恩来会见高碕达之助时再次强调中国对于发展中日关系的立场，认为战后15年来，中日关系处于不自然的状态，但是这个责任不

---

① 《战后中日关系文献集（1945~1970）》，第513页。
② 《周恩来外交文选》，第304页。

在中国方面。中日两国人民是愿意彼此友好的。周恩来表示,"很高兴地看到中日两国人民之间的友好关系正在一天天扩大,友好来往正在一天天增加,这将有助于远东、亚洲和世界的和平"①,重申要改善中日关系的最起码条件就是不应互相敌视,中国并不敌视日本,日本不应敌视中国;日本不应追随美国,参与搞"两个中国"的阴谋;日本不应阻挠而应促进中日两国关系向着正常化发展。实际是在强调"政治三原则"的立场,表示中国愿意根据和平共处五项原则和万隆会议十项原则,来恢复中日两国的正常关系,促进中日两国人民的友好合作。周恩来欢迎高碕达之助以个人身份来探讨改善中日关系的一切可能办法。

高碕达之助表示对中日关系现在处于不正常状态感到遗憾。他认为战后15年来,中日关系处于不正常的状态,其责任不在中国方面,也不在日本人民方面,这次来就是要同周恩来总理共同探讨责任所在,找到并消除覆盖在中日关系上的乌云。高碕达之助目睹了北京的巨大变化,他认为这都是因为中国有了好领导,有好领导,才能建设好的国家。高碕达之助等还访问了东北、河南等地,感受到中国经济建设的成就和人民精神面貌的变化,表示回国后要将所见所闻如实转告日本朋友,使他们了解中国的情况。高碕达之助认为中日缺乏对彼此真实情况的了解,希望更多的中国人访问日本,更多的日本人士访问中国。

周恩来赞同高碕达之助的看法,认为"现在中日两国人民最关心的,是如何恢复中日两国正常关系的问题,而在目前,这个问题的解决还遇到障碍,我曾说过,这个阻碍的责任不在中国方面。我并且坚决相信,日本绝大多数人民是愿意促进两国友好、实行和平共处、改善两国关系的"②,他欢迎高碕把余生献给恢复中日邦交、促进中日友好的良好愿望。

1960年代初,中国积极促进中日两国各个方面的往来,不仅恢复了岸信介内阁时期中日经贸往来,而且扩大了与日本在文化、政党等方面的交流,中日关系发展出现良好的势头。当然,日本政府还没有勇气根本改变追随美国的政策,这就决定了,中日关系发展不可能取得实质性进展。1960年9月,美国操纵联合国将所谓"西藏问题"塞进大会,干涉中国内政。日本对美国的议案投了赞成票。日本参议院议长松野鹤平还率代表团"访

---

① 《战后中日关系文献集(1945~1970)》,第521页。
② 《战后中日关系文献集(1945~1970)》,第532页。

问"台湾，松野表示"日本的池田新政府绝不承认共产党中国"①，日本希望与台湾方面、韩国加强合作。1960年代，中日民间贸易和民间交流虽然比岸信介时代有了发展，但是与中日两国人民的期望相比，还有很大的差距。"1957年日本与共产党国家的贸易中，日中贸易占90%，而1961年日中贸易仅占其中的10%"②，即使考虑到中国农业歉收的影响，中日贸易也不至于占如此小的比例。

1960年12月19日，池田勇人在参议院预算委员会上公开表示，"根据外务省对'中共'的分析，政府内部达成一致意见。如果政府间的贸易协定，恐怕涉及承认中共问题，我还不能决心这样做。但是，如果不是以正式恢复外交关系，而是具体地加强贸易或按国际惯例，即使不承认该国，但在有关的特定的事项如邮政、气象等方面进行相互协商，我还是赞同的。因此，问题是如果不涉及是否承认中共的问题，我想促进两国间的对话还是可以的。在贸易上，现在还是希望在日中间采取积累方式进行"③。池田虽然对中日贸易采取了比较积极的态度，但是，还没有勇气实际推进中日官方关系发展，还是在"政经分离"前提下，与中国发展民间交流。

中国坚持中日双方应该向前看，"日本军国主义曾经给中国人民造成灾难，同时也给日本人民造成了灾难。这个事情教育了中国人民，使中国人民懂得如何抵抗外来侵略者，使中国人民懂得了一切侵略者必然会遭到失败。新中国是反对侵略的，也不会侵略别人，因为我们知道，侵略者必定失败"④。从中日友好的愿望出发，中国提出了"政治三原则"和"贸易三原则"，在一个时期内中日邦交不能恢复，不能签订政府间的协定，我们就进行民间往来，以促进友好。

池田内阁坚持"政治经济分离"开展民间交流，造成民间贸易发展缓慢，甚至交流一度出现困难。1961年7月，池田政府拒绝出席即将召开的日本共产党第八次代表大会的中国共产党代表团和其他国家共产党代表团进入日本，阻挠中国共产党与日本共产党的礼节性往来。1961年12月，联合国召开大会，讨论恢复中华人民共和国在联合国合法权利的问题。日本继续追随美国，把恢复中国在联合国的合法权利这个纯属程序性的问题，

---

① 《战后中日关系文献集（1945~1970）》，第522页。
② 田川诚一『日中交涉秘録』、33页。
③ 『朝日新聞』（東京）1960年12月20日、第1版。
④ 《战后中日关系文献集（1945~1970）》，第542页。

变为需经大会 2/3 多数通过的所谓"重要"问题，反对关于驱逐蒋介石集团代表和恢复中国在联合国合法权利的提案。这表明池田内阁还不能摆脱美国的束缚，对推进中日关系采取实质性的政策，中日关系的彻底改变尚需时日。

## 第四节 "积累渐进"——提升中日关系的新举措

中国在"民间先行、以民促官"总方针下，提出了"政治三原则""贸易三原则""政治与经济不可分原则"等推进中日关系的具体原则，克服了岸信介政府倒退两国关系的不利影响，扩大了民间交流的范围与领域，提升了民间往来的层次。随后，中国又提出以"积累渐进"方式推进中日关系的新举措。"积累渐进"，既要扩大中日民间的交流范围，又要提升交流的层次。在积累民间交流的基础上，推进两国政治关系的发展，最终达到建立正式官方关系，使中日关系发生"质"的飞跃。

### 一 "LT 贸易"标志中日关系发展的新高度

为推进中日两国民间外交的发展，中国采取把贸易关系上升到更高的层次，进而建立政治关系的新举措。1962 年 9 月 12 日，松村谦三应周恩来、陈毅等人的邀请第二次访问中国。这次访问选择在中国传统节日中秋佳节之际进行，周恩来特别用"花好、月圆、人寿、年丰"祝福中日关系进一步发展。在与松村谦三的会谈中，周恩来再次重申了"政治三原则"、"贸易三原则"和"政治经济不可分原则"等，提出政治问题是其他一切问题的基础，在中日进行经济对话前，必须先谈政治问题，"中日两国尽管社会制度不同，但是，应该遵守互相尊重主权和领土完整、互不侵犯、互不干涉内政、平等互利和和平共处的五项原则"[①]，中日两国人民应加强相互往来和了解，促使日本政府改变敌视中国的态度，在"政治三原则"的基础上，推进中日邦交正常化。这次访问，双方就以"积累渐进"方式促进中日关系达成共识，认为"积累渐进"不仅适用于中两国的经济贸领域，也同样适用于两国发展政治关系方面。

双方还决定设立两国间的联络机构，扩大两国的贸易。联络机构负责

---

① 《战后中日关系文献集（1945~1970）》，第 637 页。

人由各自选定,中国由廖承志负责,日本将物色适当的人选。松村的秘书田川诚一积极评价这次访问成果,认为"把这次访问看作中日关系正常化的起点,绝不为过。会谈中强调了日本的立场,从更广泛的意义上讲,打开中日关系是从这里开始的"[1]。周恩来高度评价中日两国扩大贸易的举措,"中日两国人民都具有恢复中日两国正常关系、发展两国经济文化关系、增强两国人民之间友好合作的愿望。中国人民和中国政府认为,中日两国尽管社会制度不同,但是,应该遵守互相尊重主权和领土完整、互不侵犯、互不干涉内政、平等互利和和平共处的五项原则。为了实现中日两国人民的上述愿望,中日两国人民要增加互相往来和互相了解"。"我们两国、首先是两国人民,应该采取渐进和积累的方式,把两国的政治和经济关系发展起来,以利于促进两国关系正常化"[2],表达了希望中日两国政治关系和经济关系平行发展、相互影响、相互促进的愿望。"积累渐进"方式成为发展中日关系的新举措,实际是"政治经济不可分原则"的新发展,加快推进了中日建立政治关系的进程。

1962年10月26日,自民党国会议员、原通产大臣高碕达之助率领由政治家、大企业主、贸易界人士等数十人组成的大型代表团访问中国,以落实建立中日两国贸易联络机构事项。周恩来会见代表团时说,松村先生访问中国时,双方都表示进一步促进和发展中日贸易关系的愿望,认为应该采取渐进和积累的方式来谋求中日两国关系,包括政治和经济关系在内的正常化。他希望高碕能够在这个政治谅解的基础上,进一步促进和发展中日贸易关系。高碕达之助表示,"我来中国访问的目的就是要实现上次松村先生在中国访问时,同中国方面就两国贸易关系所达成的协议的","我和松村经常谈到,要把各自的余生用来促进中日邦交正常化方面,在此以前,两人都不要死去"[3],日中贸易关系的发展应逐步推进,就像挖渠一样,我们从日本方面挖,中国从这个方面挖,大家用同样的速度,挖到中间携起手来。

高碕达之助访问期间,中日签订了《长期综合贸易备忘录》,这是第一个五年(1963~1967)的长期贸易协议。中日双方同意在平等互利的基础上,采取渐进的、积累的方式,发展民间贸易。备忘录开列了双方有计划

---

[1] 田川誠一『日中交渉秘録』、51頁。
[2] 《战后中日关系文献集(1945~1970)》,第637~638页。
[3] 《战后中日关系文献集(1945~1970)》,第644页。

地长期供应的主要商品货单，平均每年进出口交易总额约为 3600 万英镑（约 1 亿美元），中国出口的商品主要是煤、铁砂、大豆、玉米、杂豆、盐、锡及其他商品，日本出口的主要是钢材（包括特殊钢材）、化肥、农药、农业机械、农具、成套设备以及其他商品。《长期综合贸易备忘录》的签署，意味着中日两国实现了贸易的长期和稳定。

为完成《长期综合贸易备忘录》的各项指标，中日双方各自指定了联系人。政治方面的联系人分别是廖承志和松村谦三，经济方面的联系人分别为廖承志、刘希文和高碕达之助、冈崎嘉平太。双方还准备在对方国家设立联络机构，中国成立廖承志事务所，日本成立高碕达之助事务所。这两个机构名义上属于民间性质，但双方在机构中的代表和经费都有政府背景，实际由中国的外贸部和日本通产省支持。双方同意相互在对方国家设立常驻联络机构，互派常驻记者。为准确掌握备忘录贸易的货款支付情况，中日双方各自选择一个外国汇总银行，联络两行所采取的必要统计措施。备忘录贸易项下的交易合同，以廖的英文名首字母 L 和高碕的罗马字标音的首字母 T 作为编号，第一年度为 LT/1，第二年度为 LT/2（以下同）。因此，备忘录贸易又被称为"LT 贸易"。

中日《长期综合贸易备忘录》是综合性的长期的民间贸易合同，开辟了中日平等互利贸易的新途径。备忘录贸易充分体现了"政治经济不可分原则"，两国政府对商业合同予以保证。中国从日本进口成套设备，采取延期付款方式，卖方使用日本输出入银行的贷款，体现了"贸易三原则"中"政府协定、民间合同"的主张，中日贸易关系实质上已经具有半官半民的性质。中日《长期综合贸易备忘录》是"民间先行、以民促官"发展的新阶段，符合两国人民的利益和两国关系发展的实际。

日本经济界热切地希望推进中日贸易新发展。1962 年 12 月 15 日，日本日中贸易促进会、日本国际贸易促进协会、日本国际贸易促进协会关西本部组成代表团访问中国。他们与中国国际贸易促进委员会签订《友好贸易议定书》，要在坚持"政治三原则"、"贸易三原则"和"政治经济不可分原则"基础上，为促进中日两国关系正常化而共同努力。双方同意相互在对方国家单独举办商品展览会，相互邀请经济、贸易界人士和有关团体进行访问，促进技术交流，加强两国银行间的联系，由两国银行间直接开立信用证。"议定书"与"LT 备忘录"是 1960 年代中日贸易发展并行的两个渠道，廖承志称之为推动中日关系的"两个车轮"。

周恩来高度评价中日备忘录贸易和日本各界为此做出的努力，"高碕先生能够有勇气来同廖承志先生达成了协议，这说明他反映了日本执政者当中一部分愿意和中国友好的人士的愿望，反映了社会上愿意和中国友好的人以及广大的日本人民的愿望。对于我们来说，我们对于那些愿意和中国友好，不愿追随美国的，如平塚先生和河野、高碕、石桥、松村先生当然是欢迎和支持的，就是对于那些追随美国，对这个不太友好的人，如池田和池田内阁的一些人，如果他们在某个时期，讲一些对中国友好的话，向同中国友好转化一些，我们在一定程度上也是欢迎的"①，希望在平等互利基础上发展中日两国的贸易，增进亚洲两个重要国家的友好。

作为"LT贸易"的一项内容，中国要从日本进口成套设备。中国进出口公司与日本仓敷人造丝株式会社签订了进口维尼纶成套设备的合同。日本厂商出口成套设备，一般都使用日本输出入银行贷款，采用延期付款的方式，贷款条件比商业银行优惠，此前日本政府原则上不向社会主义国家提供这类优惠条件。在松村谦三、高碕达之助等人的努力下，池田政府于8月批准了这项合同使用日本输出入银行的贷款，采用延期付款的方式，期限为5年。这项合同使用日本输出入银行的贷款，为日本厂商与中国进行贸易提供了前所未有的优惠条件，增强了日本经济界、企业界与中国开展贸易的信心。"LT贸易"协定，实现了"民间协议，官方挂钩"，有利于中日两国民间贸易的发展，也为中日两国政府间沟通奠定了基础。

## 二 "积累渐进"的提出及影响

石桥湛山是日本著名的政治家，在日本大举向中国用兵之际，提出了著名的"小日本主义"，反对日本武力侵略中国，主张在平等互利的基础上开展日中贸易。但是，1930年代，日本处于疯狂的对外侵略中，"小日本主义"并没有在日本社会产生太大影响。1956年12月，石桥湛山当选自民党总裁，出任日本首相。他提出日本在与苏联关系正常化后，应该将外交的重点放在日中关系正常化上。石桥湛山担任首相2个月后因病辞职。1959年9月，他作为日本前任首相访问过中国。1963年10月，再度访问中国。周恩来会见石桥湛山时，提出以"积累渐进"方式推进中日邦交正常化。周恩来强调，中国政府一贯坚持一个中国的立场，要恢复中日邦交，就必

---

① 《周恩来总理接见平塚常次郎记录》，中华人民共和国外交部藏档案，档案号：105-01216-17。

须废除日本与台湾方面签订的所谓"和约"。

周恩来还具体提出处理日台"和约"有四种方式：一是日本废除日台"和约"，与中华人民共和国缔结和约，这是最好的方式。但是现在日本政府这样做有困难。二是如果日本不废除日台"和约"，另外又和中华人民共和国签订和约，这对我们来说也有困难，会造成"两个中国"，而且比"两个中国"更坏。中国不能存在两个政府，这个道理讲不通。三是日本现政府的负责人，首相或外相，来访问新中国，并且发表声明，明确指出只承认中华人民共和国政府代表中国。这样两国之间虽无和约，但可以友好相处，为促进亚洲的和平而努力，战争状态也就不存在了。这是最有勇气的做法，但是日本现政府的负责人没有这种勇气。四是前任首相来访问中国，发表声明，承认新中国。这是间接方式，也是积累、渐进的方式。[①] 周恩来认为现在中日两国实际是采取第四种方式处理关系，我们应采取第四种方式而争取第一种方式，希望石桥为此做出努力。

石桥湛山希望中国注意日本国民中特别是下层民众中，有些人对台湾有感情，反对和阻碍日本与中国友好。右翼势力是这些人的代表，杀害浅沼稻次郎先生的也是他们，不能忽视这股势力。社会党的片山哲、浅沼稻次郎主张中日友好，但是，他们在日本影响力有限，要真正形成一股力量推进中日关系，必须采取其他办法。周恩来指出要冷静分析日本一部分人对台湾有感情，所谓感情无外乎三种，"第一种是过去的殖民主义的感情。他们认为台湾是日本的殖民地，中国曾经把它割让给日本，同日本有五十年的关系。今天日本仍有一部分人抱有这种殖民主义的思想，希望台湾从属于日本，认为台湾既然没有直接在中华人民共和国管辖之下，就应该仍然回到日本的手里。这种想法是不正义的，是帝国主义思想，凡是有正义感的人都不会赞成这种想法。廖文毅一派所以能一直在日本活动，就是因为有极少数的日本人在支持他们，当然主要还是美国搞的。这种感情，不是大多数日本人的感情，大多数日本人已经改变了过去的看法。中国人当然反对这种感情，就是蒋介石也反对。……第二种感情是军国主义的感情。……第三种感情是经济来往的感情，日本和台湾有几十年的经济关系，贸易关系十分密切，日本从台湾进口糖，向台湾出口货物也很多。这种感

---

[①] 《周恩来总理接见石桥湛山谈话记录及外交通报第 109 期》，中华人民共和国外交部藏档案，档案号：105-01216-06。

情倒容易理解,我们并不反对"①,上述三种感情中,前两种是对中国人民不友好的,是属于极少数人的。任何国家,人们的感情不可能都百分之百正确,总会有一些不健康的感情。但是,政府要区别多数和少数,特别是要区别绝大多数和极少数。周恩来认为日本的在野党和民间团体代表了日本人民要和中国友好的愿望,执政党也可以为友好做出努力。中国一直主张不仅中日两国人民要友好,两国政府也要逐步走向友好。周恩来赞赏石桥湛山两次来中国访问为中日友好做出努力,再次郑重强调台湾问题是中国内政,"中日两国恢复邦交是要经过一段曲折的道路的,不可能一下子解决,但是只要我们推进,采取积累方式,就可以解决"②。中国相信经过两国人民的努力,中日关系通过多年的"积累和渐进",定会产生"质"的飞跃。

1964年2月,周恩来指出,"继续采取'积累的方法'有助于改进两国关系,我们表示支持;但是,这并不能迅速实现恢复中日邦交的目的。因此,为了尽快地满足两国人民的热望,希望能够看到日本政府采取果断的办法,改变中日关系的现状"③。1964年1月,欧洲重要的国家法国与中国建交,这在西方世界引起了强烈的震动。中法建交表明美国拒不承认中国的政策走向失败,日本政府如不改变现行的对华政策,在外交上一味地追随美国,必将损害日本的利益。

中法建交后,日本继续奉行追随美国的外交政策。日本外务省发表评论,"希望不要扰乱自由诸国的团结,我国多数人认为应该与有正式外交关系的'国民政府'继续发展善邻友好关系"④,以"政治经济分离原则"开展对华贸易,坚持"继续维持与国民政府间的正常外交关系,同中国大陆在政经分离的原则下,维持贸易事实关系是最切合实际,可以维护日本国利益的政策"⑤,认为中法建交不会对联合国关于中国代表权问题有决定性的影响,日本不想改变对华的基本态度。中日关系虽然上升到了半官方层面,但是由于各种因素制约,两国确立正式官方关系,还有很长的路要走。

---

① 《周恩来外交文选》,第342~343页。
② 《周恩来外交文选》,第348页。
③ 《战后中日关系文献集(1945~1970)》,第713页。
④ 田川誠一『日中交渉秘録』、52~53頁。
⑤ 《战后中日关系文献集(1945~1970)》,第715页。

## 三 中日关系中的"友好"与"抵抗"

中日贸易发展到半官方层面后，两国贸易额迅速上升，1963年中日贸易额创历史新高。1964年1月，中国人民外交协会理事孙平化随中国青年京剧团访问日本。遵照中央的指示精神，孙平化同松村谦三、古井喜实等就在日本设立常驻机构和交换常驻记者等问题交换了意见。1964年2月，日本众议院议员、松村谦三的秘书田川诚一访问中国，与中国相关部门的负责人，就互设常驻机构和交换记者问题交谈，并取得一致意见，为松村谦三第三次访问中国做了准备。

1964年4月，松村谦三第三次访问中国。周恩来在会见松村谦三时，再次强调中国发展与不同社会制度国家关系的原则：现代每个国家都不能闭关自守、孤立起来。真正的独立并不排斥国际合作，即同真正的友好国家合作。中国的政策是"凡是对我们友好的国家，我们就以更友好的态度对待他们；如果敌视我们，我们就以同样的态度进行抵抗。也就是说，我们在推进友好方面是积极主动地以友好的态度求得同人家的友好相处的；如果谁敌视我们，我们将进行抵抗，但是敌视不为人先，这是我们的原则。这些原则用两句话来说，就是友好当先，抵抗在后"①，认为日本人民愿意同中国友好相处，日本执政党和政府的多数人也愿意恢复两国邦交，不过因为现实形势影响，暂时不能实现邦交正常化，但是，实现中日邦交正常化的前景是光明的。中国始终坚信，东京的蒋介石"大使馆"会被中国的大使馆所替代。

廖承志办事处与高碕办事处签订了关于互派代表、互设联络事务所的会谈纪要。廖承志办事处派驻日本的代表，其办事机构名称为廖承志办事处驻东京联络事务所；高碕办事处派驻中国的代表，其办事机构名称为高碕办事处驻北京联络事务所。虽然高碕达之助已于1964年2月逝世，但是日方为了纪念他，仍然使用高碕达之助的名字作为办事处的名称，由冈崎嘉平太负责。双方暂各派代表3人、随员2人，共5人，以后可根据工作需要，双方协商后增加人员。双方代表的一次停留时间为1年以内。因为是民间机构，双方约定，常驻机构不享受外交特权，不挂国旗，不使用密码电报。双方政府保证对方常驻人员的安全。

---

① 《周恩来外交文选》，第406页。

廖承志办事处和高碕办事处协议，中日双方交换新闻记者的人数各为8名以内。双方记者在对方国家一次停留时间为1年以内。双方互相保证对方记者的安全，互为对方记者提供采访的方便，双方记者要遵守驻在国的外国记者管理规定。中国新华社、《人民日报》、《大公报》、《北京日报》、中国新闻、《光明日报》、上海《文汇报》等重要媒体分别派记者常驻日本；日本《朝日新闻》、《每日新闻》、日本广播协会等派9名记者常驻中国。中日建立常驻机构、交换常驻记者，是"积累渐进"方式推进中日关系的体现，有利于增进相互了解，扩大交流。

### 四 中国成立中日友好团体

中日民间贸易发展到半官方层面，中国准备成立专门的中日友好机构，扩大两国民间的往来。日本各界蕴藏着推动中日友好的力量，1950年代就成立了日中友好协会，在全国建立了许多分支机构，介绍中国经济发展情况，组织民间人士和组织访问中国，在推进民间交流方面发挥了重要作用。中国成立与日本相对应的民间友好机构，可以进行对等交流，促进两国民间的进一步了解和友谊。1963年10月4日，中国人民对外文化协会、中国人民外交学会等19个民间团体发起成立了中国日本友好协会。

郭沫若当选为中日友协名誉会长，廖承志任会长。郭沫若在成立大会上发表讲话时指出，中日两国是近邻，两国人民应该友好相处。中日两国尽管社会制度不同，但是，我们应在和平共处五项原则和万隆会议十项原则基础上友好相处，广泛发展中日两国的经济贸易和文化友好关系。"中日两国人民和各国人民的友谊以及各国人民要求友好相处的力量，像历史洪流一样，会冲破一切阻碍，不断地向前推进！我深信，鉴真上人和阿倍仲麻吕的时代，在中日两国人民友好相处的关系上，必将再一次地到来，而且长远地继续下去"[①]。会长廖承志表示，中日两国人民的友谊，不仅符合两国人民的利益，而且对保卫亚洲和世界和平也将具有重大意义。多年来的事实证明，尽管有些外来势力，在千方百计地阻挠和破坏中日之间的友谊，但是他们都是枉费心机的，中日两国人民之间的友好关系，必将日益巩固和发展起来。

日本前首相石桥湛山、日中友好协会代表团团长宫崎世民等专程来参

---

[①] 《战后中日关系文献集（1945~1970）》，第677页。

加中日友协成立大会，祝贺中日友好协会成立。中日友好协会成立后，向日本的日中友好协会发去致意电，对日中友协多年来为中日友好事业做出的贡献表示敬意。日本知名人士、政治家、社会活动家等，纷纷祝贺中日友好协会成立，向中日友协发来了百余封电报。

中日友好协会的负责人多有留学日本的经历，与日本政界、经济界、文化界都有着比较深厚的联系，与日本知名人士保持着良好的私人关系，在日本有一定的知名度和影响力。中日友好协会积极发挥民间团体的特点和优势，在具体的对日交往活动中，介绍中国的对日方针政策，在民间层面推进中日关系向前发展。

1963年10月5日，日本工业展览会在北京举行，这次日本商品展览会超过了1956年的规模，展出的商品种类增加，其中重工业、化学工业、轻工业机械等生产资料方面的占了80%，是中国经济建设、社会发展急需的商品和物资。

1963年11月，中国佛教协会邀请日本佛教代表团来中国访问，以共同纪念鉴真和尚逝世1200周年。两国佛教协会表示，要继续研究和交换有关鉴真和尚的文物资料，为两国民间交流谱写新篇章。

1963年11月，中国渔业协会与日本渔业协议会再度签订关于黄海、东海渔业的协定。协定对适应的海域、渔区名称、位置、作业秩序、紧急事故寄泊、海难救助等都做了详细规定。这个协定对于发展两国渔业，将黄海、东海建设成为和平之海、友谊之海有重要意义。

1963年12月，日本岐阜县向杭州市赠送了"日中不再战"的石碑，表达希望中日长期和平的愿望。杭州市长根据周恩来的指示，向日本朋友表示，中国人民愿意与日本人民世世代代友好相处。此后，"中日两国人民世代友好"广泛流传。1964年10月，日本松山芭蕾舞团第二次访问中国，在中国演出了38场，毛泽东、周恩来、朱德等观看演出，称赞他们为中日友好所做的努力。中日友好协会成立后，从民间团体的角度开展各个方面的交流，两国关系取得跨越式发展，"民间外交"出现繁荣发展的新局面。

# 第四章 "以民促官"结硕果，中日邦交正常化

1970年代初，中美关系趋向缓和，美国总统访问中国，给中日关系发展带来了新契机。中国抓住有利于恢复中日邦交正常化的时机，制定了一系列推进中日关系的策略和步骤，终于达到"以民促官"的目标，实现了中日邦交正常化。

## 第一节 "中间地带"理论与对日政策

1960年代，冷战下的社会主义阵营和资本主义阵营内部都发生了矛盾和分化，中苏两国共产党的分歧导致国家关系不断恶化。中国对外政策也从"一边倒"变成了"两个拳头打人"。为了取得更多国家的支持，中国重视与不同社会制度国家发展友好关系，与"中间地带"国家一道反对霸权主义。1960年代中后期，中国与佐藤荣作倒退中日关系进行斗争，同时加强与日本民间的交往，力图使中日关系出现实质性突破。

### 一 "中间地带"下的对日政策

1960年代中期以来，美国封锁中国的政策逐渐走向破产，越来越多的西方国家承认中国，与中国建立外交关系。世界上主张恢复中华人民共和国在联合国合法席位的声音也越来越多，世界形势朝着有利于中国的方向发展。然而，中国面临的国际形势依然严峻。苏联推行霸权主义使社会主义阵营矛盾加剧，中苏关系越来越紧张。苏联不满意中国不听指挥、独立自主地建设社会主义，在政治、经济、军事等各方面向中国施加压力。从1960年8月到1964年10月，中苏两国间共发生1000多

起边界事件。① 1964 年赫鲁晓夫下台，中国希望苏联更换领导人以后，两国关系能够得到改善。苏联新领导人勃列日涅夫认为赫鲁晓夫下台是因为工作作风和方法问题，在政治方向和对华关系上依然坚持赫鲁晓夫的方针、路线，中苏关系难以改善。美国继续敌视中国的政策，鼓吹中国是世界和平的最大威胁。美国构筑从韩国、日本、中国台湾到菲律宾等地对中国的战略包围圈，在联合国继续阻挠讨论恢复中华人民共和国合法席位的问题。

中国在独立自主的和平外交政策的指导下，与苏联大党主义、大国主义做坚决的斗争；同时，反对美国的封锁、包围政策，力争广泛的国际同情与支持。中国把反对帝国主义、反对苏联修正主义作为基本的外交战略目标，"两个拳头打人"，既反美又反苏。然而，中国并不认为西方国家都与美国一样，重视与不同社会制度国家改善与发展友好关系，在反美、反苏斗争中更加注重团结广大"中间地带"的国家和人民，支持亚非拉民族解放运动。中国分析各资本主义国家的情况，采取不同的政策，积极寻找新的外交空间，重视周边环境的安全与稳定，特别希望与一衣带水的日本改善关系。

1946 年，毛泽东分析二战后世界格局变化时，提出了著名的"中间地带"理论，他认为在美国和苏联之间有极其辽阔的地带，欧、亚、非三大洲的许多国家都属于这个地带，这些国家中既有资本主义国家也有殖民地半殖民地国家，也就是说，在美苏之间的众多国家都值得中国共产党人注意和争取。1954 年，毛泽东在谈到美国反攻战略时，提出美国企图占领和控制"中间地带"，他认为美国"首先是占据从日本到英国的这个中间地段。美国在北美洲处在这个中间地段的那一边，苏联和中国处在这一边。美国的目标是占领处在这个广大中间地带的国家，欺负它们，控制它们的经济，在它们的领土上建立军事基地，最好使这些国家都弱下去，这包括日本、德国在内"②。他将日本视为"中间地带"的重要国家，认为应对日本采取与美国不同的政策。

1962 年 1 月，毛泽东会见日本禁止原子弹氢弹协议会理事长安井郁，使用了著名的"中间地带"理论。毛泽东把日本、英国、德国等资本主义国家视为"中间地带"，认为他们与美国之间存在着控制与反控制的斗争，认为当今世界格局，"社会主义阵营算一个方面，美国算一个方面，除此以

---

① 《人民日报》1969 年 5 月 25 日。
② 《毛泽东外交文选》，第 159~160 页。

外，都算中间地带。但是，中间地带国家的性质也各不相同"①，有些国家有殖民地，如英、法、荷等国；有些国家被剥夺了殖民地，但仍有强大的垄断资本，如西德、日本；有些国家取得了真正的独立，还有一些国家取得了名义上的独立，实际上是附属国。毛泽东指出，美帝国主义欺负日本人，欺负中国人，全世界人民都受到美帝国主义的欺负。日本人民进行着反对帝国主义压迫的斗争，中国支持日本人民的反美斗争。中国共产党从反对美国压迫的角度，论述了中国人民和日本人民在反美斗争中的一致性，希望中日两国携起手来，共同反对霸权主义，维护地区稳定与安全。

1963年9月，毛泽东又进一步提出"两个中间地带"理论，"我看中间地带有两个，一个是亚、非、拉，一个是欧洲。日本、加拿大对美国是不满意的。以戴高乐为代表的，有六国共同市场，都是些强大的资本主义国家。东方的日本，是个强大的资本主义国家，对美国不满意，对苏联也不满意"②，东欧各国反对苏联的控制，法国等西方国家也不愿意当美国的卫星国，在这样广大的"中间地带"存在着控制与反控制的斗争。中国重视亚洲国家中处于"中间地带"的日本，要支持日本人民反对美国控制的斗争，并将日本人民的反美斗争与中国反对美国封锁政策结合起来，在反美方面联合一切可以联合的力量。

1964年1月，毛泽东会见日本共产党中央政治局委员听涛克己，再次使用了"中间地带"这一说法，指出中国虽然与苏联有外交关系，而且同属于社会主义阵营中的两个国家，但是中、苏两国关系，还不如中国同日本自由民主党的关系好，也不如中国同池田派的关系好。这是因为美、苏都有核武器，想统治全世界，而自由民主党是受美国控制的。毛泽东认为从国际地位来说，日本同美、苏比，占第二位。像这样第二位的国家还有英、法、西德、意大利等。毛泽东提出，"中间地带有两部分：一部分是指亚洲、非洲和拉丁美洲的广大经济落后的国家，一部分是指以欧洲为代表的帝国主义国家和发达的资本主义国家。这两部分都反对美国的控制。在东欧各国则发生反对苏联控制的问题"③。1960年代，日本国内政治渐趋稳定，经济发展迅速。国民对政府的满意度提升，对于美国在日本各地建立军事基地，控制日本外交越来越不满。同时，在亚非拉广大地区，各国反

---

① 《战后中日关系文献集（1945~1970）》，第614页。
② 《毛泽东外交文选》，第506~507页。
③ 《毛泽东文集》第8卷，第344页。

对殖民主义、要求民族独立的斗争不断发展，1961年出现"不结盟运动"，成为影响世界格局的新力量。毛泽东表达了中国对美、苏霸权主义的不满，强调日本与亚非拉经济落后国家在反对大国控制上有共同要求，中日两国存在着共同的利益。

1964年7月，毛泽东会见日本社会党代表团，强调"有两个中间地带：亚洲、非洲、拉丁美洲是第一个中间地带；欧洲、北美加拿大、大洋洲是第二个中间地带。日本也属于第二个中间地带。日本的垄断资本是不满意美国的，现在已经有一部分人公开反对美国；另一部分人依靠美国，但我看，随着时间的延长，日本这一部分人中的许多人也会把骑在头上的美国赶走"[①]，指出美国对西方国家的压迫，肯定会引起这些国家的反对。中国认为日本与美国不同，应该区别对待。

"中间地带"理论不完全以意识形态划分敌友，对资本主义阵营采取不同的政策，将日本、英国、法国、德国等主要资本主义国家与美国区分开来，表达了发展与不同社会制度国家友好关系的愿望，体现了在对外关系中的原则性与灵活性的统一，对于发展中日关系有指导意义。

## 二 反对佐藤荣作"两个中国"的政策

中国对1960年代的国际形势有一个基本判断，就是美国、苏联在全球推行霸权主义、强权政治，必定会引起世界各国的不满。这就为中国与不同社会制度国家建立和发展友好关系提供了有利条件。

在世界格局分化改组中，日本内阁再次更替。1964年11月，池田首相因病提出辞职。由池田首相提名，经党内各派协商，再经国会推选承认，佐藤荣作就任首相，随后又被选为自民党总裁。此后佐藤荣作三次组阁，开始了长达7年8个月的执政生涯。佐藤荣作和池田勇人是吉田茂的左膀右臂。佐藤荣作与池田勇人相比，政治倾向和执政观念更为保守，在外交上仍以维持日美关系为轴心，在维持日美同盟关系的基础上，希望改善、发展与亚洲邻国的关系，强调日本是"亚洲一员"，推行"亚洲外交"。佐藤荣作表示中日关系要"向前看"，要"根据全体国民的意志"来制定以中国问题为中心的外交政策，表示对华关系是日本外交的重点。但是，佐藤荣作实际上却继续敌视中国，在恢复中国在联合国合法席位的问题上，坚持

---

[①] 《毛泽东文集》第8卷，第345页。

"中国加入联合国须有三分之二国家同意,是重要问题";坚持"作为指定重要事项的方式必须与美国协调。即使法国等西方国家对美国有异议,日本始终作为忠实的伙伴与美国一致行动。'比美国早一天'或者基于与国府(指台湾——引者注)的道义关系,'比美国晚一天'承认中国"①。

佐藤荣作坚持在"政经分离"的框架下进行中日贸易,继续与台湾方面保持官方关系。他说,"政府将一面维持迄今同中华民国政府之间的正规外交关系,一面以政经分离的原则同中国大陆之间继续民间贸易以及其它事实上的接触"②,既要与台湾方面保持所谓"正规外交关系",又要与中国大陆进行贸易,捞取好处。佐藤荣作认为台湾"归属未定",加紧与台湾方面的关系,公然倒退中日关系,影响和阻碍中日关系向前发展。日本右翼分子也乘机到廖承志办事处驻东京联络事务所门前挑衅,高呼"台湾不是中国的"口号,鼓吹"两个中国"。

1964年11月21日,日本共产党第九次全国代表大会召开,中国准备组成以彭真为团长的中国共产党代表团赴日本参加大会。佐藤政府以中国共产党代表团入境会加剧日本国内的矛盾、危害日本利益和治安为由,拒绝发给中国代表团入境签证。中国批判佐藤政府倒退中日关系的做法,认为拒绝中国共产党代表团入境,是新上台的佐藤政府对中国政府和中国人民采取什么态度的问题,"佐藤政府现在采取的措施,明显地违背了日本广大人民的愿望,势必危害中日关系的发展"③。佐藤荣作声称"根据全体国民的意志"制定对华政策,现在日本国内要求恢复中日邦交正常化的呼声很高,佐藤却做违背日本国民意愿的事情,与中日两国人民的利益背道而驰。

佐藤内阁还追随美国,阻止联合国恢复中华人民共和国的合法席位。1964年12月,在联合国大会第19届会议上,日本代表提出台湾具有"联合国会员国资格",重弹将恢复中国在联合国的合法权利作为"重要问题"的老调,即恢复中华人民共和国合法权利需要2/3多数通过。日本还和美国一起否定将蒋介石集团在联合国的权利也作为"重要问题"需要2/3多数通过,继续阻挠恢复中国在联合国的合法权利。

1950~1960年代,中国面临着严峻的国际形势。为抵制帝国主义的武

---

① 『朝日新聞』(東京)1964年11月11日、第2版。
② 吴学文、林连德、徐之先:《当代中日关系(1945~1994)》,第139页。
③ 《战后中日关系文献集(1945~1970)》,第759页。

力威胁和核讹诈，1950年代中期，中国做出了独立自主研制"两弹一星"的战略决策。1964年10月，中国第一颗原子弹试爆成功，成为第五个拥有原子弹的国家。1967年6月，中国第一颗氢弹空爆试验成功。中国的国防力量发生了巨大的变化。中国强调进行核试验、发展核武器，是被迫而为，"中国掌握核武器，完全是为了防御，为了保卫中国人民免受美国的核威胁。中国政府郑重宣布，在任何时候、任何情况下，中国都不会首先使用核武器"①，保证不对无核国家、无核地区使用核武器，最终要消灭核武器。佐藤政府认为中国的核试验威胁了亚洲的安全，恶毒攻击中国为了自卫而进行的核试验。

关于对华政策，佐藤内阁坚持"政经分离"原则，严格将中日贸易限定在民间层面，直接导致中日发展到半官方层次的民间贸易出现困难。根据"LT贸易备忘录"，1963年6月，中国技术进口总公司和日本仓敷人造丝株式会社签订第一个进口成套设备合同。1964年9月，中国技术进口总公司与日本纺织会社签订进口成套设备的合同。这两个合同，是经过池田勇人内阁同意，使用日本输出入银行贷款的。

日本向中国出口成套设备，引发台湾当局的不满。中日签署上述两个合同后，国民党元老、台湾"总统府秘书长"张群公开批评日本"对不起中国"。1963年8月22日，蒋介石曾致电日本前首相吉田茂，希望吉田茂阻止日本政府向中国出口成套设备。吉田茂致函张群，与台湾当局做两点约定：有关向中共出口成套设备的贷款问题，将遵照贵方的意愿进行研究；本年度，将不批准使用日本输出入银行贷款向中共出口日纺维尼纶成套设备。《吉田书简》属于私人性质的信件，不能直接影响日本政府的决策。

佐藤内阁成立后，外相大平正芳表示不知道《吉田书简》的事情。而佐藤荣作则公开表示"吉田书简是私人信件，但政府在道义上受其约束"，拒绝池田内阁批准的向中国出口成套设备由日本输出入银行贷款的决定。佐藤政府这一举动，直接导致日本相关公司无法履行向中国出口第二套维尼纶成套设备合同、两艘万吨货轮合同和化肥成套设备合同，中日已经约定的贸易受到影响。中国批评《吉田书简》阻碍中日贸易的发展，应该将之抛弃。但是，佐藤政府仍然以《吉田书简》为由，给中日贸易设置障碍。

中国严厉批评日本佐藤内阁破坏中日民间交往的做法。陈毅副总理指

---

① 《周恩来外交文选》，第422页。

出，日本追随美国的反华政策，又想在经济上捞实惠的做法是矛盾的。为了照顾两国人民的友谊，中国"愿意按现在的水平继续中日贸易，但是要更加扩大是不可能的"①。佐藤却认为日本禁止使用日本输出入银行资金是日本的内政，不希望中国说三道四，认为中国是在干涉日本内政。

佐藤荣作当然知道中国对日本的重要，但是却不放弃"两个中国"的政策，他说："中国也重要，国府也重要。国府虽小，但它是联合国的常任理事国。信守国际信义难道可无视此点。……与中国大陆进行贸易与人员交流，交流归交流，但不能进一步以中国和国府相替代"②，借口遵守国际信义，把与台湾方面的关系置于与中国大陆的关系之上。1965年和1971年，日本两次向台湾方面提供共计620亿日元的借款，从经济上扶助台湾。佐藤内阁时期，日本与台湾方面政治、经济合作达到新水平。1964~1969年，日本对台湾方面的贸易出超达到7.6亿美元。在台湾方面的出口贸易中，日本超过美国占据首位。③ 而佐藤政府对日本与中国大陆的贸易却层层设置障碍，导致中日民间交往出现严重困难。

1967年9月，佐藤荣作"访问"台湾，这是日本第二位以现任首相身份"访问"台湾的领导人。佐藤荣作在台湾强调，"宪法、自卫法决定了日本的方向，日本致力于和平而非武力解决纷争，与所有国家保持和平关系"。关于冲绳问题，佐藤认为"从安全保障角度来看，冲绳问题不仅是日本的问题，也是国府的问题，是远东的问题"④，希望蒋介石支持日本向美国要求归还琉球。蒋介石则希望日本与台湾携手，消除亚洲动乱的根源。现在世界问题的重点在亚洲，而亚洲安危与中国形势密切相关。佐藤荣作表示，日本与台湾应在传统友好合作基础上，增进"相互理解和信赖，建立更加紧密的友好关系"⑤。"日台联合公报"中称："两国首长确认世界和平与安全为两国之主要关切，而其促进则系两国之共同目标，两国首长同意依照联合国宪章之原则努力达致此一目标。彼等并承认须进一步加强亚洲太平洋区各国间现存之团结联系，以实现本区域内之和平与繁荣。两国首长鉴于中日间之传统友谊关系，在政治、经济、文化方面日臻密切，感

---

① 《战后中日关系文献集（1945~1970）》，第786页。
② 小林文勇：《台湾问题·另一个视点》，（日本）《世界》1971年10月号，第136页。
③ 《人民日报》1969年12月25日。
④ 『朝日新聞』（東京）1967年9月9日、第1版。
⑤ 『朝日新聞』（東京）1967年9月10日、第1版。

觉满意,并同意两国间继续此项合作。"[1] 佐藤荣作的台湾之行,加强了日本与台湾当局的关系,他鼓吹增进了彼此理解和亲善。

中国重申台湾是中国神圣领土不可分割的一部分,中国人民一定要解放自己的领土——台湾。任何人企图制造"两个中国",把台湾从中国的领土分割出去的罪恶阴谋,一定会遭到彻底的失败。中国认为佐藤政府违背日本人民发展中日友好的意愿,只能使自己更加孤立。

### 三 中国反对日美敌视中国政策的新举措

佐藤荣作上台后,日本不仅追随美国在政治上敌视中国,而且公然支持台湾当局,甚至鼓吹"两个中国",严重损害了中国的国家利益。1965年1月,佐藤荣作访问美国时宣称,"日本与国民政府要维持正规的外交关系。然而,由于日本与中国大陆有历史的、地理的、民族的关系,完全不与中国大陆进行接触,是不可能的。基于政经分离的原则进行民间往来,从大局出发,要能进行自由地接触是符合日本利益的。日本政府没有改变目前这样的对中国政策的考虑"[2],再度表明继续加强与台湾当局发展官方关系,保证在政治与经济分离原则下与中国开展贸易,把政治与经济截然分开,向美国保证不轻易改变对华政策。"在与中华民国维持基于外交关系的友好联系的同时,与中国大陆之间基于政经分离的原则继续增进现在正在进行的贸易等方面的民间层次的接触"[3]。佐藤内阁企图从与中国开展贸易往来中捞好处,而在政治上继续敌视中国。这样的政策理所当然遭到中国的反对。

佐藤荣作的对华两面政策,也遭到日本有识之士的批评。他们认为佐藤政府在中国问题上,是"向后看",把日本套在美国的框子里,不利于日本经济社会的发展。中国批评佐藤内阁的对华政策,希望日本政府能够尊重中日两国人民的愿望,"在平等互利的基础上,对亚非国家的自力更生做出自己的贡献。但是,我们的这种愿望没有得到相应的反响。相反地,日美会谈表明,佐藤竭力要追随美国、遏制中国"[4]。中国还是坚信中日关系会继续向前发展,困难是暂时的,历史潮流是任何力量也阻挡不了的。中

---

[1] (台北)《中央日报》1967年9月10日。
[2] 千田恒『佐藤内閣回想』中央公論社、1987、134頁。
[3] 《战后中日关系文献集(1945~1970)》,第778页。
[4] 《人民日报》1965年1月20日。

国希望日本最终改变屈从、依赖美国的对外政策。

1967年11月，佐藤荣作再度访问美国。日美两国在联合公报中，攻击中国进行核试验，"威胁"了亚洲和平，"双方注意到中共正在开发核武器的事实，一直认为使亚洲各国不要被中共的威胁所影响是重要的。首相和总统还一致认为，现在还难以预料中共最终将采取何种对外姿态，为促进亚洲地区的政治稳定和经济繁荣，各自由国家继续合作是十分重要的"①。中国一再申明，发展核武器的目的在于自卫，不是用于扩张，也不会对无核国家进行讹诈。日本与美国以中国开发核武器为名，攻击中国，威胁了中国的安全。

1969年11月，佐藤荣作访问美国时，与美国总统尼克松发表《尼克松－佐藤联合声明》，声明插入所谓的"韩国条款"与"台湾条款"，把朝鲜半岛和中国台湾地区纳入美日军事防御范围，实际是把台湾问题国际化，干涉中国内政。佐藤荣作认为，"万一出现韩国遭到武力攻击，而美军为此不得不使用日本国内的设施、地区作为战斗作战行动的发动基地的情况时，日本政府将根据这样的认识（从确保包括日本在内的远东的安全的见地出发），对事前磋商采取积极的而且迅速决定的态度"，对台湾遭到武力进攻亦是如此。②佐藤回国后，在国会再度表示，日美《新安保条约》的适用范围包括金门与马祖；同时，日本财界有人主张"自主防卫"，突破和平宪法的限制，将军事预算提高到占GNP的4%，并将防御范围扩至印度洋。③日本社会一直有一股反华势力，他们认为社会主义的中国是日本安全的威胁。日本资源相对匮乏，海外贸易在其国民经济中占有重要地位，有人担心台湾如果被中国掌控，日本的海外贸易就会受到影响，认为台湾对日本海上运输有安全保障作用，因此，反对政府与中国发展政治关系。

中国不能坐视佐藤内阁破坏中日关系，除批评佐藤政府的对华政策外，还采取了一些应对措施，以行动回击佐藤内阁倒退中日关系。1967年9月10日，中国限令《每日新闻》《产经新闻》《东京新闻》的3名记者离开中国，因为这3名记者无视中国的多次警告，对中国进行了不实、歪曲的报道。这些活动已经违背了廖承志、高碕两办事处交换记者协议的精神。9月14日，廖承志办事处驻东京联络事务所和中国驻日记者发表声明，驳斥日

---

① 《战后中日关系文献集（1945～1970）》，第888页。
② 升味准之辅：《日本政治史》第4册，董果良、郭洪茂译，商务印书馆，1997，第1107页。
③ 陈奉林：《战后日台关系史（1945～1972）》，香港社会科学出版有限公司，2004，第274页。

本政府对右翼暴徒无理殴打中国驻日人员的狡辩，并向外界公布事件真相，要求"日本佐藤政府必须公开承认错误，切实保证不再发生类似事件；必须严惩向中国驻日人员施以暴行的警察及其指使者；保留向日本政府进一步提出要求的权利"①，郑重表示一切反华分子绝没有好下场。

1967年9月26日，达赖喇嘛在东京主持"西藏秘宝展览会"开幕式。"会上悬挂的地图和出售的小册子里，都把西藏划为另一个'国家'，把'西藏群众'和日本、印度国民并称为'三国国民'。这是妄图粗暴干涉中国内政，分裂中国神圣领土；公然进行反华的政治挑衅"②。10月12日，廖承志办事处宣布取消日本读卖新闻社驻北京记者资格，强烈抗议日本利用一切机会，干涉中国统一的行径。

随着中国国际地位的提升和影响的扩大，世界上有越来越多的国家要求恢复中华人民共和国在联合国的合法席位和一切权利。在1970年的联合国大会第25届会议上，阿尔巴尼亚代表提出关于恢复中华人民共和国代表权、驱逐台湾当局的提案，联合国大会对提案进行表决，结果有51票赞成，49票反对，同意恢复中华人民共和国在联合国合法席位的国家已经超过半数，国际形势正朝着有利于中国的方向发展。然而，日本依然紧跟美国政策，反对恢复中华人民共和国在联合国的合法席位，49张反对票中就有日本的1票。

1971年，由阿尔巴尼亚等国提出的恢复中华人民共和国在联合国的合法席位的提案在获得2/3以上的赞成时，美国、日本又提出"反重要事项"的修正案，即驱逐台湾"国民政府"也要获得2/3以上的赞成票，结果修正案被否决。佐藤内阁继续阻挠恢复中华人民共和国在联合国的合法权利，妄图在联合国制造"两个中国"，与中国为敌。日本外务省称，"坚决把台湾和中国分离开，是日本安全上不可缺少的因素"③，坚持分裂中国政策。中国警告佐藤政府，日本与美国联合反对中国，违背了中日两国人民的利益。如果佐藤政府一意孤行，必将损人害己。

## 四 备忘录贸易的新发展

中日友好、恢复邦交正常化是两国人民的共同要求。从历史发展的潮

---

① 《战后中日关系文献集（1945~1970）》，第882页。
② 《战后中日关系文献集（1945~1970）》，第882页。
③ 《人民日报》1971年9月26日。

流来看，佐藤内阁只能暂时为中日关系设置阻碍，不可能阻挡住中日两国关系由民间往来向更高层次发展的趋势。中国审时度势，为了防止中日交流倒退，主动采取推动中日关系的新举措。

自1962年达成长期备忘录贸易后，中日双方每个年度都会达成具体的贸易协议事项。尽管佐藤内阁政治上敌视中国，鼓吹"两个中国"，但是中日备忘录贸易年度协议一直在继续。这说明中日两国具有发展友好关系的坚实基础，中日关系发展的大趋势不可改变。为了推进备忘录贸易继续发展，1966年1月8日，日本日中贸易促进会友好代表团访问中国。中国国际贸易促进委员会与日本日中贸易促进会友好代表团举行会谈，并发表共同声明，双方表示在"政治三原则"、"贸易三原则"和"政治经济不可分原则"基础上，排除一切政治障碍，为发展中日贸易而努力。

1968年2月，日本日中备忘录贸易办事处代表团一行五人访问中国。中国中日备忘录贸易办事处代表在与日本客人会谈中，分析了中日关系存在障碍的原因，认为是由于美国和日本敌视中国造成的，再次强调在推进中日关系中，应坚持"政治三原则"和"政治经济不可分原则"。日本日中贸易备忘录代表团同意中国的看法，双方都认为"政治、经济不可分的原则，就是政治和经济是不可分割的，是相互联系、相互促进的，政治关系的改善，才有助于经济关系的发展"[①]。中日两国是近邻，两国人民有着传统的友谊，增进两国人民的友好关系，促进两国关系的正常化，不仅符合两国人民的共同愿望，而且也有利于维护亚洲和世界和平。双方在遵守"政治三原则"和"政治经济不可分原则"的基础上，达成1968年度备忘录贸易事项协议。

这次日本日中备忘录贸易办事处代表团来华访问，正值中国的"文化大革命"时期，中国国内正常的政治、经济、社会秩序被打乱。"文化大革命"中，中国召回几乎所有驻外大使，外交工作受到严重冲击，外交部干部很多被打倒，中日友好协会会长廖承志被下放到农村劳动。显然，中国不可能继续使用廖承志的名字作为贸易办事处机构的名称了。中国代表提议，原来的贸易事务所分别用"高碕"和"廖承志"的名字命名，现在高碕达之助已经去世，希望双方修改办事处的名称。中国谈判代表说，中国一般不习惯用个人名字作为公共机构的名称，如果用个人名字，中国人不

---

① 《战后中日关系文献集（1945~1970）》，第891页。

理解这是个什么机构,提议将中方机构名称改为"中国中日备忘录贸易办事处",将日方机构名称改为"日本日中觉书贸易事务所"。

日本代表则认为,贸易机构用双方最高负责人的名字命名是备忘录贸易谈判时确定的,用有影响力的个人命名办事处,表现了对他们个人的尊敬和爱戴。日本继续用高碕达之助的名字,就是缅怀高碕达之助对推进中日关系所做出的贡献,蕴含着真挚的感情。日本希望继续以廖承志和高碕达之助的名字命名备忘录贸易机构。日本代表了解中国正在进行史无前例的"文化大革命",很多事情不能按常理解决,他们也考虑到廖承志本人的境遇,最终表示理解中方的意见。双方经过协商后,同意将中国机构改为"中国中日备忘录贸易办事处",将日本机构改为"日本日中备忘录贸易事务所"。

鉴于佐藤政府敌视中国的政策,中国决定不再续签五年长期贸易协议,而是每年签署年度协议事项。中国要求每年发表的备忘录贸易公报中,必须加上政治内容。中国的目的是继承已具有半官方性质的备忘录贸易,强调发展中日贸易的政治原则。

## 五 民间团体助推中日邦交正常化

在中日关系面临新困难的时候,中国更加重视发挥"民间外交"在推动邦交正常化中的作用,通过与日本在野党、民间团体、友好人士的交流,全方位地推动中日关系发展。

如上所述,日本社会党战后与中国共产党保持着良好的党际交流,是推动中日关系发展的重要力量。在佐藤荣作政府鼓吹"两个中国"时,社会党做出关于当前恢复日中邦交运动的决定,直接批评佐藤政府敌视中国、倒退中日关系的做法,呼吁日中两国不应再发生战争,认为恢复日中邦交才能确保亚洲和平。为了推动日中友好关系的发展,社会党提出推动日中友好、恢复日中邦交运动计划,通过各种方式加强与中国人民的交流和了解,通过开展具体活动,增进日本对中国的了解,促使日本政府改变对华政策。1969年2月,日本社会党"把粉碎美帝国主义和佐藤内阁制造的敌视中国政策及恢复日中邦交正常化的斗争同反对侵略越南、立即无条件全面归还冲绳、撤除军事基地等反对安保条约的斗争结合起来,开展广泛的群众运动"[①],在国会、日本社会开展了许多推进恢复中日邦交正常

---

① 《战后中日关系文献集(1945~1970)》,第900页。

化的活动。

中国充分发掘中日两国民间的友好力量，不断扩大"民间外交"的范围，多角度地推进"以民促官"。中国认为，青年之间的相互交流和了解是推进中日邦交正常化及中日关系持续进步的重要内容。1965年11月，中国举办中日青年友好大联欢活动，两国青年直接交流，增进了彼此的了解和友谊。1966年，中日友好协会与日中友好协会签订了1966年度友好往来项目议定书，决定1966年组成一系列代表团相互访问，促进相互了解。

1965年底，中国渔业协会代表团与日本日中渔业协议会代表团签订了1965年底到1967年底两国关于黄海、东海的民间渔业协定。双方认为，"在中日邦交尚未恢复的情况下，历年来双方签订的民间渔业协定，对于保护黄海、东海的渔业资源，维护海上作业秩序，增进两国人民和渔业界的友好合作起了积极作用"[1]，并就渔区、保护渔业资源、海上安全生产、渔轮避难、技术与人员交流达成一致意见。中国政府支持渔业协定，把中日渔业合作作为促进两国友好的重要组成部分。

1970年代初，中国面临的国际形势得到改善，与中国建立外交关系的国家越来越多，其中有加拿大、意大利等较有影响力的西方国家。日本国内要求政府改变政策的呼声也日益高涨。日本的民间团体、政界人士、在野党以多种形式要求政府彻底改变对华政策，早日促成邦交正常化。中国抓住有利时机，邀请日本主要在野党、民间组织的负责人来中国访问，全力推进中日关系取得实质性进展。

1970年12月9日，日本国会议员组成超党派"促进恢复日中邦交议员联盟"，联盟有379名议员，包括自民党议员95人、社会党议员154人、公明党议员71人、民社党议员37人、共产党议员21人、无党派议员1人。其中众议院议员255人、参议院议员124人，日本半数以上的国会议员参加了这个联盟。议员联盟认为"随着加拿大、意大利等西方国家承认中国，联合国通过阿尔巴尼亚等国提出的恢复中国在联合国的席位，围绕中国的国际形势已经发生了巨大变化，政府应该重新认识中国问题"[2]。议员联盟总会发表宣言，提出中国重归国际社会已经是非常现实的事情了。如果日本和代表七亿人民进入联合国的中国政府没有邦交关系，对日本将会有许多困难，"如果没有正常的邦交关系，就不可能促进日中贸易。继续保持法

---

[1] 《战后中日关系文献集（1945~1970）》，第795页。
[2] 『朝日新聞』（東京）1967年12月10日、第1版。

律交战状态的不正常关系,很难发展日中友好。我们众参两院的有志议员一致同意,作为超党派和意识形态的派别的全体国民的课题,为日中两国间法律上的交战状态画一个句号,在和平共处和不干涉内政的原则下恢复邦交共同努力"①。1971 年 7 月,日本促进恢复日中邦交议员联盟发表关于恢复日中邦交的提案和声明,指出"日本国和中华人民共和国虽然在地理、历史和文化上有着紧密关系,但是很遗憾,现在两国之间仍然保持着很不幸的国家关系。鉴于国际形势的发展,政府应该从速恢复与中华人民共和国的邦交,解决两国间的所有各种问题,同时努力在下一届联合国大会上实现恢复中华人民共和国的合法席位"②。这说明恢复中日邦交已经成为日本政界的共识。

为了促进中日邦交,社会党、总评系(即日本工会总评议会)于 1971 年 2 月 16 日成立"恢复日中邦交国民会议"。国民会议包括社会党、日本劳动组合以及文化、艺术、体育、宗教、贸易等方面的团体,与之前成立的超党派"促进恢复日中邦交议员联盟"、公明党的"日中邦交正常化国民协议会"一道,开展更广泛的促进中日邦交正常化运动。认为"恢复日中邦交,对日本来说,是重大的国益问题"③,日本政府应废除日美安保条约,坚决反对一切敌视中国的政策,坚持台湾是中国领土、只有一个中国的立场,废除"日台和约",按照和平共处五项原则和"政治三原则",立即实现日中邦交的恢复。恢复日中邦交国民会议要坚持真正的日中友好和政经不可分离的立场,积极开展活动,在友好运动、文化、经济等各领域扩大两国人民的交流,广泛联合真正要求日中友好和日中复交的力量,组成统一战线。

1971 年 9 月 6 日,日本恢复日中邦交国民会议发表告日本国民书,指出:"日本国民正站在一个重要的十字路口。是让日本在国际社会中孤立下去,还是反对军国主义,实现日中友好和日中复交,始终如一地遵守和平宪法,二者必居其一。"④ 告国民书认为,最近几十年间,中日两国一直处于战争状态,这是一种非常不正常的现象。应立即废除"日台和约",恢复日中邦交,要求阻碍中日邦交正常化的佐藤下台。

---

① 『朝日新聞』(東京)1970 年 12 月 10 日、第 1 版。
② 田桓主编《战后中日关系文献集(1971~1995)》,中国社会科学出版社,1997,第 23~24 页。
③ 『朝日新聞』(東京)1971 年 2 月 17 日、第 2 版。
④ 《战后中日关系文献集(1971~1995)》,第 32 页。

1971年9月4日，日本呼吁世界和平七人委员川端康成等，发表致佐藤荣作首相呼吁书，要求佐藤政府在不久即将召开的联合国大会第26届会议上，支持中国加入联合国。他们认为，"无论在理论上，还是在现实中，都只有一个中国。早日使占世界1/4人口的中华人民共和国政府加入联合国是非常必要的"，"现在世界上的几乎所有重要问题，如果没有中华人民共和国的参加，都不可能得到解决。在此，我们强烈要求日本政府从这一认识出发，努力争取早日恢复日中邦交"①。

1971年8月21日，为中日友好奔走呼号的政治家松村谦三不幸逝世。为悼念松村谦三，继承他从事中日友好的事业，中国派中日友好协会副会长王国权前往日本参加松村葬礼。王国权在松村谦三葬礼上，宣读了周恩来致松村谦三家属的唁电，并转达了周恩来总理和全国人大常委会副委员长、中日友好协会名誉会长郭沫若对松村的深切哀悼，向松村谦三的家属表示亲切问候，高度称赞松村谦三为中日友好事业做出的贡献。王国权利用在日本的机会，与日本重要团体和政党的负责人见面，其中有日本促进恢复日中邦交议员联盟、日本国际贸易促进协会关西本部、日中备忘录贸易负责人，以及日本参议院议长、社会党委员长、公明党委员长、自由民主党议员等，向他们转达了中国促进中日友好的原则立场和愿望，重申台湾是中国领土不可分割的一部分，中国反对任何形式的"两个中国"或"一中一台"。日本各界表示理解中国的立场，愿意督促日本政府尽早改变立场，实现中日邦交正常化。王国权在日本，联系了老朋友，结识了新朋友，掀起了推进中日关系前行的"旋风"。

## 第二节 中美关系缓和与对日政策的调整

1970年代初，美苏两个超级大国仍然在世界范围内争霸，但是两个超级大国在军备竞赛中的态势发生了微妙变化，美国逐渐转入守势。美国国内出现了反对越南战争的浪潮，美国希望早日"体面"撤兵越南。新任总统尼克松表现出与中国接近的意向，希望与中国一起对抗苏联的扩张。中国纵观国际形势，在反对霸权主义中以反对苏联霸权主义为主，不再"两个拳头打人"。中美关系因"乒乓外交"而"解冻"。中国在改善中美关系

---

① 《战后中日关系文献集（1971～1995）》，第31页。

的同时，加快改善对日关系的步伐，促进中日邦交实现正常化。

## 一　以反对霸权主义为主的对外政策

1950年代中后期，中国独立自主地探索社会主义建设道路，克服苏联模式的消极影响。尽管在探索中有过曲折和失误，但是中国社会主义建设也取得了巨大成就。在极其困难的条件下，中国拥有"两弹一星"，打破了美国、苏联的核垄断和核威胁，为国家安全提供了有力的保障，增强了我军在高技术条件下的防御能力和作战能力。中国国防科技的进步，带动了高技术产业的发展，促进了经济建设，增强了在国际上的影响力。1960年代末1970年代初，国际环境进一步得到改善，中国逐渐摆脱贫穷落后的面貌，成为在世界上有影响力的国家。

1970年代，美国在世界范围内与苏联的争霸中，逐渐由攻势变为守势。苏联在核武器生产上赶上并超过美国，加紧了对东欧国家的控制，并向第三世界的广大地区扩张，在南亚、非洲和东南亚等地建立亲苏政权，其霸权政策越来越不得人心。苏联挑战美国的国际地位，而美国陷入越南战争的泥潭难以自拔，国内反战声浪日甚一日，出现了经济、政治和社会危机，"新孤立主义"思潮兴起，要求"体面地"结束越南战争。美国从其全球战略、抗衡苏联的角度，开始重新审视与中国的关系。1969年1月20日，尼克松就任美国总统，着手调整美国对外战略，谋求与社会主义大国中国改善关系。

1960年代起，中苏两国边界纠纷不断。1966年1月，苏联与蒙古国签订具有军事同盟性质的《友好合作互助条约》，并在中国边境陈兵百万，直接威胁中国的国家主权与安全。勃列日涅夫主张在"社会主义大家庭"里其他国家只有"有限主权"，要求其他国家服从苏联的意志。中国认为苏联的所作所为违背了马克思主义的基本原则，已经彻底地从社会主义国家蜕变成社会帝国主义国家。1969年3月，中苏在属于中国领土的只有0.74平方公里的珍宝岛发生武装冲突。中国深感来自苏联的严重威胁，把苏联作为主要敌人，毛泽东提出"要准备打仗"。1970年9月6日，九届二中全会召开，批准了中央军委关于加强战备的报告，中国进入准战时状态。鉴于面临严峻的国家安全形势，中国政府重新审视对外战略和策略。

中国希望在美、苏两个超级大国竞争的世界格局中有所侧重，摆脱两面受敌、"两个拳头打人"的被动局面，更希望借助国际力量来制约苏联，减少苏联对中国国家安全的威胁。毛泽东提议由陈毅、徐向前、聂荣臻、叶剑英四位老帅"研究一下国际问题"。周恩来让老帅们打消顾虑,专心研究国际形势,从战略上把握国际大势。老帅们最终提供了《对战争形势的初步估计》《对目前局势的看法》两份书面研究报告。报告提出中、美、苏这样的"大三角"关系中,中苏矛盾大于中美矛盾,"目前美、苏两国都急于打'中国牌'的情况下,中国处于战略主动地位"[①];美苏两个超级大国的矛盾、竞争,必然会影响到世界格局,影响其对外政策,也就可能为中国外交提供更多的回旋余地。中国对苏联扩张主义威胁的担忧远在美国之上,希望利用美苏之间的矛盾,突破困难局面,打开中美关系的僵局。毛泽东、周恩来等重视老帅们的建议,毛泽东指出,"两霸中我们总要争取一霸,不两面作战","两个超级大国之间可以利用矛盾,这就是我们的政策"[②]。中国根据国际形势的变化和本国发展的需要,调整了对外战略,在对待美苏两国霸权主义中,以反对苏联霸权主义为主。

美国要在世界范围内对付苏联的挑战,需要国际力量的支持,它认为中国是可以抵御苏联的重要力量。尼克松在就任总统的演说中,表达缓和对华关系的愿望,"我们谋求一个开放的世界。在这个世界里,大小国家的人民都不会怒气冲冲地处于与世隔绝的地位"[③]。美国深陷越南战争十余年,"在越南已有超过50万美国驻军,并且根据上届政府在1968年4月制定的计划,还要持续增加到54.95万人的最高限额。1969年越南战争财政年度军费已经达到了300亿美元。……美军从1961年以来在越战中阵亡的人数超过3.1万人"[④],美国国内反战呼声越来越高。早在1967年,尼克松就发表《越战后的亚洲》一文,认为美国的亚洲盟国特别是日本应该保卫它们自己的安全,"亚洲的将来靠印度、日本、中国、美国四巨人"[⑤],孤立中国的努力已经到了尽头。1969年7月,尼克松提出防止孤立政策的"尼克松主义",要求亚洲各国要为自己的防务负主要责任,美国不会再派地面部队去打越南式的战争了。1969年8月8日,美国国务卿罗杰斯在澳大利亚的

---

① 逄先知、金冲及主编《毛泽东传(1949~1976)》(下),中央文献出版社,2003,第1625页。
② 裴坚章主编《毛泽东外交思想研究》,世界知识出版社,1994,第186页。
③ 《人民日报》1969年1月28日。
④ 亨利·基辛格:《基辛格越战回忆录》,慕羽译,海南出版社,2009,第32页。
⑤ 原栄吉『日本の戦後外交史潮』、105~106頁。

演说中提出,"美国将欢迎共产党中国在亚洲、太平洋事务上,扮演重大角色"①,这是美国国务卿首次对中国发表比较温和的讲话。尼克松让国家安全委员会研究与中国接触的可能性问题。

1969年12月18日,美国国家安全事务助理基辛格在年终记者招待会上说,美国没有永久的敌人,称赞中国人民是伟大的人民,"无视八亿人民这一件事,在我们看来就不可能建立和平了"②,表示要积极与中国对话,改变孤立中国的政策。1970年9月,尼克松对美国《时代周刊》记者表示,他有兴趣访问中华人民共和国。美国政府发出了希望改善与中国关系的信号,放松了美国人到中国旅行的限制。1971年4月,美国终止禁止向中华人民共和国出口非战略物资的禁令。

中国关注着美国对华政策的变化,毛泽东"饶有兴趣地读了有关美国总统竞选的材料,并对在中国的美籍专家柯弗兰写的文章(其中称共和党候选人理查德·尼克松将当选本届美国总统)表示'欣赏'。他还仔细阅读了不久后当选第三十七届美国总统的尼克松所写的《六大危机》,认为该书'写得不错'"③。1969年6月7日,苏联领导人勃列日涅夫提出亚洲集体安全体系,目的是分化和控制亚洲国家,希望苏联取代美国在亚洲的地位。美国不赞成亚洲集体安全体系,反对苏联孤立中国的行动,下令停止派驱逐舰到台湾海峡巡逻等。周恩来认为:"尼克松、基辛格的动向可以注意。"④ 1970年1月20日,中美两国恢复了中断两年之久的华沙大使级会谈。美国表示不妨碍海峡两岸中国人自己"达成任何和平解决";中国也改变了台湾问题不解决,其他问题一概不谈的政策。中美两国都表示要改善关系,希望进行更高级别的会谈,直至美国特使访问北京。

为了表示重视与美国的关系,1970年1月25日《人民日报》头版刊登了1970年10月1日美国作家爱德加·斯诺与中国领导人参加中华人民共和国成立21周年庆典的照片,斯诺夫妇站在毛泽东身边,面带微笑。右上角"毛主席语录"一栏中,写了一句话"全世界人民包括美国人民都是我们的

---

① 亨利·基辛格:《大外交》,第668页。
② 亨利·基辛格:《白宫岁月:基辛格回忆录》第1册,陈瑶华等译,世界知识出版社,1980,第251页。
③ 《毛泽东同尼克松谈话记录》(1972年2月21日),转引自逄先知、金冲及主编《毛泽东传(1949~1976)》(下),第1625页。
④ 《周恩来给毛泽东的信》(手稿,1969年11月16日),转引自逄先知、金冲及主编《毛泽东传(1949~1976)》(下),第1626页。

朋友"①。这张照片和毛主席语录，婉转地向美国传达了中国希望改善关系的信息。美国人认为，"这是史无前例的，哪一个美国人也没有享受过这么大的荣誉。这位高深莫测的主席是想传达点什么"②。但是，美国人不能完全理解这种东方式的含蓄表达，并没有立即做出回应。毛泽东等领导人继续通过美国朋友转达中国的对美态度。1970年12月18日，毛泽东对爱德加·斯诺说，"如果尼克松愿意来，我愿意和他谈。谈得成也行，谈不成也行，吵架也行，不吵架也行，当做旅行者来谈也行，当做总统来谈也行。总而言之，都行"③，认为中美两国总有一天会建立外交关系。中国对美国释放的改善关系的信号，受到日本的重视。中国出于反对霸权主义、维护国家安全的考虑，希望改善对美关系能够对日本有所触动，促进中日关系的改善。

## 二 "小球转动大球"，中美往来大门打开

中美两国分别向对方释放出改善关系的信号，触及日本政府敏感的神经，日本不得不重新审视对华关系，表示要改善对华关系。1971年元旦，日本首相佐藤荣作在新年致辞中说，"今年最大的政治问题是日中问题。基本上采取与以前同样的方针，但是，政府提出与中国进行大使级会谈，'讨论邦交正常化问题'这个问题时，首相回答那是可以的'"④。这是佐藤荣作任首相以来，第一次表示要与中国就恢复邦交进行接触。

中日两国体育界在促进相互了解和友谊，改善中美关系方面发挥了独特的作用。在特殊年代、特殊环境下，体育超越了竞技本身的属性，承载着一定的政治功能。1971年3月28日至4月7日，第31届世界乒乓球锦标赛在日本名古屋举行。1971年1月，日本乒乓球协会会长后藤钾二等应中国人民对外友好协会的邀请访问中国。2月1日，双方在北京签署了会谈纪要。纪要首先明确发展中日关系的"政治三原则"，在此基础上发展两国乒乓球界的友好交流。日本乒乓球协会邀请中国乒乓球队参加即将在名古屋举行的第31届世界乒乓球锦标赛。中国乒乓球队接到邀请后，向中央请示是否接受赴日参加比赛。周恩来指示中国乒乓球协会接受邀请，派运动队

---

① 《人民日报》1970年12月25日。
② 亨利·基辛格：《白宫岁月：基辛格回忆录》第1册，第897页。
③ 《毛泽东外交文选》，第593页。
④ 『朝日新聞』1971年1月1日、第1版。

前往日本参赛。

中国乒乓球队立即着手准备参赛事宜。然而，就在乒乓球队行将出发参赛之时，中国国内却出现了强烈的反对声。中华人民共和国成立后，中国体育代表团很少去资本主义国家参加比赛，长期的意识形态对立和隔绝，使中国人不了解资本主义国家的国情和社会状况。不少人担心国外敌对势力可能破坏中国队参赛，球员去日本参加比赛将面临很多困难，甚至会有生命危险。周恩来为此做了大量耐心、细致的工作，并亲自打报告给毛泽东，"此次出国参赛，已成为一次严重的国际斗争，故我方拟仍前往日本参加本届比赛；我方提出'友谊第一，比赛第二'，即使输了也不要紧"①。在东西方对立的冷战形势下，毛泽东及其他中国领导人对于资本主义国家的情况也知之甚少，认为参赛存在着危险，形势复杂。但是，毛泽东认为中国乒乓球队应该去日本参加比赛，同时做了最坏的打算，"我队应去，并准备死几个人。不死更好。要一不怕苦，二不怕死"②。毛泽东认为中国乒乓球队参加比赛，是一场政治斗争，运动员要做好牺牲的准备。

中国组成参加第31届世界乒乓球锦标赛的代表团，有关部门对乒乓球代表团做了指示和周密的部署，此次参赛不仅要展现新中国运动员的风采，更重要的是促进中日邦交正常化。周恩来对外交部、国家体委有关人士指示，要利用参赛机会，接触各国代表队，其中也包括美国队。中国乒乓球代表团为参赛组织了两套班子："一个由赵正洪负责，专心从事比赛；一个由廖承志的得力助手王晓云负责，做日本各界朋友的工作。"③ 中国乒乓球代表团承担着"以民促官"的使命。

3月17日，中国乒乓球代表团乘机前往日本，这是自"文化大革命"以来，中国第一次派体育代表团出国参赛。中国乒乓球代表团团长赵正洪说："愿意通过这次访问和比赛，为增进中日两国运动员和人民之间的友好关系以及各国人民的友谊作出贡献。"④ 中国优秀乒乓球运动员在"文化大革命"期间，多数被下放到农村接受劳动"改造"，队员很长时间没有参加国际比赛。这次参赛的运动员是根据周恩来总理的指示刚刚选调上来的。尽管训练的时间短，但是运动员们努力拼搏，在世界锦标赛上取得了优异

---

① 《毛泽东传（1949~1976）》（下），第1629页。
② 《毛泽东对周恩来关于中国乒乓球代表团参加第31届世乒赛报告的批语》（手稿，1971年3月15日），转引自《毛泽东传（1949~1976）》（下），第1629~1630页。
③ 吴学文、王俊彦：《廖承志与日本》，第366页。
④ 《战后中日关系文献集（1971~1995）》，第10页。

成绩。比赛结束后,中国乒乓球代表团应邀到日本各地进行访问,代表团副团长王晓云及工作人员在一个多月的访问中,多次会见日本政界、财界要人,日本报纸估计王晓云接触的日本人达500多人次,王晓云被日本媒体称为"王旋风",各大报刊争相在显著位置报道中国乒乓球代表团的活动情况。

毛泽东在北京一直关注着世界乒乓球锦标赛的"动态",尤其是赛场以外的"故事"。他赞赏中国运动员庄则栋主动同美国运动员科恩交流,认为这个运动员有政治头脑。[①] 美国乒乓球队提出希望来中国访问。中国乒乓球代表团向国家体委汇报请示,毛泽东最后决定邀请美国乒乓球队来华访问。中国乒乓球代表团团长赵正洪邀请美国乒乓球运动员访问中国。美国总统尼克松闻知此事,表示"又惊又喜",立即批准美国乒乓球队接受邀请。4月10日,美国乒乓球队开始对中国进行访问。周恩来用"有朋自远方来,不亦乐乎"欢迎美国客人,认为美国乒乓球队此次来访,打开了中美两国人民友好来往的大门。同一天,美国总统尼克松宣布,终止实行了20年的禁止中美两国贸易的法令。美国乒乓球代表团在缓和中美关系方面,起了先导作用,这就是被国际舆论称作"小球转动大球"的"乒乓外交"。正如周恩来所言,乒乓外交"打开了中美两国人民友好往来的大门"。中美交往的开启,必将影响在外交上追随美国的日本政府,会对中日关系改善与发展起到积极的推动作用。

### 三 美国"越顶外交"迫使日本改变对华政策

1970年代,中国的国际地位不断提高,承认中华人民共和国的国家已经达到57个,恢复中国在联合国的合法席位是大势所趋。然而,佐藤内阁仍然紧随美国的外交政策,继续阻挠恢复中华人民共和国在联合国的合法席位。日本一部分政界人士已经认识到,国际形势的变化已经证明"中国参加联合国可以认为已是时间问题"[②]。

1971年10月,联合国大会第26届会议进行恢复中华人民共和国在联合国合法权利的专题辩论。美国使出浑身解数,继续阻挠恢复中华人民共和国在联合国的合法席位。25日,联合国大会以76票赞成、35票反对、17票弃权的表决结果通过了阿尔巴尼亚、阿尔及利亚等23个国家提出的"恢

---

① 《毛泽东传(1949~1976)》(下),第1630页。
② 李德安等编译《大平正芳的政治遗产》,中央文献出版社,1995,第472页。

复中华人民共和国在联合国组织的合法权利"的提案。

中国"一贯主张,国家不论大小,应该一律平等;和平共处五项原则应该成为国与国之间的关系准则。各国人民有权按照自己的意愿,选择本国的社会制度,有权维护本国独立、主权和领土完整,任何国家都无权对另一个国家进行侵略、颠覆、控制、干涉和欺负。我们反对大国优越于小国,小国依附于大国的帝国主义和殖民主义的理论。我们反对大国欺侮小国,强国欺侮弱国的强权政治和霸权主义。我们主张,任何一个国家的事,要由这个国家人民来管;全世界的事,要由世界各国来管;联合国的事,要由参加联合国的所有国家共同来管,不允许超级大国操纵和垄断……中国将同一切爱好和平、主持正义的国家和人民站在一起,为维护各国的民族独立和国家主权,为维护世界和平、促进人类进步事业而共同奋斗"[1]。中国的对外政策赢得了国际社会的广泛赞同和好评。

日本在联合国大会上,继续阻挠恢复中华人民共和国在联合国的合法权利,在中国代表权问题上,既承认中华人民共和国的代表权,又承认"中华民国"的"代表权",继续搞"两个中国"。中国反对日本政府阻挠联合国恢复中华人民共和国合法席位、继续制造"两个中国"的图谋。日本政府的一意孤行受到了国内各界的批判。日本社会党、公明党、民社党等在野党表示,日本政府在联合国大会上的表现,是与"世界趋势背道而驰"的,"辜负了国民要求恢复日中邦交的期望"。"政府应立即退出关于中国代表权问题两决议案的共同提案国,力求促进日中友好,实现恢复邦交。"[2] 自民党议员田川诚一提出,"由于日本参加提案国,必然给与中国的邦交正常化留下了巨大障碍,使阴影笼罩了我国外交事业的前进道路","今后我们要全力以赴,纠正政府的错误,排除由错误选择造成的障碍"。联合国大会通过恢复中华人民共和国在联合国组织中合法席位的决议后,日本促进恢复日中邦交议员联盟的全体议员发表声明:"佐藤内阁无视国际形势的发展,一味拥护国民政府(指台湾当局。——引者注),敌视中华人民共和国政府,终于使日本陷入国际孤立。佐藤内阁负有不可推卸的重大责任。""我们将加强超党派联盟,在先前发表过的决议案基础上,勇往直前,争取迅速实现日中复交"。[3] 联合国恢复中华人民共和国的合法席位,

---

[1] 江山主编《共和国档案(1949~1996)》,团结出版社,1996,第190页。
[2] 《战后中日关系文献集(1971~1995)》,第44页。
[3] 《战后中日关系文献集(1971~1995)》,第49页。

意味着美国反华政策的破产，也给日本政府很大打击。中国认为，佐藤内阁的对华政策在日本失去民心，其下台是不可避免的。中国已经不对其抱有任何希望，期待与下一届内阁谈判改善关系。

1970年代初，毛泽东根据中美形势的变化，提出"如果尼克松愿意来，我愿意和他谈。谈得成也行，谈不成也行，吵架也行，不吵架也行，当做旅行者来谈也行，当做总统来谈也行"①，中美总是要建交的。1971年2月25日，尼克松总统发表名为《建构和平》的外交年度报告，报告中第一次使用了"中华人民共和国"这个称呼，表示愿意与北京对话。中国注意到美国对华态度的微妙变化，周恩来带口信给尼克松，邀请美国国家安全事务助理基辛格来中国具体安排尼克松访华，欢迎美国总统特使和美国总统本人访问中国。基辛格认为这是"二战结束以来美国总统收到的最重要的信息"。

尼克松决定派基辛格为特使访问北京，为总统正式访华做准备。1971年7月，基辛格秘密访问中国。周恩来在与基辛格的会谈中提出，中美双方对国际事务有不同看法，两国社会制度不同，但是这并不妨碍我们两个在太平洋两岸的国家寻求平等友好相处的途径；强调解放台湾是中国的内政。基辛格表示，美国承认台湾是中国领土的一部分，不支持台湾独立，但是希望台湾问题能得到和平解决；美国将在联合国支持恢复中国的合法席位，但不支持驱逐台湾"代表"。15日下午，中美两国同时发表基辛格访华的消息和公告，宣布："获悉尼克松总统曾表示希望访问中华人民共和国，周恩来总理代表中华人民共和国政府邀请尼克松总统于1972年5月以前的适当时间访问中国。尼克松总统愉快地接受了这一邀请。中美两国领导人的会晤，是为了谋求两国关系的正常化，并就双方关心的问题交换意见。"② 这一公告引起了世界范围内的震动，得到了国际社会的普遍赞赏。此消息引发了日本政坛的"地震"，日本媒体称之为"尼克松冲击"。佐藤荣作是在中美联合公报发表前几分钟才得知这个消息的，之前佐藤荣作访问美国时，刚刚与尼克松达成对华关系等问题的一致意见。但是，美国在改善对华关系这样的大事上，却事先没有与日本协调、沟通，使日本政府陷入被动，佐藤荣作令日本人失望，其政治生涯即将走向终点。

1972年2月21日，尼克松总统正式访华。这是美国第一位在任的总统

---

① 《毛泽东外交文选》，第593页。
② 《人民日报》1971年7月16日。

访问中国，也是美国总统第一次访问还没有正式外交关系的国家。中美这两个社会制度不同的大国，超越了意识形态的分歧，"中美两国的社会制度根本不同，在中美两国政府之间存在着巨大的分歧。但是，这种分歧不应当妨碍中美两国在互相尊重主权和领土完整、互不侵犯、互不干涉内政、平等互利和和平共处五项原则的基础上建立正常的国家关系，更不应该导致战争。……我们希望，通过双方坦率地交换意见，弄清楚彼此之间的分歧，努力寻找共同点，使我们两国的关系能够有一个新的开始"[1]。中国强调坚持和平共处五项原则，不以意识形态划分敌友，愿意为维护世界和平做出贡献。尼克松表示中美两国存在巨大分歧，但是，我们能够搭一座桥，使我们能够进入会谈。

中美两国强调，"各国不论社会制度如何，都应该根据尊重各国主权和领土完整、不侵犯别国、不干涉别国内政、平等互利、和平共处的原则来处理国与国之间的关系。国际争端应在此基础上予以解决，而不诉诸武力和武力威胁"[2]，中美两国关系走向正常化是符合所有国家的利益的。关于台湾问题，中国强调了自己的一贯立场，中华人民共和国政府是中国的唯一合法政府；台湾是中国的一个省，早已归还中国；解放台湾是中国内政，别国无权干涉；全部美国武装力量和军事设施必须从台湾撤走。美国表示，认识到台湾海峡两边的所有中国人都认为只有一个中国，台湾是中国的一部分。美国对这一立场不提出异议。双方声明，将通过不同渠道保持接触，扩大人民的联系和交流，逐步发展贸易。尼克松访问中国是中美两国关系史上的创举，标志着中美两国关系史上新时代的到来。

尼克松总统访华及中美联合公报的发表，揭开了中美关系史上的新篇章，给一直追随美国的日本以强烈冲击。日本舆论普遍认为尼克松访问中国是"划时代的事件"，"是美国对华政策转变的一个标志"。战后美国对中华人民共和国实行封锁、敌视政策，日本则充当了美国反共、反华的"前沿阵地"。日本一直将日美关系作为最重要的双边关系，两国在对华关系上曾达成协调一致的谅解。日本以为"美国在对华关系方面，绝对不会干出超越日本的事情"[3]，但是，在改善对华关系这样重要的问题上，美国却抛开了日本，造成了对日本的"越顶外交"。自民党国会议员古井喜实不无遗

---

[1] 《周恩来外交文选》，第493页。
[2] 《人民日报》1972年2月28日。
[3] 岡田晃『水鳥外交秘話——ある外交官の証言』中央公論社、1983、97頁。

憾地说,"北京机场首先向一位美国总统开放,而不是向日本首相开放","日本必须尽快地同中国恢复邦交关系"。社会党、公明党等在野党则认为,中美会谈的结果"将会进一步加深日本成为亚洲孤儿的危险"[①]。尼克松总统"改变世界的一周"使日本国内出现了"空前高涨起来的日中热潮"。于是,佐藤政府在对华关系上陷入极其被动的境地,佐藤荣作下台已是必然。中国希望与日本下届内阁讨论两国关系。

### 四 明确恢复中日邦交正常化的基本原则

1971年9月,日本促进恢复日中邦交议员联盟应邀访问中国。中国有关方面负责人会见了日本代表团,提出恢复中日邦交正常化的原则是:中国只有一个,这就是中华人民共和国。中华人民共和国政府是代表中国人民的唯一合法政府。坚决反对"两个中国""一中一台""一个中国、两个政府"或类似的荒谬主张。台湾是中华人民共和国领土不可分割的一部分,强烈反对"台湾归属未定"论和"台湾独立"的阴谋。台湾问题是中国的内政,不容许任何外国干涉。所谓日蒋"条约"是在中华人民共和国已经成立之后签订的,因而是非法的、无效的,应予废除。必须恢复中华人民共和国在联合国所有机构,包括安全理事会常任理事国席位在内的一切合法权利,把蒋介石集团的"代表"驱逐出联合国,[②] 这是"复交三原则"的雏形。日本代表团表示,"日中议联"是以恢复日中邦交为宗旨的超党派的国会议员组织,决心要尽一切努力使上述基本原则成为日本国会的决议,并敦促日本政府接受上述原则,以此为基础与中华人民共和国政府进行恢复邦交正常化的谈判,结束日中两国的战争状态,缔结和平条约。

中国通过日本各民间友好团体,向日本政府转达中日邦交的基本原则立场。1971年10月、11月,日中友协代表团、日本恢复日中邦交国民会议代表团分别访华,两个访华团体都强调中华人民共和国是代表中国人民的唯一合法政府,台湾是中国领土不可分割的一部分,解放台湾是中国的内政,任何外国不得干涉,必须废除非法的日蒋"和约",必须恢复中国在联合国所有机构的一切合法权利,坚决把蒋介石集团的"代表"从联合国驱逐出去。中日双方认为,加强中日友好,恢复中日邦交,是中日两国人民

---

① 岛田政雄、田家农:《战后日中关系50年》,田家农译,江西教育出版社,1998,第236~237页。
② 《战后中日关系文献集(1971~1995)》,第40页。

的共同愿望。中日邦交至今尚未恢复,责任完全在日本佐藤政府方面。

1972年4月,周恩来会见日本民社党访华代表团时,将中国关于恢复邦交的原则立场归纳为"复交三原则",即世界上只有一个中国,即中华人民共和国。中华人民共和国政府是代表中国人民的唯一合法政府。坚决反对任何"两个中国""一中一台""一个中国、两个政府"等荒谬主张。台湾是中华人民共和国领土不可分割的一部分,并且已经归还中国。台湾问题纯属中国内政,不容外国干涉。坚决反对"台湾地位未定"论和策划"台湾独立"的阴谋。日蒋"条约"是非法的、无效的,必须废除。强调"上述各项原则,是恢复中日邦交的前提,必须坚定不移地加以贯彻",谴责佐藤政府违背世界潮流趋势,不顾中日两国人民的共同意愿,继续推行敌视中国政策,阻挠中日邦交正常化。①

中国提出的"复交三原则"关系到国家统一和领土主权,是恢复中日邦交必须遵循的原则。日本自甲午战争以来,在中国台湾曾经实行长达50年的殖民统治,对台湾实行同化教育,尤其是其发动全面侵华战争,在台湾实行"皇民化运动",以强制与笼络、软化相结合的手段,重在向台湾民众灌输"皇民"精神。台湾民众以各种形式抵制"皇民化运动"。但是"皇民化运动"在一定程度上淡化了部分台湾民众的民族意识与国家认同。日本自民党中也一直存在着"亲台势力",否认中华人民共和国对台湾的主权,企图制造"两个中国"或"一中一台",阻挠中国的统一大业。在中日邦交正常化形势日渐成熟之时,中国提出了"复交三原则",就是要反对日本分裂中国的政治势力,为中日邦交正常化确立最基本的原则基础。

## 五 在野党为邦交正常化穿针引线

1972年7月,田中角荣当选自民党总裁,并出任日本首相。田中担任首相后对恢复中日邦交正常化表现出积极的立场,他"充分理解中国方面提出的恢复日中邦交三原则,认为日中邦交正常化的时机已经成熟"②,将中日关系提到日本"内政"的高度,认为中日关系对日本来说,与其是"外交",不如说是"内政"的重要部分,必须当机立断,立即实施。为此,田中提出"决断与实行"的口号。中国对于没有台湾背景的平民首相田中角荣的对华政策有热切期待,希望以此为契机,推动两国关系取得实质性

---

① 《战后中日关系文献集(1971~1995)》,第81页。
② 『朝日新聞』(東京)1972年7月7日、第1版。

进展。

中国继续从"民间外交"的角度,推动中日关系向前发展,特别是发挥日本在野党在"以民促官"中的作用。中国频繁邀请日本主要在野党党首来华访问,通过他们向田中传达中国对于中日复交的基本态度和原则立场。中国希望通过在野党了解日本政府的态度,也避免过早地直接面对执政的自民党可能出现的困难和僵局,为两国政府的正式谈判提供较大的回旋余地。田中希望通过他的在野党朋友打探中国的态度,避免授日本"亲台派"以口实。1972年,日本在野党党首频繁访问中国,传达自民党对于邦交正常化的意见,为田中角荣首相来中国正式谈判做准备,在野党外交直接推动着中日邦交正常化的进程。

1972年7月14日,日本社会党前委员长佐佐木更三应邀访问中国。佐佐木更三启程前特地与田中角荣见面,了解田中角荣对华政策的思路和底线,以及政府对中国"复交三原则"的应对策略,特别是废除"日台和约"等涉及邦交正常化的关键问题。田中角荣表示:接受这些原则是理所当然的。对于处理台湾问题,有绝对的把握。佐佐木更三向周恩来转达了田中首相承认中国"复交三原则"的态度。周恩来委托佐佐木更三向田中角荣转达欢迎他来中国访问的口信。周恩来说,在"支持田中政府恢复日中邦交这一点,你们社会党、公明党、民社党都是表了态的,我认为你们的话是对的"①,"因为社会党没有外交权,当然我们要同有外交权的田中首相实现邦交正常化。这一形势的出现,是日本人民长期努力的结果。对于日本人民创造实现邦交正常化这样的形势,表示感谢和敬意。回去后,请向日本人民转达,我周恩来感谢他们"②,表达了对日本朋友的敬意,并特别强调,即使中日官方关系建立了,中日民间往来不仅不会消失,还会得到更加蓬勃的发展,将继续保持与日本各在野党的友好关系。周恩来通过佐佐木更三邀请日本现任首相或者外相来华访问,表示北京机场向他们开放。

日本公明党成立于1964年,奉行稳健的政治路线,提倡和平主义。公明党虽然成立时间并不长,却拥有数量庞大的党员,在日本社会拥有比较深厚的基础,是国会的第三大党,是日本政治中的重要力量。1971年6月,日本公明党代表团访问中国。周恩来赞赏公明党坚持"一个中国"、反对"日台和约"、主张恢复中华人民共和国在联合国的合法席位等一系列原则

---

① 《周恩来年谱(1949~1976)》下卷,第537页。
② 刘德有:《时光之旅——我经历的中日关系》,商务印书馆,1999,第434~435页。

立场，认为按照公明党的主张，日本和中华人民共和国的邦交就可以恢复，战争状态就可以结束，中日友好可以得到发展，中日两国就有可能在和平共处五项原则的基础上缔结和平条约，可以进一步考虑缔结互不侵犯条约。① 中日友好协会与公明党代表团发表共同声明，推进中日邦交正常化。著名学者古川万太郎认为，中国和日本公明党发表的这一"共同声明""具有划时期的意义"，"经过备忘录贸易公报、中国与社会党的共同声明，直到这一次中国与公明党发表共同声明，完全明确了实现日中邦交正常化的基本条件"。②

1972年7月25~29日，日本公明党委员长竹入义胜应邀访问中国。竹入义胜与日本各派政治人物都有交往，在政界有较高的声誉和较大的影响。目前中日两国学术界对竹入义胜的访华身份、使命等存在着不同看法。③ 可以肯定的是，中国邀请竹入义胜访华，是希望他向田中角荣转达中国对恢复邦交正常化的原则立场，促使田中早下决心。

7月27~29日，周恩来与竹入义胜进行了三次会谈④，三次会谈内容涉及"日台和约"、日美关系、战争赔偿等重要问题，中日双方基本了解了对方的原则立场。周恩来表示，中国坚持和平共处五项原则处理中日关系，求大同、存小异，期待中日关系迈出关键的一步。周恩来提出未来签《中日联合声明》的八点立场：第一，关于结束战争状态问题，周恩来提出"自联合声明公布之日起，中华人民共和国与日本国之间的战争状态结束"。竹入义胜表示"这项可以写进联合声明"。第二，关于中日两国恢复邦交的表述方式，联合声明应写上"日本国政府充分理解中华人民共和国政府提出的恢复中日邦交三原则，承认中华人民共和国政府是中国唯一合法政府，在此基础上，两国政府建立外交关系，互派大使"。这是邦交正常化的原则问题，周恩来关切地询问，田中首相在这个问题上是否有困难。竹入表示，这是田中首相历来的说法，应该不会有困难。第三，"双方声明，中日两国

---

① 中华人民共和国外交部外交史研究室编《周恩来外交活动大事记（1949~1975）》，世界知识出版社，1993，第594页。
② 刘德有：《时光之旅——我经历的中日关系》，第431页。
③ 关于各种不同的观点，可以参考黄大慧《日本对华政策与国内政治》，当代世界出版社，2006；王泰平主编《新中国外交50年》，北京出版社，1999；胡鸣《对中日邦交正常化中竹入义胜身份与作用的考辨》，《中共党史研究》2008年第5期；等等。
④ 关于竹入义胜与周恩来的三次会谈记录，日本外务省设定为"极密"文件，2002年6月外务省亚洲局中国课解密。

建交，既符合两国人民的长期愿望，也符合世界各国人民的利益"。第四，"双方同意以互相尊重主权和领土完整、互不侵犯、互不干涉内政、平等互利、和平共处五项原则处理中日两国之间的关系，按照和平共处五项原则、通过和平协商解决中日两国的争端，而不诉诸武力和威胁"。第五，"双方的任何一方不在亚洲太平洋地区谋求霸权，也反对任何国家或国家集团在这一地区谋求霸权"。第六，"双方同意，两国建立外交关系后，在和平共处五项原则的基础上缔结和平友好条约"。第七，"为了中日两国人民的友谊，中华人民共和国政府放弃对日本国的战争赔偿要求"。第八，"中华人民共和国和日本国政府为了进一步发展两国间的经济和文化关系、扩大人员往来，在缔结和平友好条约前，根据需要和已有的协定，分别签定通商、航海、航空、气象、邮政、渔业、科学技术等协定"。[①] 竹入义胜表示回国后，将尽快将这些内容转达给田中首相。竹入义胜理解中国关于反霸的意见，当然也明白中国的具体指向，表示"这一点要告知田中首相、大平外相，不知道他们是否可以接受"。竹入义胜担心联合声明关于"霸权"的表述，会导致苏联向日本施加压力。周恩来强调，如果"霸权"一词对日本来说过于敏感，可以换个说法，或者不写进联合声明，将来写进和平友好条约。

周恩来提出未来签署中日联合声明的几点默契："一、台湾是中华人民共和国的领土，解放台湾是中国的内政；二、联合声明发表后，日本从台湾撤走其大使馆、领事馆，并采取有效措施，使蒋介石集团的大使馆、领事馆撤出日本；三、战后日本团体和个人在台湾的投资及经营的企业，在台湾解放时当予以适当照顾。"[②] 此三项内容可以不写进联合声明，希望竹入义胜转达给田中首相、大平外相。周恩来、竹入义胜的会谈基本确定了联合声明的框架。一些重要和具体的问题，需要待田中首相访华时再进一步商讨。

周恩来叮嘱竹入义胜"这三次会谈内容都很重要，除田中首相、大平外相外，绝对严守秘密。我们也当然保守秘密。一切拜托竹入先生"[③]。竹入义胜请周恩来放心，一定不辱使命。竹入义胜回国后，把与周恩来总理三次会谈的内容做了整理，这就是著名的"竹入笔记"。

---

[①] 《竹入周恩来第三次会谈》（1972年7月29日），日本外务省亚洲局中国课解密档案。
[②] 《竹入周恩来第三次会谈》（1972年7月29日），日本外务省亚洲局中国课解密档案。
[③] 《竹入周恩来第三次会谈》（1972年7月29日），日本外务省亚洲局中国课解密档案。

中日两国政治制度、基本国情不同，中国领导人了解日本执政党与在野党在国内政治、对外政策等方面的政策差异，但是，在恢复中日邦交正常化这个问题上，自民党与公明党、社会党等重要的在野党已经超越了党派的畛域，从国家利益来考量中日关系。周恩来与竹入义胜详细讨论中国关于复交的基本立场以及联合声明的具体内容，是要充分了解中日两国在恢复邦交正常化方面的相同点和分歧所在，为两国政府首脑正式谈判奠定基础。因此，周恩来希望竹入义胜能够把中国的意见原原本本地转告日本政府，促使田中早下决心，实现邦交正常化。

竹入义胜没有辜负中国政府的期望，回国后即向田中首相和大平外相做了汇报，并把整理好的笔记交给田中首相。田中首相了解了中国对于复交的基本立场后，下决心访问中国。这就是说，田中首相正式接受了周总理发出的访华邀请。[①]

周恩来与竹入义胜的三次会谈，充分交换了邦交正常化的基本意见，了解了彼此的共同点和分歧所在，为两国政府间的正式谈判奠定了基础，也为具体问题的协商提供了转圜的余地。日本自民党于9月14日正式派出第一次单独组成的访华代表团，带来日本政府正式讨论后的意见，从日本政府层面为田中首相访问做好基本准备。

## 第三节　中日邦交正常化"水到渠成"

中国提出的"复交三原则"，得到日本在野党、民间团体以及部分政治家的好评。中日两国政府首脑在此基础上，"求同存异"，继续谈判，妥善处理中日两国间的分歧，"以民促官"终于达成邦交正常化的战略目标。

### 一　中日两国政府推进邦交正常化进程

田中角荣重视改善对华关系，认为"战后四分之一世纪的日中关系，在长达2000年的历史中，不过是短暂的一瞬。为了不再发生纷争，要以认真的态度着手（日中）关系正常化的工作。以往我们单方面地给中国添了麻烦。但是，我认为关系正常化的时机已经成熟"[②]，他将恢复中日邦交正常化作为日本"内政"的重要部分，提出了五个重要因素：人、自然、时

---

① 李德安等编译《大平正芳的政治遗产》，第479页。
② 刘德有：《时光之旅——我经历的中日关系》，第424页。

间、物质以及国家和社会,把国家和社会放在最后,表示与守卫国家相比,更重视人、自然等因素,以争取国际社会的信任。

中国积极回应田中的对华政策,对中日半官方机构中日备忘录贸易办事处驻东京联络处的人员做了调整,派熟悉日本国情的肖向前前往东京担任首席代表,赋予其推进邦交正常化的主要工作任务。肖向前在日本广泛接触各界人士,阐述中国对于恢复邦交的原则立场,备忘录贸易办事处虽然是民间机构,却几乎成了"小大使馆"。中国还通过多种途径转达对田中内阁政策的关注,希望田中能够当机立断,在恢复中日邦交正常化上,迈出关键的一步。

1972年7月9日,周恩来在欢迎也门民主人民共和国代表团时提到"田中内阁7日成立,在外交方面,声明要加紧实现中日邦交正常化,这是值得欢迎的"①。中国以间接的方式,向日本表达对田中内阁的期待。毛泽东对中日关系进程发表看法,"对中日恢复邦交问题应采取积极的态度。谈得成也好,谈不成也好,总之,现在到了火候,要加紧"②。

田中角荣注意到中国政府的态度,并对中国做了积极回应。1972年7月18日,田中角荣以答复在野党提问的形式拟定了关于日中关系正常化的基本态度:"一、关于战前和战时一个时期内我国给中国人民造成的巨大麻烦,认为应该虔诚地进行反省;二、对于中华人民共和国提出的有关关系正常化的'复交三原则',作为基本认识,政府能够充分理解;三、打算在承认中华人民共和国为代表中国的唯一正统政府这一前提下进行政府间谈判。"③ 翌日,田中在出席新一届内阁记者招待会上,明确提出"中国问题是最大的外交问题。中国是日本的邻国,2000多年的悠久的交往关系。日本受到中国文化的哺养,这是一个不以人们意志为转移的事实。日中两国就是在这样一个共同的联系中生活过来的。我认为,最好是日中两国恢复正常的状态,我认为所有的日本人都是这样想的。我认为时机已经十分成熟了。所有的话,用这一句话来表达就足够了"。他还说:"台湾问题是个重要问题,这个问题,应当在解决日中邦交正常化这样一个大问题时,一并解决。"④ 阐明新一届日本政府对恢复日中邦交的态度和立场。

---

① 大平正芳回想录刊行会编《大平正芳传》,武大伟等译,吉林人民出版社,1984,第314页。
② 《新中国外交风云》第3辑,世界知识出版社,1994,第132页。
③ 李德安等编译《大平正芳的政治遗产》,第478页。
④ 《战后中日关系文献集(1971~1995)》,第87页。

中国采取一系列措施，推进中日邦交正常化取得根本性突破。7月11日，中国派上海舞剧团访问日本，由中日备忘录贸易办事处前任首席代表孙平化担任团长。17日，中国农业农民代表团访问日本，代表团副团长是外交部亚洲司日本处处长陈抗。陈抗为肖向前、孙平化带去了周总理关于中日关系的指示，"我讲（指周总理）田中内阁要加紧实现中日邦交正常化值得欢迎，是因为毛主席对我说，应该采取积极态度。毛主席的思想和战略部署我们要紧跟。日方能来中国谈就好，谈得成也好，谈不成也好，总之现在到了火候，要抓紧。过去有过'王国权旋风'、'王晓云旋风'，这回不能再叫'旋风'了，要落地。孙平化嘛，就是要万丈高楼平地起，肖向前就是继续前进的意思，这两个人就是要把这件事落实才行"①。中日备忘录贸易办事处、上海舞剧团属于民间机构、访日团体，却承担着重要的政治使命，它们通过各种渠道，向日本表达中国希望早日恢复邦交的愿望，并努力促成日本首相访问中国。日本政府也重视中国改善中日关系的积极举措，外相大平正芳破例接见了肖向前和孙平化，转达田中首相对中国邀请他访问的谢意，表示日本正在为首相访华做积极准备。

## 二 日本首相访华，中日正式启动"复交"谈判

经过中日两国相关部门、团体的努力，终于到了邀请日本首相来华访问的时机。1972年8月12日，中国外交部长姬鹏飞代表中国政府宣布：中华人民共和国国务院总理周恩来欢迎并邀请日本首相田中角荣访问中国，谈判并解决中日邦交问题。8月15日，田中角荣首相会见上海舞剧团团长孙平化、中日备忘录贸易办事处驻东京联络处首席代表肖向前，感谢周恩来邀请他访问中国，希望与周恩来会谈取得丰硕成果。田中首相接受了周总理发出的访华邀请。②

1972年9月21日，中日两国政府发布公告，"日本国内阁总理大臣田中角荣愉快接受中华人民共和国国务院总理周恩来的邀请，将于9月25日至30日访问中国，谈判并解决中日邦交正常化问题，以建立两国之间的睦邻友好关系"③，中日政府间的谈判即将开启。

1972年9月25日，日本首相田中角荣抵达北京。当晚，周恩来代表中

---

① 刘德有：《时光之旅——我经历的中日关系》，第446页。
② 李德安等编译《大平正芳的政治遗产》，第479页。
③ 《战后中日关系文献集（1971~1995）》，第102页。

国政府在人民大会堂举行盛大的欢迎宴会。周恩来和田中角荣分别在宴会上致祝酒词。周恩来说，"日本首相田中角荣阁下应邀来我国访问，谈判并解决中日邦交正常化问题，我们感到高兴"，"田中首相来我国访问，揭开了中日关系史上新的一页。在我们两国的历史上，有着两千年的友好来往和文化交流，两国人民结成了深厚友谊，值得我们珍视。但是，自从一八九四年以来的半个世纪中，由于日本军国主义者侵略中国，使得中国人民遭受重大灾难，日本人民也深受其害。前事不忘，后事之师，这样的经验教训，我们应该牢牢记住。中国人民遵照毛泽东主席的教导，严格区分极少数军国主义分子和广大的日本人民。因此，中华人民共和国成立以后，尽管两国间战争状态没有宣告结束，中日两国人民的友好来往和贸易关系不但没有中断，而且不断发展。最近几年来，每年来中国访问的日本朋友人数超过其他国家朋友，中国同日本在平等互利基础上的贸易额也高过其他国家。这就为中日关系正常化创造了有利条件"。[①] 周恩来高度评价田中角荣首相的对华新政策。他表示，促进中日友好，恢复中日邦交，是中日两国人民的共同愿望。现在是我们完成这一历史性任务的时候了。中日两国的社会制度不同，但这不应该成为我们两国平等友好相处的障碍。恢复中日邦交，在和平共处五项原则的基础上建立友好睦邻关系，将为进一步发展我们两国人民的友好往来，扩大两国经济和文化交流，开辟广阔的前景。中日友好是不排他的，它将为和缓亚洲紧张局势和维护世界和平做出贡献。

田中角荣在祝酒词中对"以日本国总理大臣的身份，踏上我国邻邦中国的国土，感到非常高兴"。"这次访问，我是由东京直飞北京的，我再一次深深地感到日中两国是一衣带水的近邻，两国不仅在地理上如此相近，而且有着长达2000年丰富多彩的交往历史。然而，遗憾的是过去几十年之间，日中关系经历了不幸的过程。其间，我国给中国国民添了很大的麻烦，我对此再次表示深切的反省之意。第二次世界大战后，日中关系仍然处于不正常、不自然的状态，我们不得不坦率地承认这个历史事实"。[②] 田中以为讲话中对日本给中国造成的不幸表示了道歉之意，但是轻描淡写地触及侵略战争，给后来的正式谈判带来了"麻烦"。

中日两国经过长达20多年的民间交流，终于把推进邦交正常化提到了

---

① 《周恩来选集》下卷，第 477~478 页。
② 《战后中日关系文献集（1971~1995）》，第 105 页。

政府层面。中日两国政府首脑以及外交部门能否运用智慧，处理一系列棘手问题，将决定中日邦交正常化可否顺利实现。

### 三 以"求大同、存小异"的原则处理分歧

应该说，中日两国都重视政府层面的谈判，双方为田中首相来华谈判做了充分准备。田中角荣访华前，除派在野党朋友来华转达对邦交正常化的意见外，还在9月初，派自民党国会议员古井喜实、田川诚一、松本俊一等来中国，带来日本政府《关于共同声明纲要日本基本方针要点》与中国进行商谈。周恩来谈了中国对日本政府基本要点的看法，表示基本同意前言三点与正文八条。但是，对日本关于结束战争状态的表述、"复交三原则"的态度及如何表明断绝日台关系等，提出了看法。中日在这些问题上存在着分歧。周恩来认为这些分歧需要田中首相访问中国时，由两国领导人在会谈中解决。

为进一步沟通，给日本首相访问打下基础，9月14日，自民党再度组织代表团来华访问。周恩来会见代表团时表示，"日本田中内阁成立的当天，田中首相就声明，在外交方面要加紧实现同中华人民共和国的邦交正常化。此后，田中首相、大平外相又多次表示充分理解我国提出的关于恢复中日邦交正常化的三原则，并为此采取了一些积极的措施和步骤。这是值得欢迎的，中国政府已经作出了积极的反应"[1]，赞赏田中角荣首相的魄力和远见。但是，中日双方在邦交正常化的关键问题上，仍然存在着很多分歧，这些问题只能由田中首相来华访问时通过双方政府首脑直接会谈来解决。

田中首相到北京后，中日双方政府首脑、外交部门立即进入谈判阶段，其中周恩来与田中角荣直接会谈4次，外交部长姬鹏飞、外交部顾问廖承志、外交部副部长韩念龙与日本外务大臣大平正芳、内阁官房长官二阶堂进、外务省亚洲局中国课课长桥本恕等参加了各次首脑会谈。[2] 中日两国外长进行了多次会谈。会谈主要围绕台湾问题、《日美安全保障条约》、"复交三原则"、结束战争状态、战争赔偿等重要问题展开。尽管田中角荣访问中国前，已经通过多种渠道了解了中国对于邦交正常化的基本原则立场，也表示对"复交三原则"不持异议，但是涉及上述重要问题时，中日两国的

---

[1] 《战后中日关系文献集（1971～1995）》，第100页。
[2] 会谈记录被日本外务省列为"无限期极密"文件，该文件于2001年6月被解密。

分歧仍很大，谈判过程曲折而艰难。

　　台湾问题涉及中国的核心利益，中国提出"复交三原则"主要是针对台湾问题而言的。1952年，日本与台湾方面签订的"日台和约"是谈判遇到的第一个棘手问题。田中表示，中日邦交正常化的时机成熟了，"迄今为止，与台湾的关系一直阻碍着中日邦交正常化。希望充分考虑中日邦交正常化对台湾的影响，邦交正常化首先采用中日共同声明的形式，随后再在日本国会讨论通过"①。但因为日本制度与中国不同，他希望中国能够考虑到日本的困难。关于断绝日本与台湾方面的官方关系，日本政府担心的是，谋求中日邦交正常化，就需要自动结束日本和台湾方面的关系。田中表示断绝与台湾方面的官方关系，需要避免在自民党和国会内引起混乱；更不要因台湾地位的变动，引起东亚形势发生变化而使苏联有机可乘。田中表示"非常理解中方提出的日台条约是非法的、无效的立场"，"可是，这个条约已经过日本国会的批准，假如日本完全同意中国方面的见解，那就等于日本政府在过去20多年内一直在欺骗国会和国民，日本政府一定会受到批评。所以，我们主张在实现邦交正常化时，日华条约就完成了其使命，希望中方能够理解"②，日本希望以这样比较婉转的方式，宣告"日台和约"无效。

　　中国理解中日两国社会制度不同，处理正式条约的程序不同，周恩来代表中国政府表示，中日两国恢复邦交是"大同"，是第一位的原则。根据"求大同"的原则，一切问题都好解决。田中担任日本首相后，重视中日关系，多次提到要站在充分理解中国方面提出的恢复中日邦交三原则的立场上。中国会照顾日本政府的某些局部困难。周恩来认为，田中首相讲得很清楚，日本国和中华人民共和国的外交关系一恢复，日蒋条约当然就自行失效了，日台"外交关系"也就中断，我钦佩你们的果断。中国同意从政治上解决问题，一些历史方面的问题不要拘泥于法律条文，同意双方以发表联合声明的方式，不是以条约形式，解决邦交正常化问题。至于法律条约方式，在邦交正常化以后，再缔结以和平共处五项原则为基础的和平友好条约。周恩来指出"本次中日首脑会谈后，发表共同声明实现邦交正常化，不以条约的形式，在邦交恢复后再缔结和平友好条约"③，双方约定在

---

　　① 《中日第一次首脑会谈》（1972年9月25日），日本外务省亚洲局中国课解密档案。
　　② 《中日第一次首脑会谈》（1972年9月25日），日本外务省亚洲局中国课解密档案。
　　③ 《中日第一次首脑会谈》（1972年9月25日），日本外务省亚洲局中国课解密档案。

《联合声明》中不涉及"日台和约"问题,而是在《联合声明》发表后,由日本外相在记者招待会上,向各国记者说明作为中日邦交正常化的结果,"日台和约"失去了意义,这就是日本政府的意见。这样即考虑到了日本政府的困难,又坚持了"复交三原则",不拘泥于文字表达。

中国提出的"复交三原则",明确反对"两个中国""一中一台"的论调,中日恢复邦交正常化,日本必须承认"台湾是中华人民共和国领土不可分割的一部分"。日本外务省官员在谈判中表示,中国政府统治权实际上并没有到达台湾,且日本政府已经通过《旧金山和约》放弃了对台湾的一切权利和权利依据,日本政府没有资格谈论它的归属问题。日本谈判代表的观点,显然违背了"复交三原则",中方予以驳斥。周恩来明确提出"中日邦交正常化是个政治问题,不是法律问题"[①]。双方为此进行了激烈争论,最终日本同意在《联合声明》中写上,"日本国政府承认中华人民共和国政府是中国唯一合法政府","中国政府强调台湾是中国领土不可分割的一部分,日本政府表示充分理解和尊重"。实际就宣告日本政府承认台湾不代表中国,也不存在"两个中国",否定了"台湾归属未定"论和"一中一台"论调。

结束中日两国之间战争状态,是谈判的另一个焦点问题。日本自民党议员古井喜实、田川诚一、松本俊一等访问中国时,中日对于"结束战争状态"的表述就分歧严重,互不让步。双方同意这个问题待中日两国政府首脑谈判时解决。在中日两国政府正式谈判时,日本强调由于1952年与台湾方面签订了所谓的"和平条约",已经宣布过"结束战争状态",没有必要在《联合声明》中提及这个问题。中国驳斥了日本的说法,认为如果像日本代表所言,就等于从缔结《旧金山和约》后,中日间的战争状态已经结束。这是与事实不符的,中国不能承认日本与台湾方面签订的所谓"和约"。中日双方围绕结束战争状态多次交锋,日本最终同意在《联合声明》的前言中写上"战争状态结束"的字句,即"战争状态的结束,中日邦交的正常化,两国人民这种愿望的实现,将揭开两国关系史上新的一页"。联合声明正文中采用了"不正常状态"这样的形式表达,"自本声明公布之日起,中华人民共和国和日本国之间迄今为止的不正常状态宣告结束"。

关于中国放弃对日战争索赔问题,中日争论激烈。日本认为战争赔偿

---

① 《中日第一次首脑会谈》(1972年9月25日),日本外务省亚洲局中国课解密档案。

问题在缔结"日台和约"时已经解决,中国不再有"要求权",也无须再写入《联合声明》中。中国对日方的说法感到非常不解和气愤。周恩来感到惊讶和愤慨,他说,蒋介石政权早已被中国人民所推翻,蒋介石和日本人签订所谓"和约",不要赔偿,是慷他人之慨,而中国放弃战争索赔,是因为"我们深知赔偿的痛苦,不想把痛苦加给日本人民","田中首相说是为了解决邦交正常化问题来访的,我们为了中日两国人民友好放弃战争赔偿"①,中国不想靠其他国家的赔偿建设自己的国家。周恩来还以第一次世界大战后的德意志为例,认为对战败国课以巨额战争赔偿明显有害于和平;让没有战争责任的一代支付战争赔偿是不合理的。② 中日最后同意在《联合声明》中这样表达战争赔款问题:"中华人民共和国政府宣布:为了中日两国人民的友好,放弃对日本国的战争赔款。"田中感谢中国放弃赔偿要求,"深感中国超越恩仇的立场","克服一切困难,实现邦交正常化,就能够得到日本多数国民的理解和支持,有利于未来的日中关系"③。

中日邦交正常化后,毛泽东说,中国政府没有提出要日本赔偿,没法算,谁也算不清,也"赔不起","也只有这样,人民之间才能由敌对变成和缓"④。中国政府放弃了对日本政府战争赔偿的要求,但是,并没有明确放弃民间索赔。1990年代以后,围绕战争期间日本抢掠中国劳工问题、慰安妇问题、细菌战受害问题等,中国民间向日本提出索赔要求,这些索赔得到日本正义人士的支持。中国民间对日索赔,经济成分并不占主要地位,而是为了让日本年青一代了解历史,反对极少数右翼势力歪曲历史,否认侵略战争性质。应该说,中日邦交正常化谈判时,中国对赔偿等战争遗留问题,采取了向前看的原则,主要算的是政治账,这在当时有其合理性与必然性。

关于日本1930年代发动侵华战争问题,田中说:"遗憾的是过去几十年之间,日中关系经历了不幸的过程。其间,我国给中国国民添了很大的麻烦,我对此再次表示深切的反省之意。"⑤ 田中想用这句话表示日本政府对近代侵略中国的历史的道歉。但是,这个道歉太轻了,这个"添了麻烦"的道歉,成为正式谈判中的大"麻烦"。周恩来很不满意田中的道歉,在与

---

① 《中日第二次首脑会谈》(1972年9月26日),日本外务省亚洲局中国课解密档案。
② 蒋立峰主编《中日关系三论》,黑龙江教育出版社,1996,第82页。
③ 《中日第二次首脑会谈》(1972年9月26日),日本外务省亚洲局中国课解密档案。
④ 谢益显:《当代中国外交思想史》,河南人民出版社,1999,第291页。
⑤ 《战后中日关系文献集(1971~1995)》,第105页。

田中的会谈中,直截了当地指出,"添麻烦"在汉语里是很轻的道歉用语。日本发动侵华战争,给中国人民带来了巨大灾难,用"添了麻烦"表示道歉,无论如何,中国人民是无法接受的。田中为此做了解释,日语的"添了麻烦"有诚心诚意地表示谢罪之意,而且包含着以后不重犯,请求原谅的意思。如果这一表示从汉语上不适合,我们可以按中国的汉语习惯改。①经过商谈,中日《联合声明》中这样谈日本侵略中国以及日本对战争的认识,"日本方面痛感日本国过去由于战争给中国人民造成的重大损害的责任,表示深刻的反省"。

日本与美国是同盟关系,日本担心中日邦交正常化会影响与美国的关系。日本在谈判中提出,"日中邦交正常不要损害我国与美国的关系"②。中国认为,中日友好是不排他的,中日邦交正常化不涉及第三国,也不会影响日美关系。中国对日美安全条约虽有意见,但是在邦交正常化过程中,中日两国可以不触及日美安全条约问题。日本感谢中国对日美关系的理解。

在钓鱼岛归属问题上,中日两国存在着争端。在恢复邦交正常化谈判中,中日两国认为,当前紧迫的问题是邦交正常化,这是大局。在恢复邦交谈判中,暂时不涉及钓鱼岛问题,钓鱼岛等待时间的推移,以后再说。③

田中首相的中国之行,解决了中日邦交正常化的关键问题,邦交正常化即将"水到渠成"。中国坚持"复交三原则",在具体问题上,考虑到中日两国国情不同,坚持"求大同、存小异",坚持原则性与灵活性的统一,不拘泥于一般的惯例,体谅日本政府在具体问题上的困难,实现了亚洲两个不同社会制度国家的和平友好,"民间外交"之花终于结出邦交正常化之果。

中日邦交正常化谈判取得成果后,毛泽东会见田中角荣首相和大平正芳外相,他从国际格局的角度分析中日邦交正常化,"你们到北京这么一来,全世界都战战兢兢。主要是一个苏联,一个美国,这两个大国。它们不大放心了,晓得你们在那里捣什么鬼啊"。毛泽东赞扬田中角荣担任日本首相后的果断行动,"可以几十年、百把年达不成协议,也可以在几天之内解决问题",肯定日本政府在确立官方关系中不可替代的作用,"你们日本

---

① 吴学文、林连德、徐之先:《当代中日关系(1945~1994)》,第190页。
② 《中日第一次首脑会谈》(1972年9月25日),日本外务省亚洲局中国课解密档案。
③ 冯昭奎等:《战后日本外交(1945~1995)》,中国社会科学出版社,1996,第344页。

在野党不能解决问题，解决中日复交问题还是靠自民党的政府"。① 当然，毛泽东说"解决复交问题还是靠自民党政府"，并不是忽视多年来日本在野党、民间友好人士为邦交正常化所做的努力，自民党领导人能够来中国谈判邦交正常化问题，是以中日两国多年"民间外交"为基础的。

### 四 签署《联合声明》，中日确立正式官方关系

中日两国政府首脑及外交部门负责人经过艰难的谈判，终于在1972年9月29日正式签署了《联合声明》。《联合声明》宣告"自本声明公布之日起，中华人民共和国和日本国之间迄今为止的不正常状态宣告结束。日本国政府承认中华人民共和国政府是中国的唯一合法政府。中华人民共和国政府重申：台湾是中华人民共和国领土不可分割的一部分。日本国政府充分理解和尊重中国政府的这一立场，并坚持遵循波茨坦公告第八条的立场。中华人民共和国政府和日本国政府决定自1972年9月29日起建立外交关系。中华人民共和国政府宣布：为了中日两国人民的友好，放弃对日本国的战争赔偿要求"②等，两国在和平共处五项原则基础上，建立持久和平友好关系。两国为巩固和发展和平友好关系，同意进行以缔结和平友好条约为目的的谈判，为进一步发展两国关系，同意进行以缔结贸易、航海、航空、渔业等协定为目的的谈判。

《中日联合声明》签署后，大平正芳外相举行记者招待会，向各国记者介绍中日两国首脑会谈的情况，代表日本政府表示对台湾的态度，"在《联合声明》中虽然没有触及，日本政府的见解是，作为日中邦交正常化的结果，'日华和平条约'已失去了存在的意义，并宣告结束"③，表示与台湾方面断绝官方关系。在两国邦交正常化谈判中，中国充分考虑日本政治制度与中国的不同，理解日本政府在台湾问题上面临的困难，同意在《中日联合声明》中，不直接宣布"日台和约"失效，不用日本与台湾方面"断交"的字眼，而是用间接灵活的方式终止"日台和约"。这样既坚持了"复交三原则"，又达成了邦交正常化的最终目标。这种相互理解、务实的态度，为以后处理两国关系的问题，提供了借鉴。

《中日联合声明》签署并发表后，周恩来在田中角荣的答谢宴会上说，

---

① 《毛泽东文集》第8卷，第439~440页。
② 《战后中日关系文献集（1971~1995）》，第111页。
③ 《战后中日关系文献集（1971~1995）》，第113页。

"我们双方举行了多次会谈,就实现中日邦交正常化和双方共同关心的问题,进行了认真、坦率和友好的讨论。本着互相谅解和求大同、存小异的精神,我们在有关中日邦交正常化的一系列重要问题上达成了协议","战争状态的结束,中日邦交的正常化,中日两国人民这一长期愿望的实现,将打开两国关系中的新篇章,并将对和缓亚洲紧张局势和维护世界和平,作出积极的贡献"[①]。周恩来是中国外交的领导者,也是"民间先行、以民促官"对日方针的执行者,他深知中日两国民间交流对达成官方关系的重要意义,他感谢为中日邦交正常化做出贡献的日本朋友,表示"饮水不忘挖井人",中日邦交正常化实现后,中国将继续发展与日本友好人士、友好团体和在野党的关系,从官方与民间两个方面,推动中日关系向前发展。

中日实现邦交正常化,是中日两国人民长期共同努力的结果,是"民间外交"长期发展结出的硕果,结束了中日两国的战争状态,纠正了战后持续多年的"不正常状态",揭开了两国关系史上的新篇章。邦交正常化扭转了近百年来中日两国扩张与反扩张、侵略与反侵略的历史,中日两国从战争走向和平与友好合作。

中日邦交正常化,实现了亚洲两个不同社会制度国家的正常关系,创造了不同社会制度国家和平友好相处的范例。二战以后,中日两国选择了不同的社会制度和发展道路。在邦交正常化谈判中,两国超越了意识形态分歧,把维护地区和平与稳定、发展两国友好关系放在首位。田中角荣在谈判中强调:"日本的困难在于与中国政体不同,日本不是社会主义。因此,在日本国内有人反对邦交正常化。如果邦交正常化能够超越政体的不同,就可以避免自民党的分裂。"[②] 周恩来表示,中国尊重日本的政治和社会制度,不搞革命输出,中国绝不做军事大国。在邦交正常化谈判过程中,中日两国领导人本着互相谅解的精神,求大同、存小异,以大局为重,在涉及邦交正常化的重大问题上,充分理解对方的立场和困难,采取法律性与政治性结合、原则性与灵活性结合的方式,跨越各种障碍,高效率地完成了邦交正常化的课题,实现了两国人民多年为之努力的愿望。

中日邦交正常化改变了亚太地区的国际格局,有利于亚洲地区的和平与稳定。有学者认为,"中日关系正常化与睦邻友好合作关系的建立,对东西方冷战体制必然是个巨大的冲击,在冷战链条上冲开了一个大缺口。因

---

① 《战后中日关系文献集(1971~1995)》,第108~109页.
② 《中日第二次首脑会谈》(1972年9月26日),日本外务省亚洲局中国课解密档案。

此可以说中日复交削弱了冷战态势，至少是在亚洲缓和了国际紧张局势，在一定程度上改变了美苏争霸的格局"①，可以说结束了"非典型性"冷战状态，为东西方对立打开了缺口，对于东亚的和平与稳定，对于世界的和平发展，将产生积极影响。

## 五 中日两国进入友好合作的"蜜月"时期

根据《中日联合声明》原则精神和国际法规则，中日两国很快在对方国家首都建立大使馆，互换大使。中日两国间有了官方和民间两个交流渠道，它们互相补充、互相促进，进入令人难忘的"蜜月"时期。

中日邦交正常化后，两国友好团体往来更加便利和顺畅。1972年10月，日中友好协会代表团访问中国。中日友协会长廖承志总结中日邦交正常化发展的历程，认为中日邦交正常化是中日两国人民长期共同奋斗的结果，感谢日中友协及日本各友好团体、各在野党，为邦交正常化做出的努力。作为中日友好协会的负责人，他深感"中日关系正常化不仅为两国关系揭开了新的一页，而且也为两国民间往来的进一步发展造成了十分有利的形势。我国的对外政策始终是着眼于人民，寄希望于人民……今后，在政府来往的同时，人民间的往来也一定会更多、更广泛"②。他认为，中日建立官方关系，为民间友好交流搭建了更广阔的平台。在中日民间外交阶段，日本朋友为中日友好做了卓有成效的工作。中日邦交正常化以后，两国的民间交流仍然有巨大的生命力和重要作用，中国政府将继续推动两国民间友好团体和友好人士的交流，在新的历史条件下，发展中日关系。

1973年4月，廖承志率领中日友好协会访问日本。在日本，他向为中日邦交正常化付出努力的日本各界人士表示感谢和敬意，"中日两国民间多方面、多渠道的友好往来，能为政府间正常关系建立和发展提供坚实的基础；而两国外交关系的建立和发展，又为进一步发展民间友好往来开辟更加广阔的前景"③。中日邦交正常化后，民间与官方如车之两轮，并驾齐驱地推动中日关系向前发展。廖承志充分利用这次访问日本的机会，与日本各界广泛交流，称赞日本自由民主党、社会党、公明党、民社党、第二俱乐部和无党派国会议员400多人成立了日中友好议员联盟，与中日邦交正常

---

① 田桓主编《战后中日关系史（1945~1995）》，中国社会科学出版社，2002，第291页。
② 《战后中日关系文献集（1971~1995）》，第124页。
③ 《战后中日关系文献集（1971~1995）》，第134页。

化前"促进恢复日中邦交议员联盟"一样,都是为中日友好积极工作的组织,"我们中日友好协会将热烈支持你们的活动,将同你们加强合作,为开展两国政治家的交流,增进相互的了解,发展中日友好而共同努力"[1]。廖承志看望了为中日友好事业做出重要贡献的日本朋友和他们的家属,表明"饮水不忘掘井人",不会忘记为中日友好做出贡献的老朋友。

中日邦交正常化后,两国历史文化相似的城市结成友好姊妹关系,是友好交流的一种新形式。1973年6月,中国天津市与日本兵库县神户市结为友好城市,这是中日两国间的第一对友好姊妹城市。此后,上海市与横滨市、西安市与奈良市、上海市与大阪市、西安市与京都市等,纷纷结成友好姊妹城市。中日两国发展友好城市交流,很注重对应城市历史文化、民俗民风的相似性或者共同性,提高友好城市交流的实效性,使其成为地方政府以及民众理解交流的平台,巩固中日友好合作的基础。

中日邦交正常化以后,一些民间协定(议)将升格为政府协定(议)。这些民间协定要以政府协定形式出现,需要对相应内容进行进一步协商谈判。从1973年起,中日两国贸易、航海、航空、渔业等相关部门相继进行协定谈判。1973年5月,中国电信总局和日本邮政省达成《建设中国和日本国之间海底电缆的协议》,协议规定,"在中国和日本国之间,共同建设一条具有足够电路容量的海底电缆,供中日两国间通信使用,同时,也积极为对方沟通与其他国家的通信"[2],电缆建设时间为3年,费用中日建设单位各承担一半。这是邦交正常化后,中日两国政府达成的第一个协议。

1974年1月,周恩来会见来访的日本外相大平正芳时说:"我们高兴地看到,大平外相阁下的这次访问,对加深中日两国相互之间的理解,进一步发展两国的睦邻友好关系,作出了有益的贡献。"大平正芳外相访华期间,中日两国政府签订《中华人民共和国和日本国贸易协定》,这是在已有民间贸易基础上签订的政府协定。中日两国确定"本着在平等互利的原则基础上进一步发展两国间的贸易和加强两国间的经济关系",在有关进出口物品的一切关税、国内捐税和其他税费,以及上述各种税费的征收方法、海关规章、手续方面,相互给予对方最惠国待遇。[3]

为进一步发展两国间的经济贸易关系,积极促进有关产业的技术交流,

---

[1] 《战后中日关系文献集(1971~1995)》,第140页。
[2] 《战后中日关系文献集(1971~1995)》,第141页。
[3] 《战后中日关系文献集(1971~1995)》,第149页。

中日两国政府派代表组成混合委员会，研究中日贸易协定的执行情况和有关两国间的贸易问题，在必要时向缔约双方政府提出适当建议。1975年4月，中日贸易混合委员会成立。此后，中日贸易混合委员会取代备忘录贸易办事处，成为沟通两国贸易的主要机构。中日邦交正常化，使两国贸易上升到官方层面。

中日两国签订航空协定，是邦交正常化的必然结果。日本与台湾方面之间航空业务换文失效，日本政府将通过民间协议维持与台湾方面的航空关系。然而，日本国内存在着亲台、反华势力，鼓吹不能"抛弃台湾"，反对和阻挠中日两国签订政府间的航空协定。"日中关系正常化协议会"是日本自民党内重要的组织，其中亲台势力大约占半数。它曾对田中首相访华开出了一个条件："应给予照顾以继续维持同中华民国（台湾）的原有关系。"[①] 在中日就航空运输协定谈判时，日本国内的亲台势力活动猖獗，成立"日华关系议员恳谈会"，要维持日台航线的现状。日本亲台势力组织成立"青岚会"，鼓吹日本政府如果答应中国的条件，就是"丧失国家利益，对蒋介石不义"。[②]

中日两国力排亲台势力干扰，于1974年4月20日签订《中日航空运输协定》。《中日航空运输协定》是继中日贸易协定后两国间的又一个政府协定。协定规定日台之间的航空运输属于地区性的民间往来，坚持《中日联合声明》关于台湾问题的原则立场。日本外相大平正芳在谈话中明确表示："日本国和中华人民共和国之间的航空运输协定是国家间的协定，日台之间的是地区性的民间航空往来。日本国政府根据日中两国政府的联合声明精神，自该声明发表之日起，就不承认台湾飞机上的旗帜标志是表示国旗，不承认'中华航空公司（台湾）'是代表国家的航空公司。"[③]《中日航空运输协定》的签订，是中日两国政府和人民不断努力的结果，"中日航空运输协定的签订，对于那些敌视中日友好关系的反动派是一个有力的打击"[④]。《中日航空运输协定》签订后，中日两国民航客机可以直接飞行到对方国家，缩短了两国间的飞行距离，节省了两国航空运输的时间成本，便利了两国政府和民间各个方面的往来与交流合作。

---

① 李德安等编译《大平正芳的政治遗产》，第482页。
② 刘德有：《时光之旅——我经历的中日关系》，第512、514页。
③ 《战后中日关系文献集（1971~1995）》，第160页。
④ 《人民日报》1974年5月17日。

海上运输是中日人员、经贸往来的重要方面。1974年11月13日，中日两国签订《中华人民共和国和日本国海运协定》。协定界定了"航舶"的范围，即指为商业目的从事海上旅客、货物运输的商船。缔约双方船舶是被承认具有中华人民共和国国籍或日本国国籍的船舶，规定双方船舶进出对方开放港口的权力等。

　　中日邦交正常化前，两国渔业团体签订了民间渔业协定。中日邦交正常化后。两国政府部门经过谈判，于1975年8月签订《渔业协定》，规定了双方保护和合理利用渔业资源、保证航行和作业安全渔船紧急避难等内容。为了更好地实施这一协定，两国决定设立渔业联合委员会。

　　总之，中日邦交正常化后，两国政府根据《中日联合声明》规定的原则，签订了一系列政府间合作协定，把政府应该承担的责任和义务明确下来。在协定中，中日双方妥善地对待台湾等敏感问题，重申"一个中国"的原则。同时，中国也注意保护台湾地区民众的基本利益，不反对台湾与日本发展民间层面的交流与合作。

## 第四节　《中日和平友好条约》的签订

　　《中日联合声明》的签署，宣告两国结束"不正常状态"，恢复邦交正常化。接下来，中日两国应该签订和平友好条约，以法律形式确定两国和平友好关系。然而，由于国际形势的变化，《中日和平友好条约》谈判经历了四年漫长的过程。中国坚持条约中要写进"反霸"条款。日本慑于苏联的压力，一直在"反霸"问题上犹豫不决。谈判断断续续，最终双方在《中日和平友好条约》中明确写进"反霸"条款。《中日和平友好条约》将中日两国友好关系以法律形式确立下来。中日之间的长期和平友好，是以维护中日两国利益、维护地区和世界和平为前提的，是未来中日关系发展的基本目标和方向。

### 一　毛泽东提出"三个世界"划分理论

　　1970年代初，中国外交迎来了新的发展时期，尽管"文化大革命"中，中国外交受到了"左"的干扰，但是外交工作取得了令人瞩目的成绩。由于国际形势变化，中苏矛盾凸显，中国将反对苏联霸权主义作为战略重点，"反霸"问题直接影响着《中日和平友好条约》的签订。

1970年代的世界并不太平,美苏两个超级大国到处插手、干涉别国事务,冷战大环境下的局部热战不断。在美苏两个超级大国的军备竞赛中,苏联在战略核武器数量、航天技术等领域超过美国,处于攻势地位。苏联对中国实行战略包围,在中苏、中蒙边界陈兵百万,严重威胁中国的国家安全。中国对两个超级大国的情况进行分析,认为苏联是中国的主要威胁。1973年2月17日,毛泽东会见基辛格,提出了"一条线"的思想。"一条线"即日本—中国—巴基斯坦—伊朗—土耳其—欧洲—美国,应联合对付苏联霸权主义。1974年1月5日,毛泽东会见日本外相大平正芳时提出了"一大片"的思想,就是要联合从美洲、亚洲到欧洲的"一条线"的周围国家,共同反对苏联霸权主义。

毛泽东通过会见外宾阐述其对国际形势的看法,并提出新的外交理念。1974年2月22日,毛泽东接见赞比亚总统卡翁达,提出"三个世界"划分的战略理论。他指出,"美国、苏联是第一世界。中间派,日本、欧洲、澳大利亚、加拿大,是第二世界。咱们是第三世界"。接着,毛泽东分析了"三个世界"的特点,"美国、苏联原子弹多,也比较富。第二世界,欧洲、日本、澳大利亚、加拿大,原子弹没有那么多,也没有那么富,但是比第三世界要富"[1],毛泽东特别提到亚洲主要国家属于第三世界,"亚洲除了日本,都是第三世界。整个非洲都是第三世界,拉丁美洲也是第三世界"[2],中国将坚定地站在第三世界一边。"三个世界"划分理论,是根据各国实力和国际地位做出的,它不以意识形态作为划分不同国家的标准,而是将反对霸权主义作为主要任务,明确指出为维护世界和平,应该联合哪些力量,反对哪些势力。可以说,这是中国共产党"统一战线"理论在当代国际关系中的运用和发展。邓小平曾经高度评价"三个世界"划分理论,认为"对于团结世界人民反对霸权主义,改变世界政治力量对比,对于打破苏联霸权主义企图在国际上孤立我们的狂妄计划,改善我们的国际环境,提高我国的国际威望,起了不可估量的作用"[3]。尽管后人对"三个世界"划分理论有不同评价,但是当时其对于改善中国国际环境,维护国家安全,具有重要意义。

中国对两个超级大国的态度是,主要反对苏联,与美国缓和关系,避

---

[1] 《毛泽东文集》第8卷,第441页。
[2] 《毛泽东文集》第8卷,第442页。
[3] 《邓小平文选》第2卷,第160页。

免两面出击。但是，中国认为第三世界才是维护世界和平的主要力量，要与第三世界一起，反对霸权主义。中国认为，在战争与革命的时代，"弱国能够打败强国，小国能够打败大国。小国人民只要敢于起来斗争，敢于拿起武器，掌握自己国家的命运，就一定能够战胜大国的侵略。这是一条历史的规律"[1]，并希望与第三世界国家人民互相支持、互相帮助，反对任何形式的霸权主义和强权政治。"三个世界"划分理论是中国对外战略思想的重要转变，表明我们彻底抛弃按照社会制度和意识形态划分敌友的做法。1974年，邓小平在联合国大会上，详细地阐述了"三个世界"划分理论，表明中国维护和平、反对霸权的立场。

中国重视第二世界各国，也就是"中间地带"国家在反对霸权主义中的作用，认为第二世界国家具有两面性，受两个超级大国的压迫、控制，同时又在很多方面不得不依赖于超级大国。中国具体分析了日本的情况，认为日本是第二世界的重要国家，亚洲唯一的发达资本主义国家。日本的经济实力在增长，有自己的利益诉求，不可能再完全听命于美国。日本也不满苏联的霸权主义，中日两国在反霸特别是反对苏联霸权主义上具有共同性，中日两国应该共同为维护亚太地区的和平稳定做出贡献。中国强调反对霸权主义立场，希望在此后的《中日和平友好条约》谈判中，明确将"反霸"条款写进去。

## 二 积极推动《中日和平友好条约》的谈判

中日邦交正常化实现以后，《中日和平友好条约》的谈判被提上了议事日程，中日两国要将友好关系以国际条约的形式确立下来。

1974年1月初，周恩来在会见日本外相大平正芳时表示，最好在1974年内把《联合声明》所规定的条约和各种业务协定都解决，并向日方介绍了中国对条约构成和内容的想法。据张香山回忆，在《中日和平友好条约》谈判即将开始时，中国坚持《中日联合声明》作为拟缔结的和平友好条约的政治基础，声明中的第一条到第五条是叙述历史，是已经实现了的，是肯定了的，可以在条约中不再提。剩下的和平共处五项原则，联合国宪章中的原则，两国政府间用和平手段解决一切争端而不诉诸武力和武力威胁，不排他，不称霸和反对别国称霸的问题都应写入条约。再写一条经济、文

---

[1] 《毛泽东外交文选》，第586页。

化交流的条款,当然只能写得原则一些。①

中国重视日本在野党在《中日和平友好条约》谈判中的作用。1974年8月,竹入义胜率领日本公明党访华团来中国。邓小平指出,"我们希望比较快地谈判。从原则上来说,我们认为可以主要体现中日两国友好的愿望。当然,也不可避免要体现两国联合声明签订以后两国关系的发展和形势的新变化。有些解决不了的问题、难以解决的问题,可以搁一搁,不妨碍签订这样一个条约。具体步骤,总是要通过预备性的会议,先接触,双方的想法可以先了解,问题在谈判的过程中来解决"②,希望竹入义胜把中国的意见转达给田中角荣首相,也希望日本的一些官员不要做有损于《中日联合声明》政治原则的事情。他认为中日之间的问题,焦点还在台湾问题上,"就我们来说,这个问题不只涉及日本,也涉及国际关系中一个比较重要的问题。为什么同你们的声明里强调这个问题?为什么在中美上海公报里也强调这个问题?问题就在这里"③。中国在台湾问题上的立场是一贯的,日本政府中的一些人鼓吹"不能放弃台湾",去台湾从事经济以外的活动,破坏中日关系的举动是徒劳的。

同年8月,日本14个代表团访问中国,邓小平再次提出,签署《中日和平友好条约》的步子应该再"快一些"。不必在谈定四个协定后才开始条约的谈判,可以平行作业;必须从政治角度、用长远的眼光来看中日关系。邓小平认为加强中日两国人民的友好,是符合我们两国人民的根本利益的,它不是百年大计,而是千年大计、万年大计。有些问题可能成为尽快缔结《和平友好条约》的障碍,如钓鱼岛问题,可以暂时放一放,否则谈上十年《和平友好条约》也谈不拢。日本国内的一小撮人,他们从台湾得到好处,死抱着台湾不放,还有一些仍然抱着军国主义思想的人,是《中日和平友好条约》谈判的障碍;日本国内坚持中日友好的政治家和群众团体掀起的国民运动对《中日和平友好条约》的签订是一个推动。④ 中国认为中日友好是长远的战略目标,绝不仅仅是手段,更不是权宜之计。

10月,邓小平会见日本日中友好协会代表团和日中文化交流协会代表团,再次谈到签署《中日和平友好条约》问题,认为要"尽早排除一切障

---

① 张香山:《中日关系管窥与见证》,当代世界出版社,1998,第72页。
② 《战后中日关系文献集(1971~1995)》,第166页。
③ 《战后中日关系文献集(1971~1995)》,第166页。
④ 张香山:《中日关系管窥与见证》,第73页。

碍，实现条约的签定；谈判在事务性协定签署后开始也可以，或与事务性协定同时并进也可以；钓鱼岛的主权问题暂时搁置起来为好"①，把钓鱼岛主权问题搁置起来，不要让这个问题影响和平友好条约的签订，体现了中国的诚意。

中国外交部负责人利用与日本外务省官员各种会面的机会，提出应尽早开始缔结和平友好条约谈判。1974年9月，外交部副部长乔冠华在参加联合国大会时与日本外相木村俊夫会面，向日本提出要尽早开始缔结和平友好条约谈判。② 日本要求中国派人到日本商谈相关事宜。11月，中国外交部副部长韩念龙访问日本，就《中日和平友好条约》的性质、内容、写入反霸条款等问题，阐述了中方的意见。日本希望早日完成《中日联合声明》规定的各项条约、协定，对尽快缔结条约以及条约内容不持异议，但对反霸条款有所顾虑和保留。③

11月，日本国内发生了"洛克希德事件"，田中角荣涉嫌受贿辞去首相和自民党总裁职务，三木武夫接替田中担任首相。三木武夫在中日邦交正常化以前，就公开声明中华人民共和国为中国唯一合法政府，台湾是中国不可分割的领土，呼吁尽快恢复中日邦交，对中国比较友好。三木武夫担任首相后，对签订和平友好条约表现了较为积极的态度。

## 三 "反霸"条款成争议的焦点

中日实现邦交正常化、中美关系缓和之后，中国更坚定了反对苏联霸权主义的决心。1973年8月，周恩来在中国共产党第十次全国代表大会上指出："对帝国主义可能发动的侵略战争，特别对苏修社会帝国主义对我国突然发动袭击，保持高度警惕，做好一切准备。"④ 中国在各种场合揭露苏联到处插手各国内部事务、支持地区霸权主义的行径。中国鲜明的"反霸"立场，也体现在《中日和平友好条约》谈判中。

1975年1月，中国驻日本大使陈楚与日本外务次官东乡文彦就《中日和平友好条约》签订问题举行预备会谈。谈判达成两点共识：即将缔结的《中日和平友好条约》是保证两国将来走向友好道路的、向前看的条约；条

---

① 《战后中日关系文献集（1971~1995）》，第170页。
② 刘德有：《时光之旅——我经历的中日关系》，第520页。
③ 张香山：《中日关系管窥与见证》，第74页。
④ 《人民日报》1973年8月29日。

约的内容以中日复交时的《联合声明》为基础。① 2月，双方交换各自的条约草案。中方草案中有"反霸条款"。日本对"反霸条款"提出异议，不同意把它写进条约。日本提出，"霸权"这个词，对日本人来说很"生疏"，很"不习惯"。日本认为和平友好条约是关于中日两国关系的，不应该涉及和针对第三国。日本清楚中国提出的"反霸"是针对苏联的。日本认为如果中日两国条约写进针对苏联的条款，会激怒苏联，日本不希望这样做。而中国坚持和平友好条约必须有"反霸"条款，中日两国在"反霸"问题上争论不休，多次谈判未能达成一致。

1975年9月，中国外交部部长乔冠华与日本外相宫泽喜一举行会谈。宫泽喜一要求中国答复日本的"四项原则"，即：（1）不仅要在亚洲、太平洋地区，而且要在世界各地反对霸权；（2）反对霸权不是针对某个第三国的；（3）反对霸权并不意味着日中采取联合行动；（4）不得与联合国宪章的精神发生矛盾。② 日本的目的是把反对"霸权"限定为一般的国际原则，而不特指苏联，避免惹怒苏联。乔冠华表示，"反霸"的含义是人所共知的，没有必要进行解释，以免使其支离破碎，失去精神实质。"反霸"应是日中双方共同观点，各做解释就不能称其为共同点了。③ 中国知道日本解释"反霸条款"，是害怕得罪苏联。当时中国的对外关系上，反对苏联霸权主义是重点，不可能在这个问题上让步。

日本首相三木武夫在对外关系上提出"等距离"外交，希望中日关系发展不要影响日苏关系，更不能给人以中日共同反对苏联的印象。苏联认为中国提出的"反霸"矛头是对准自己的，通过各种途径和方式向日本政府施加压力。1975年2月，苏联驻日大使特罗扬诺夫斯基会见日本自民党副总裁椎名悦三郎，声称苏联很担心《日中和平友好条约》的谈判，希望《日中和平友好条约》不要对苏联产生不良影响。2月14日，特罗扬诺夫斯基向三木武夫首相送交了勃列日涅夫的亲笔信，提出要进行日苏和平友好条约的谈判，缔结"苏日睦邻合作条约"。6月，苏联发表政府声明，认为"反霸条款"是敌视苏联的条款，"为了日苏两国的共同利益，应当对为了自己的狭隘意图而企图制造改善日苏关系障碍的第三国的任何行动给予应有的回击。苏联遵循的正是这种方针并指望自己的邻国——日本也采取同

---

① 刘德有：《时光之旅——我经历的中日关系》，第523页。
② 《战后中日关系文献集（1971~1995）》，第193页。
③ 冯昭奎等：《战后日本外交（1945~1995）》，第348页。

样的态度"①。苏联外长威胁日本，如果日本屈服于中国的压力，苏联就必须重新考虑日苏关系。苏联启动宣传机器，攻击"反霸条款"，苏联海军还在日本海周围游弋。苏联的这一态度一直持续到1980年代。②三木武夫担心如果和平友好条约写上"反霸权条款"，苏联会给日本更大的压力，中日缔结和约问题不得不暂时被搁置起来。

应该说，在《中日和平友好条约》中坚持反对霸权主义是不错的，但是如果"反霸"有明显的指向，必然会引起相应国家的反对，使和平友好条约的谈判陷入僵局。黄华曾经担任中国常驻联合国代表，他在回忆"反霸条款"时说，"就深层次来说，在极左思潮泛滥，四人帮当道的年月，中国外交政策也受到很大干扰，对外交涉谈判中的某些灵活处理和策略妥协，常常被说成是卖国投降。中国在霸权条款问题上，没有灵活的余地"③，缺乏应有的灵活应变，不免使谈判搁浅。

日本国内也存在着阻挠缔结《中日和平友好条约》的势力。自民党亚洲研究会会长滩尾弘吉提出，"条约中写进反霸权条款与迄今政府的'日中是日中、日苏是日苏'的主张相矛盾"，"日本卷入中苏对立将导致亚洲的不稳定和紧张"。"青岚会"就恢复日中和平友好条约谈判提出了四个条件：谋求保全台湾的地位；对反霸权条款，要确立日本的立场；要确认尖阁列岛（即钓鱼岛）是日本的领土；确认中苏友好同盟条约在形式上和实质上都已经消失。日本国内的亲台派大肆鼓吹"两个中国"，鼓吹台湾当局是代表中国的正统政府，阻挠《中日和平友好条约》的签订。日本政府面临着国内外的压力，三木武夫在《中日和平友好条约》的谈判中，不敢"有所作为"，谈判中断了近三年。

## 四　中日和平友好终于以条约形成确立下来

在《中日和平友好条约》断续谈判的过程中，中国国内形势发生了巨大变化。1977年8月，中国共产党召开第十一次全国代表大会，宣告"文化大革命"结束，重申党在新时期的根本任务是在20世纪内把中国建设成为社会主义现代化强国。为了解放思想，破除"左"的束缚，1978年5月，

---

① 田桓主编《战后中日关系史（1945～1995）》，第310页。
② 林代昭：《战后中日关系史》，北京大学出版社，1992，第231～232页。
③ 王泰平：《六年"怀胎"一朝"分娩"——中日和平友好条约诞生记》，《中日关系史研究》2008年第3期，第17页。

中国开展关于真理标准问题的大讨论，从理论上否定了"两个凡是"，为即将召开的十一届三中全会做了理论准备。中国要集中精力进行社会主义现代化建设，积极扩大与发达国家的经济交流与合作，借鉴和利用人类文明发展的一切有利成果，推进中国的经济建设和社会发展，这为《中日和平友好条约》的签订提供了良好条件。日本经济界人士认为，中国进行现代化建设，是日本"扩大经济合作"的好机会，敦促政府尽早缔结和平友好条约。

1970年代后期，国际上出现了有利于中日缔结和平友好条约的新形势。苏联乘着美国搞缓和的机会，在世界上到处插手，其咄咄逼人的攻势令各国的政治家都不能安枕。在非洲，苏联插手埃塞俄比亚和索马里领土争端，亲西方的埃塞俄比亚倒向苏联，而原来接受苏联援助的索马里废除《索苏友好合作条约》，倒向美国。大国干涉使索马里陷入长期的混乱之中。苏联向南也门渗透，威胁美国在中东的地位。苏联支持越南搞地区霸权主义，干涉柬埔寨的内部事务。更有甚者，1978年4月，苏联的战斗机射击并使途经苏联领空的韩国民航飞机迫降，造成包括日本人在内的严重人员伤亡事件。

在中苏关系进一步恶化的形势下，中美关系却不断推进。尼克松总统因"水门事件"下台后，福特总统积极推进与中国的关系，并于1975年12月访问中国。1977年，卡特当选为美国总统后，也采取积极的对华政策。中国建设社会主义现代化强国需要引进发达国家的先进技术和设备，大量吸引投资，美国作为最发达的国家，是中国现代化建设中特别重视的对象，而中国潜在的巨大市场对美国有很强的吸引力。中美关系在1978年春取得突破性进展，使美国的盟国日本对签订《中日和平友好条约》表现得更加积极，在"反霸"条款上有了商量余地。

中国抓住有利的国际形势，继续发挥日本在野党和民间团体的作用，"民间外交"再次发挥重要作用。1977年1月，中日友协邀请日本公明党委员长竹入义胜访问中国。廖承志通过公明党，了解到日本首相福田赳夫在恢复和平友好条约谈判的立场上比三木武夫有所改变，立即向中央领导汇报日本国内的这个新情况。1977年3月，日本公明党书记长矢野绚也访问中国。廖承志代表中国政府强调关于《中日和平友好条约》的原则立场：中国一贯主张根据《中日联合声明》尽早缔结和平条约；两国建立与发展和平友好关系，不是针对第三国的，面对霸权主义的威胁，中日两国不谋求霸权,但应当反对任何国家或国家集团谋求霸权;中日两国反对霸权,并不意味着采取联合行动,各自奉行独立的外交政策,互不干涉内政;关于重开缔约谈判问题,中国方面没有任何障碍,希望福田首相早做决断,欢迎园田外相访华。① 邓小平会见矢野绚也时说,廖承志所提的四项原则,"是向福田首相转达中国方面的真实意图",希望福田首相成为我们的朋友。

中国认为中日两国间的和平友好是战略需要,而不是权宜之计,希望日本政府早下决心。1978年6月5日,邓小平副总理在会见日本广播协会代表团时,再次表达了对于和平友好条约签订的态度,他说:"两国不友好的历史仅仅只有半个世纪,而且这段历史已经过去了,现在,我们都要向前看。中日两国人民休戚相关,我们两国友好合作关系的发展前景是良好的。在谈判签订《中日和平友好条约》时,中日双方都要从全球战略和政治的观点出发"②。中国以多种渠道,通过日本在野党、友好团体和知名人士,向日本政府转达关于和平友好条约签订的原则,希望日本政府早下决心,恢复谈判。

经过中日两国各方面的不断努力,1978年7月,中断三年之久的和平友好条约谈判重新开启。中日两国谈判代表,经过艰苦的磋商,终于在缔约原则、内容、条文等问题上达成一致。8月8日,日本外相园田直访华,他将代表日本政府完成《中日和平友好条约》的最终签字工作。12日,中国外交部长黄华和日本外相园田直分别代表本国政府在《中日和平友好条约》上签字。

《中日和平友好条约》的内容其实并不多,条约由前言和五条正文组成。前言指出,联合声明中的各项原则是两国间发展和平友好关系的基础,应该严格遵守。正文规定,中日双方"应在互相尊重主权和领土完整、互不侵犯、互不干涉内政、平等互利、和平共处各项原则的基础上,发展两国间持久的和平友好关系"。条约正文规定:缔约双方在和平共处五项原则基础上,发展两国间持久的和平关系,"在相互关系中,双方用和平手段解决一切争端,而不诉诸武力和武力威胁";"双方任何一方都不应在亚洲和太平洋地区或其他任何地区谋求霸权,并反对任何其他国家或国家集团建立这种霸权的努力;双方将本着睦邻友好的精神,按照平等互利和互不干涉内政的原则,为进一步发展两国之间的经济关系和文化关系,促进两国

---

① 宋有成、李寒梅:《战后日本外交史(1945~1994)》,世界知识出版社,1995,第431页。
② 《战后中日关系文献集(1971~1995)》,第224页。

人民的往来而努力"①。两国间的和平友好条约不影响缔约各方同第三国的关系。8月16日,中国全国人民代表大会常务委员会决议,批准了这项条约,完成了中国方面的法律手续。10月16日和18日,日本众议院和参议院先后批准该条约,完成了日本方面的全部手续。

1978年10月,邓小平赴日,出席《中日和平友好条约》批准书互换仪式。至此,《中日和平友好条约》终于正式生效。邓小平在互换批准书后表示,中日两国有2000多年的友好交往历史,在两国友好的长河中,不幸的历史只有几十年的时间,这不过是很短的插曲。"和平友好条约的签订,不仅在事实上,而且在法律上、政治上总结了我们的过去关系,更重要的是从政治上更进一步肯定了我们两国友好关系要取得不断的发展。中日要世世代代友好下去"②。

邓小平还就台湾问题、钓鱼岛问题等阐明立场。"我们实行台湾归还祖国也要充分考虑台湾的现实。日本方式也是尊重台湾现实的一种表现","什么时间、用什么方式解决台湾问题,是中国的内政,美国无权干涉。实际上,我们承担了不使用武力的义务反而会成为和平统一台湾的障碍,使之成为不可能"③。台湾问题关系到中国的核心利益,邓小平再次重申解决台湾问题不允许任何外来干涉,用什么方式解决台湾问题是中国的内政。

关于钓鱼岛领土主权问题,邓小平说,"中日双方由于各自的环境不同,对一些问题有不同的看法是完全可以理解的。比如你们叫尖阁列岛,我们叫钓鱼岛的问题,就是有一些看法不同,可不在会谈中谈。我同园田外相讲过,我们这一代人不够聪明,找不到解决的合理的办法,我们下一代会比较聪明,大局为重"④,表明了中国求大同、存小异的立场。邓小平在会见日本记者时,就钓鱼岛问题再次强调,"这样的问题是不是可以不涉及两国的主权争议,共同开发。共同开发的无非是那个岛屿附近的海底石油之类,可以合资经营嘛,共同得利嘛"⑤,表现了中国政府在钓鱼岛问题上的原则立场,希望钓鱼岛问题不影响两国关系的发展。

邓小平是中华人民共和国成立后访问日本的最高国家领导人,他在日本期间广泛会见了日本政党、团体、工商界人士。邓小平与日本各主要在

---

① 《战后中日关系文献集(1971~1995)》,第228页。
② 《战后中日关系文献集(1971~1995)》,第242页。
③ 《战后中日关系文献集(1971~1995)》,第243页。
④ 《战后中日关系文献集(1971~1995)》,第243页。
⑤ 《邓小平文选》第3卷,第87页。

野党领导人会见时谈起了徐福东渡日本寻找长生不老药的故事,"听说日本有长生不老药,这次访问的目的是:第一,交换批准书,对日本老朋友所做的努力表示感谢。第二,寻找长生不老药","也就是寻求日本丰富的经验而来"①,表示要学习日本先进的经验。邓小平出席了日本记者俱乐部举行的记者招待会,这是中国领导人在出访时第一次同意以"西方方式"同记者见面。

中国的经济建设,需要吸纳人类文明的一切成果。日本作为亚洲唯一的经济发达国家,其经济技术、管理科学等方面有许多值得中国学习和借鉴的地方。邓小平利用与日本经济界人士会面的机会,表达了中国实现四个现代化的决心,强调在坚持自力更生的同时,努力学习和借鉴包括日本在内的各国先进经验,借助于日本的科学技术、资金,加快中国的建设步伐。邓小平还邀请有"经营之神"之称的松下幸之助帮助中国发展电子产品。松下幸之助没有想到邓小平会邀请"一个资本主义的企业"到社会主义的中国去投资设厂,深深地为邓小平的真诚所打动。邓小平与松下幸之助的会谈,为松下公司开拓中国事业打开了大门,也开辟了中日经济合作的新历程,事实上揭开了中国对外开放的序幕。

《中日和平友好条约》表明中日两国和平友好关系用法律的形式固定下来,标志着中日两国睦邻友好关系发展到了一个新的阶段,为两国人民友好往来和各方面交流架起了新的桥梁,对维护亚洲和太平洋地区的和平有重要意义。《中日和平友好条约》与《中日联合声明》一样,成为发展中日友好关系的政治基础,成为中日关系发展必须遵循和贯彻的重要文件。

---

① 《战后中日关系文献集(1971~1995)》,第247页。

# 第五章　中日关系呈现新局面

　　1978年12月，中国共产党召开十一届三中全会，做出了实行改革开放的战略决策。中国是在冷静分析国内外形势的基础上做出工作重心调整的。在提到世界潮流与发展趋势问题时，中国认为世界的主题已经由"战争与革命"变为"和平与发展"，中国应抓住难得的发展机遇，与国际和平力量合作共同制止战争，反对霸权主义。《中日和平友好条约》的签订，为中日两国的交流与合作提供了有力保障，两国友好关系进入新阶段。随着中日交往的密切，两国的矛盾与问题不断显现，1980年代以后，中日关系出现一些困难和问题。中国坚信中日和平友好符合两国的根本利益，妥善对待矛盾和分歧，中日关系出现了令人欣喜的新局面。

## 第一节　新时期中国的对外政策与中日关系

　　随着国内工作重心的转移，中国开始调整对外政策。中国对世界形势重新做了分析和研究，认为在较长的时间内世界不会发生大规模的战争，"和平与发展"取代"战争与革命"，成为新的世界主题。在有利的大环境下，中国应该抓住机遇，加快现代化建设，提高人民生活水平，提高综合国力，维护国家的主权与安全。中国在现代化建设中，要努力学习人类一切文明的成果，包括资本主义国家的先进科学技术、管理经验，加快经济社会发展。中国实行改革开放，调整了对外政策，为中日关系的发展提供了新的条件。

### 一　"和平与发展"主题下的对外政策

　　1978年12月，中国共产党召开具有历史意义的十一届三中全会。在十一届三中全会上，中国共产党停止"以阶级斗争为纲"的口号，"把全党工作的着重点和全国人民的注意力转移到社会主义现代化建设上来"[1]。加快生产力的发展，是改善人民物质文化生活的需要，也是提高国家综合实力、捍卫国家主权的需要，"科学技术水平不提高，社会生产力不发达，国家的实力得不到加强，人民的物质文化生活得不到改善，那末，我们的社会主义政治制度和经济制度就不能充分巩固，我们国家的安全就没有可靠的保障"[2]。对中国来说，加快发展就是最大的政治，是关系到国家安全、祖国统一，关系到社会主义事业兴衰的大问题。十一届三中全会不仅在中国共产党的历史上，而且在中国经济发展中，都具有里程碑式的意义，标志着中国进入改革开放的新时期。

1978年12月13日，邓小平在中央工作会议闭幕会上发表"解放思想、实事求是，团结一致向前看"的讲话，提出在现代化建设中，"我们要学会用经济方法管理经济。自己不懂就要像懂行的人学习，向外国的先进管理方法学习。不仅新引进的企业要按人家的先进方法去办，原有企业的改造也要采用先进的方法"，学习一切人类文明的成果，加快中国社会现代化的步伐。这在当时可谓振聋发聩，十年"文化大革命"时期，极"左"思潮泛滥，学习国外的先进技术和管理经验往往被扣上"崇洋媚外""里通外国"的帽子，邓小平提出要学习外国先进经验，不能关起门来搞建设，在国内外引起强烈的反响。

中国在对世界形势做了深刻分析的基础上，认为世界的主题不是"战争与革命"而是"和平与发展"，认为在短时间内世界不可能发生大规模的战争，中国作为发展中国家，应该抓住机遇，加快发展，提高综合国力，而不是"准备打仗"。在对外关系上，中国改变了"一条线""一大片"的对外方针，努力争取维护地区与世界和平，以为经济建设创造稳定的国际环境。邓小平根据中国自身国力与世界形势，提出了中国在国际事务中"善于守拙""不当头""不扛旗"，"考虑国与国之间的关系主要应该从国家自身的战略利益出发。着眼于自身长远的战略利益，同时也尊重对方的利益，而不去计较历史的恩怨，不去计较社会制度和意识形态的差别，并且国家不分大小强弱都相互尊重，平等相待"[3]，立足长远，不拘泥于历史恩怨，也不强调社会制度差异，静下心来进行现代化建设。

---

[1] 中共中央文献研究室编《三中全会以来重要文献选编》（上），人民出版社，1982，第4页。
[2] 《邓小平文选》第2卷，第86页。
[3] 《邓小平文选》第3卷，第330页。

在改革开放的新时期，中国加快与美国根本改善关系。1978年12月16日，中美发表《中华人民共和国和美利坚合众国关于建立外交关系的联合公报》，美国承认中华人民共和国政府是中国的唯一合法政府，台湾是中国领土的一部分。从1979年1月1日起，中美正式建立外交关系。1981年里根担任总统后，提出美国要对内振兴经济、对外重振国威。美国为重新确立在世界的军事优势，增加军费开支，与苏联展开了新一轮军备竞赛。这加剧了国际局势紧张。美国也认识到"不可能在一个充满战争的世界里安享和平"[1]，注重对第三世界国家提供一般经济援助，减少军事援助，不希望再打像越南那样的战争。中国认为尽管世界上仍然存在着战争的威胁，但是美苏两个超级大国都没有准备好打世界大战，在"核恐怖平衡"下，美苏都不会轻易动手，中国应该抓住有利的时机，加快经济社会发展。

中国继续坚持在和平共处五项原则的基础上发展对外关系，发展同所有国家的友好关系，开展全方位外交。在对外关系上改变了僵化、绝对化做法。邓小平指出："现在的问题是要注意争取时间，该上的要上。大战打不起来，不要怕，不存在什么冒险的问题。以前总是担心打仗，每年总要说一次。现在看，担心得过分了。我看至少十年打不起来。"[2] 中国把对外经济工作提升到建设现代化的战略高度来认识，认为"我们的社会主义现代化建设，要利用两种资源——国内资源和国外资源，要打开两个市场——国内市场和国际市场，要学会两套本领——组织国内建设的本领和发展对外经济关系的本领"[3]，要将自力更生与发展对外经济结合起来，积极吸引外资，引进国外先进科学技术，通过对外开放促进中国国内的建设。

中国认为，"现在的世界是开放的世界"，当今世界已经形成相互影响、相互渗透、相互作用、相互依存的开放体系，世界各国间的合作日益频繁。中国实行积极的对外开放方针与世界发展趋势是一致的，"任何一个国家要发展，孤立起来，闭关自守是不可能的，不加强国际交往，不引进发达国家的先进经验、先进科学技术和资金，是不可能的"[4]，中国要学习一切国家的先进科学技术，加快中国社会主义建设的步伐。邓小平根据近代中国的发展历程，特别是中国社会主义建设的经验教训，不断指出坚持对外开

---

[1] 理查德·尼克松：《不再有越战》，王绍仁等译，世界知识出版社，1999，第281页。
[2] 《邓小平文选》第3卷，第25页。
[3] 《三中全会以来重要文献选编》（下），第1113页。
[4] 《邓小平文选》第3卷，第117页。

放的必要性和重要性,"总结历史经验,中国长期处于停滞和落后状态的一个重要原因是闭关自守。经验证明,关起门来搞建设是不能成功的,中国的发展离不开世界"①,中国将长期奉行对外开放政策,不断扩大与世界各国的经济、贸易、技术等方面的交流与合作。

1979年12月,邓小平会见日本首相大平正芳,提到中国四个现代化目标,到20世纪末,争取国民生产总值达到1000美元,实现小康水平。1987年4月,邓小平在会见西班牙首相时提出了"三步走"的战略。可以说,自十一届三中全会以来,中国朝着制定的战略目标不懈努力,无论形势如何变化,中国始终坚持独立自主的和平外交政策,尽可能为现代化建设创造更长时间的和平环境。正如邓小平所讲:"中国要实现自己的发展目标,必不可少的条件是安定的国内环境与和平的国际环境。我们不在乎别人说我们什么,真正在乎的是有一个好的环境来发展自己。"②只有争取较长时间的国际和平环境,保持较快的增长速度,中国综合国力才能提高,人民生活水平才能不断提高,国内政治才能稳定。中国适应地调整了对日政策,两国关系发展迎来了新时期。

## 二 改革开放下的中日合作

中国对外开放,要吸纳国外的资金和技术,加快经济发展的步伐,提高综合国力。中国在对外关系上突破了意识形态的畛域,要向资本主义学习。日本作为中国的近邻、亚洲最发达的资本主义国家,在中国对外开放中扮演了重要角色。中国对世界主题判断的转变、改革开放政策的实施,加深了中日两国间经济、政治、文化等领域的交流。

中国认为尽管中日两国社会制度不同,两国有各自的利益,在合作中不可避免地出现矛盾和分歧,但是日本已经走上了和平发展道路,是维护地区和平的一支重要力量。日本先进的现代化科学技术和管理经验,可以为中国现代化建设提供资金、技术等支持。和欧美发达国家相比,日本与中国一衣带水,具有得天独厚的地理上的优势。中日两国有着2000多年的交往历史,在漫长的历史中,两国人民的友好交流占主导地位,不友好的历史是短暂的,中日两国人民在相互学习、相互交流中,结下了深厚的友谊,共同推动了东亚文化的发展和社会的进步,这是中日两国新时期开展

---

① 《邓小平文选》第3卷,第78页。
② 《邓小平文选》第3卷,第360页。

友好合作的基础。日本的外汇储备居世界之首,对外贸易连年顺差,经济发展速度虽然属于中速,但是由于基数大,其增长依然十分可观。日本的丰富资金可以为中国现代化建设提供支持。对华投资、技术输出,可以为日本继续发展创造更好的条件,两国经济技术合作是互利、互惠的。中日友好合作有着深厚的基础和共同的利益,是现实可行的。

中国确定改革开放的方针后,更加积极从政府、民间各个方面推动中日友好合作。1979年2月7日,邓小平副总理访问美国,回国途经日本,在短暂的停留时间里,他会见了日本首相大平正芳,强调中日发展和平友好关系的战略意义。他认为,中日两国应该在《中日和平友好条约》的基础上,加强沟通,增加信任。他说,"去年10月,我对贵国进行了正式友好访问,度过了难忘的一个星期。我们共同完成了一件具有历史意义的重要任务——互换了中日和平友好条约的批准书,庄严宣告了这一条约的生效","通过会谈进一步加深了我们的相互理解和信赖关系。我深信,中日两国领导人经常交换意见,是十分有益的。中日两国关系的基础是牢固的。两国的友好合作关系,一定会在中日和平友好条约的基础上,得到重大发展"[①],对在《中日和平友好条约》基础上发展两国关系充满期望和信心。

1979年2~3月,中日两国达成了一系列政府间合作项目,包括中日两国政府间的铁道技术合作项目、中日海缆修理后的有关问题、中日关于延长两国长期贸易协议和扩大贸易金额问题,双方将有效期内各自出口总金额又扩大1倍至2倍。这些政府间协定不仅使中日两国各领域的交流更加稳定,而且为友好合作增添了实质性的内容。在发展友好合作关系过程中,中国重视中日两国人民传统友谊在当今的作用和意义,在发扬中日友好传统的基础上,续写友谊新篇章。1979年4月,中国中央电视台和日本广播协会签订了关于联合摄制电视节目《丝绸之路》的协定书,要继承中日两国人民友好交往的传统,增进两国人民的了解和友谊。

中国全国人大与日本众参两院的往来也很密切。1979年4月,全国人大常委会副委员长邓颖超率领代表团访问日本。邓颖超在日本指出,《中日和平友好条约》的缔结"不仅为巩固和发展我们两国的友好合作关系奠定了坚实的基础,使两国关系变得更加紧密了,而且正对维护亚洲和太平洋地区的和平与安全产生积极的影响"[②]。邓颖超认为,《中日和平友好条约》

---

① 《战后中日关系文献集(1971~1995)》,第252页。
② 《战后中日关系文献集(1971~1995)》,第256页。

签订后，中日两国间在政治、经济、科技、文化等各领域的关系在新的基础上不断发展，相信在求同存异的基础上，两国交流合作会出现新局面。

中国一贯重视中日两国人民的直接交流，重视人民的心灵交流。1979年5月，中国派出全国人大常委会副委员长、中日友好协会会长廖承志率领的"中日友好之船"访日代表团，代表团由600人组成，成员来自各行各业，这是新中国成立以来派出的第一个大型民间代表团。代表团用一个月的时间，乘坐1.4万吨游轮绕日本列岛一周，足迹遍及日本33个都、道、府、县，174个市区，与日本各界人士进行了广泛接触。廖承志说，"日本发展迅速，已拥有世界上先进的工业、农业生产水平及科学技术，在建设国家方面积累的丰富经验等，这些对我们都有很好的参考价值。我们希望中日两国进行广泛的友好交流，加强友好合作，在中国从事社会主义现代化建设方面，不断得到友好邻国日本之协助"①，表明中国希望学习日本现代化建设的经验和技术，加强两国人员往来的愿望。"中日友好之船"访问日本达到了"乘船绕一周，中日友好连千秋"②的目的。

1979年9月3日，中国国务院副总理谷牧访问日本。当时，中国刚刚实行改革开放政策，日本各界特别是工商界人士欢迎中国的改革开放，又对中国的政策存在顾虑，对是否到中国投资举棋不定。谷牧副总理就日本朋友关心的中国现代化建设资金、中国的政局等问题做了回答。他强调，中国会长期坚持改革开放政策，欢迎日本企业到中国投资，参与中国现代化建设。谷牧副总理说："有些朋友担心中国的政局是否能长期稳定，怕再出现'强烈的政治意识时代'，把现代化冲掉。我们认为，这种可能性已不存在。广大人民反对动荡，要求安定，一心一意把经济搞上去。"谷牧还强调了中日两国从各个方面加强和发展友好关系的重大意义，他认为："有了一个经济发达、技术先进的日本，再加上一个逐步强大起来的现代化的中国，并且同亚洲、太平洋地区其他友好国家亲密合作，整个东方局势的稳定就有保证，这个力量，对于世界局势的稳定，决不是无足轻重的。"③ 日本人对中国深圳、珠海的经济特区很感兴趣，谷牧介绍中国政府在特区将采取较为开放的办法，欢迎包括日本企业家在内的各国朋友到特区开办企业。谷牧这次访日，宣传了中国改革开放政策，在一定程度上打消了日本

---

① 《战后中日关系文献集（1971~1995）》，第260页。
② 吴学文、王俊彦：《廖承志与日本》，第466页。
③ 《战后中日关系文献集（1971~1995）》，第271页。

经济界的顾虑。

1979年6月，84岁高龄的松下幸之助应邀访问中国。邓小平同松下幸之助进行了深入的交谈。松下幸之助就中国的改革开放、经济建设、企业管理以及如何同外国进行技术合作和合资经营等问题，提出了坦率的建议。邓小平感谢松下幸之助真诚友好的态度，并请松下幸之助帮助中国改造电子工业。松下幸之助提出了一个由日本电子工业界联合起来帮助中国发展电子工业的宏大计划。1980年代后期，松下电气公司在北京成立了北京松下彩色显像管有限公司，中日双方共投资248亿日元，这是当时最大的中日合资企业。松下电器成为中日合作的样板，表明中日合作是"双赢"的举措。

十一届三中全会后，中国一再申明改革开放的重大战略方针并非权宜之计，希望西方各国来华投资。但是，由于中国大门封闭太久，加之冷战没有结束，西方世界对中国的对外开放持有疑虑，外国企业不敢轻易来华投资。1979年12月，日本首相大平正芳访问中国，表示要支持中国实现现代化。日本与中国达成了向中国提供资金支持的协定，其向中国提供500亿日元的贷款，年利3%，偿还期为30年。日本政府后来在持续30年的时间里一直向中国提供贷款，解决了中国现代化建设急需的资金问题，也在中外合作中起了率先垂范的作用。

1985年3月，邓小平会见日本商工会议访华团，谈到对国际形势的看法，"我们多年来一直强调战争的危险。后来我们的观点有点变化。我们感到，虽然战争的危险还存在，但是制约战争的力量有了可喜的发展"，[①] 认为世界大战在较长的时间内不会发生，那么我们所处的时代的战略性问题就不是要准备打仗，而是和平与发展。他认为："现在世界上真正大的问题，带全球性的战略问题，一个是和平问题，一个是经济问题或者说发展问题。和平问题是东西问题，发展问题是南北问题。概括起来，就是东西南北四个字。南北问题是核心问题。"[②] 要维护世界和平，促进共同发展，特别是促进发展中国家的发展，发展是核心问题，发展不仅是经济问题，实际是个政治问题。中国作为最大的发展中国家，要在坚持独立自主的和平外交政策、和平共处五项原则的基础上同所有国家发展友好合作关系，中国是维护世界和平和稳定的力量。中国一贯反对霸权主义，维护世界和

---

① 《邓小平文选》第3卷，第105页。
② 《邓小平文选》第3卷，第105页。

平。"中国对外政策的目标是争取世界和平。在争取和平的前提下，一心一意搞现代化建设，发展自己的国家，建设具有中国特色的社会主义"[①]，发展是中国面临的迫切问题，更是世界性问题，中国希望与日本有更多的合作，加快发展。

中国认为，日本与美国是同盟关系，但是在对华政策上，两者有明显的区别，日本不以意识形态作为中日合作的前提，有利于两国关系全面深入的发展。

1979年，日本在中国创建了第一家合资企业，带动了日本企业对华投资。但是，1980年代，日本许多企业对中国改革开放政策不甚了解，来华投资的多为中小企业，投资规模多在100万~200万美元。经过十余年的经济合作，日本企业家逐渐打消了对华投资的顾虑，投资额逐渐增加，大公司来中国投资的积极性提高，对华投资的重点也有变化，从劳动密集型向资本密集型扩展。

### 三 在"互利共赢"中扩大合作

随着中国对外开放不断扩大，中日两国将合作领域逐渐扩大，并且超越就友好谈友好的阶段，将和平友好关系与中日经济社会的发展联系在一起，与两国的利益联系在一起，力争在"互利""共赢"的原则下，夯实友好合作的基础，使交流合作能够持续发展下去。1979年，日本开始向中国提供日元贷款后，又向中国提供了其他方面的援助。1980年4月起，日本对中国产品提供"特惠关税"，还在北京投资合作建设了现代化医院——中日友好医院。

1980年5月27日，国务院总理华国锋应邀访问日本，这是中国总理第一次访问日本。华国锋希望根据平等互利、互通有无的原则，加强同日本和其他国家的经济合作。中日两国尽管体制不同，但是应该通过进一步交流，不断加深相互理解和相互信赖，发展和加深两国间的持久的、不可动摇的和平友好合作关系。中日两国签署《中华人民共和国和日本国政府科学技术合作协定》。根据协定，两国政府将在平等互利原则的基础上，发展和促进两国政府间科学技术领域的合作。协定规定中日科技合作的形式包括派遣和接受科学家和技术人员，举办两国科学家和技术人员参加的讨论

---

[①] 《邓小平文选》第3卷，第57页。

会、研究会，进行共同研究，交换有关科学技术情报以及两国政府同意的其他合作形式。两国领导人同意为缔结候鸟保护条约尽早谈判。12月6日，中日两国签订了关于在渤海南部及西部海域合作进行石油和天然气勘探开发的协议书。

华国锋访问日本，是对大平正芳首相访华的回访。此后，中日两国政府领导人每年进行互访交流，进行政府间的联系和沟通。1981年10月，日本首相福田赳夫到中国访问；1982年5月，中国总理访问日本。中日两国领导人再次强调两国虽然社会制度不同，但是发展经济合作关系有着许多有利条件，这就是天时、地利、人和。中国为了发展两国经贸合作，提出了关于发展中日经济关系的三原则，即和平友好、平等互利、长期稳定。这三项原则其实已经超出了一般经济合作关系，而是包含着政治因素在内。只有在政治互信的基础上，经济关系才能不断发展。

随着中日两国人员往来和交流的增多，需要增加总领事馆，以利于两国人员的往来交流。1980年2月，中国政府在日本札幌、日本政府在中国广州分别设立总领事馆。

中日两国人民多年的友好交往历史，为新时期两国在交流中结下深厚的友谊奠定了基础，至今仍然在两国人民中间传诵，成为两国续写友好合作的基础。1980年4月，鉴真和尚像回中国巡展。鉴真是唐朝著名高僧、扬州大明寺住持，他东渡日本，将中国文化典籍、医学著作、雕塑、绘画及建筑技术、佛教经典等带到日本，对日本社会的进步和发展做出了积极贡献。邓小平、廖承志分别撰文，赞扬鉴真和尚不畏艰险，在沟通和传播中国文化方面的贡献，邓小平指出："在中日人民友好往来和文化交流的历史长河中，鉴真是一位作出了重大贡献，值得永远纪念的人物。现在，在日本政府支持下，日本文化界和佛教界人士，把国宝鉴真像郑重地送来中国供故乡人民瞻仰。这是一件具有深远意义的盛事。它必将鼓舞人们发扬鉴真及其日本弟子荣睿、普照的献身精神，为中日两国人民世代友好事业作出不懈努力。"① 廖承志表示，"我不懂佛学，我是唯物论者和无神论者。但是鉴真和尚这样一往无前，不惧险阻的精神，是非常值得我们佩服的。但愿我们中日两国人民从事于友好事业的人，都能学习鉴真和尚，不为私利，不为一时之需，而是把两国人民和民族的友好，千秋万代地延续下去，

---

① 《战后中日关系文献集（1971~1995）》，第306页。

为亚洲和平大厦添上几片琉璃宝瓦"①。鉴真大师像回国巡展,"不仅仅是佛教史上的一件大事,也是中日文化交流和两国人民友谊发展史上的一件有重大意义的盛举"②,中国人民真心希望中日两国人民以鉴真和尚为榜样,像鉴真和尚那样全心全意完成自己的使命,增进两国人民的了解和友谊,把中日友好事业传下去。

中日两国城市之间或者省、县之间以地域为单位的友好交流和合作有了进一步发展。1979年中日两国结成友好姊妹城市13对,1982年中日邦交正常化10周年时,中日友好城市或友好省、县发展到46对。中日两国人员互访迅速增加,中国访问日本人员由1972年的500多人次,增加到1.9万人次,10年间增长了30多倍。日本访华人员由1972年的8300多人次,猛增到13.8万人次,增长了10多倍。中日贸易额由1972年的10多亿美元,增长到104亿美元。③ 这一时期是两国友好合作的"蜜月"时期,充分说明中日两国合作交流具有深厚的基础和广阔的前景。

"历史经验证明,中日两大民族'合则两利,离则两伤'。这就是说,中日两国只有友好合作,才能有利于世界和平,造福于后代子孙。在滚滚向前的中日友好合作的洪流中,人们注意到,也存在着某些阻碍中日关系巩固和发展的因素。避免重走历史老路,警惕少数人妄图复活军国主义的倾向,是中日两国人民的共同愿望。中日友好合作关系这棵大树,仍然需要中日两国政府和人民精心地加以爱护和培育,才能茁壮地生长"。④ 一系列纪念、交流活动,扩大了中日各界的交往,推进着两国交流与合作的新发展。

## 第二节 深化中日两国和平友好关系

《中日和平友好条约》确立了中日两国关系发展的原则,把长期和平友好正式以法律形式确定下来。十一届三中全会召开后,中国开启改革开放的新进程,为中日两国友好合作提供了有利的内外条件。为了促进中日关系健康、持续向前发展,中国提出关于中日关系发展的新原则,随着中国

---

① 《战后中日关系文献集(1971~1995)》,第307页。
② 《人民日报》1980年5月4日。
③ 吴学文、林连德、徐之先:《当代中日关系(1945~1994)》,第233页。
④ 《人民日报》1982年9月30日。

共产党最高领导人访问日本，两国关系进入崭新的发展阶段。而中日两国分别成立了友好21世纪委员会，反映了中日两国人民对世世代代友好的期望，成为两国交流的新形式。

## 一　中国共产党领导人出访日本

随着中日邦交正常化、《中日和平友好条约》签订，中日关系进入了崭新的发展阶段，两国各方面的交流合作深入发展。为了进一步推进中日友好事业，中国共产党最高领导人做出访问日本的决定，以推进中日关系新发展。1983年11月23~30日，中共中央总书记胡耀邦应邀访问日本，这是中国共产党最高领导人第一次出访资本主义国家，是日本首次邀请中国共产党最高领导人访问。胡耀邦谈到他此行的目的是：巩固已经建立并发展起来的中日友好关系，巩固中日关系发展的成果，扩大两国的互利合作，并着眼于未来两国关系的发展，把友好关系传给下一代。胡耀邦说在日本要办三件事，"第一，要同日本朝野人士就双方共同感兴趣的问题交换意见；第二，要参观日本现代化的工业、科学、技术的新成就，也可以说，要向日本先进的科学、技术和经营管理经验学习；第三，还要转达中国人民对日本人民的友好情谊"[①]。他将中日两国关系概括为最主要的八个字：和平友好，平等互利。这八个平平常常的字，由中国共产党最高领导人说出，有不寻常的意义，倾注着中国决策层对中日关系发展的厚望。

胡耀邦访问日本期间，中国改革开放刚刚起步，西方国家包括日本对中国的政策有各种疑虑和担心。胡耀邦向日本各界介绍中国政治、经济、社会发展等方面的情况，强调中国的对外关系是在坚持和平共处五项原则的基础上，谋求同世界各国发展友好关系，维护世界和平。中国的基本国策就是，"一心一意干四化，建设两个文明。说得详细一点，就是举国一致，长时期地致力于工业、农业、国防和科学技术的现代化建设，致力于社会主义的物质文明和精神文明的建设，以谋求国家的繁荣昌盛和人民的富裕幸福。为此目的，在对外关系上，就要在和平共处五项原则的基础上，谋求同世界各国发展友好关系，维护世界和平"[②]。中日两国是近邻，中国愿意与日本长期友好相处。胡耀邦强调，"中国实行对外开放政策，是经过郑重和审慎考虑的重大决策和战略方针，是长期不变的。如果一定要说它

---

[①]《战后中日关系文献集（1971~1995）》，第434页。
[②]《战后中日关系文献集（1971~1995）》，第442页。

还会变化，那就只能是：越变越成熟，越变越完善，越变越有利于互惠互利地开展多种形式的对外经济合作，而决不是相反"①，中国对外开放是审视国际形势和国内实际状况后提出的，是长期坚持的战略。希望日本企业家打消顾虑，加强与中国的经济合作。

胡耀邦与日本政府领导人会见时，就未来中日关系发展的基本原则进行了交流，双方一致同意把三原则扩大为四原则，即和平友好、平等互利、相互信赖、长期稳定。从中日两国关系发展的状况看，"相互信赖"至关重要。现在中日两国实现了邦交正常化，也签订了和平友好条约，但是相互信赖远远不够。没有信赖，就难以建立长期稳定的合作机制，不利于中日关系的长远发展。中日两国要实现世世代代友好，培养年青一代非常重要。中日领导人达成共识，同意成立"中日友好21世纪委员会"。胡耀邦建议"中日友好21世纪委员会"要有老、中、青的代表参加。

关于中日两国青年的交流，胡耀邦希望他们为实现世世代代友好的目标而努力，一代接一代，一代好过一代，才能世世代代地友好下去。胡耀邦代表中国共产党和中国政府诚挚邀请3000名日本青年来年秋天访问中国，增加日本青年对当今中国的了解，增进中日两国年青一代之间的友谊。

中国共产党最高领导人访问日本，交流了推进中国友好关系的看法，还为长期发展中日两国睦邻友好关系确立了新的机制，表达了中国愿意与日本实现世世代代传友好的愿望，为当时以及日后中日关系的发展指明了方向。

## 二 中日世代友好的新机制

1980年代，中日两国领导人都深知两国和平友好关系来之不易，希望把和平友好传承下去，中日不再战，为亚洲及世界的和平发展做出贡献。1984年3月，邓小平与日本首相中曾根康弘会谈，希望中日两国关系长期友好发展下去，谈及中日关系发展不同阶段及长期目标时，邓小平指出，"第一步放到二十一世纪，还要发展到二十二世纪、二十三世纪，要永远友好下去。这件事超过了我们之间一切问题的重要性"②，世世代代友好是中国长期对日关系的目标，不是权宜之策，也不是为了友好而友好，而是要兼顾中日双方的各自利益和共同利益，夯实友好合作关系的基础，妥善解

---

① 《战后中日关系文献集（1971~1995）》，第444页。
② 《邓小平文选》第3卷，第53页。

决可能出现的困难与问题，共同推进和平友好走向新阶段。

1984年9月，"中日友好21世纪委员会"在日本举行首次会议。中方首席委员王兆国阐述了中国的立场，认为面向21世纪，探索中日关系的未来，对于我们两个国家和民族来说，是一项具有十分重要现实意义的课题。实现中日21世纪更加友好的主要标志是："一、在政治上，中日两国应成为不同社会制度国家长期和平共处的典范。二、在经济上，中日两国应成为平等互利、共同繁荣的伙伴。三、在文化科技交往上，中日两国应成为相互学习、共同前进的朋友。四、在国际事务中，中日两国应成为反对战争，维护和平，促进人类进步发展的积极力量。"[1] 中日两国作为亚洲重要国家，在和平与发展问题上，负有义不容辞的国际责任。中国不仅将中日友好合作作为中日两国之间的事情，而且着眼于中日两国共同为推进人类和平与发展做贡献，充分肯定日本在当今国际社会中的积极作用，对未来中日关系的发展充满信心。

"中日友好21世纪委员会"自成立后，形成了良好的运营机制，每年举行一次定期会议，在"和平友好、平等互利、相互信赖、长期稳定"的四项原则的基础上，从政治、经济、文化、科技等角度，研究中日友好关系长期稳定发展的途径，向两国政府建言献策。中日双方委员会各由10名委员组成，在中国外交部亚洲司和日本外务省亚洲局分别设立日常工作机构。

1984年9月24日起，应邀参加中日青年友好联欢的3000名日本青年陆续来到中国。他们受邀参加中华人民共和国35周年国庆庆祝活动，预计在中国逗留15天，与上海、杭州、南京、北京、西安、武汉等地的中国青年联欢，游览中国名胜，访问中国家庭。邀请庞大的日本青年代表团访问中国是空前的。中国希望通过中日两国青年的直接交流，增进彼此的了解和友谊，为21世纪的中日友好打下坚实的基础。

胡耀邦在欢迎日本青年友好联欢大会上讲话指出："你们是跨世纪的人物。如果我们两国青年一代决心把两国的友好关系继承和发展下去，并且教育你们已经生育和迟早要生育的子女也照这样做，那么，我们就有把握地说：21世纪必定是中日两国更加友好的世纪。"[2] 参加这次联合活动的日本青年许多人后来成为推动中日友好的中坚力量。2008年6月，90岁高龄

---

[1] 《战后中日关系文献集（1971～1995）》，第513～514页。
[2] 《战后中日关系文献集（1971～1995）》，第520页。

的日本前首相中曾根康弘率领当年参加中日青年友好联欢的部分成员组成"日中青年世代友好代表团"访问中国,代表团成员走访当年的朋友,共叙友情,表示在中日关系遭遇冰冻的困难时期,希望共同探讨解决方案,促进中日关系早日走出低谷。

中日两国科技界人士自1980年代初开始组建共同合作研究机构,开展共同研究和技术合作,召开学术研讨会和技术交流会,仅1981年,中国派往日本的科技考察团、组就达到250个,1100人次。[①]日本每年向中国派出大量科技官员和学者。1979年起,中日两国正式互派留学生,中国不少大学、研究机构与日本对应的大学、研究院达成合作培养人才的协议,到1984年底,中国有60多所高校与日本的50所大学建立了校际交流关系。中日两国的作家、音乐家、美术家也不断进行相互交流和访问,体育界、教育界、宗教界人士不断组织团体互访,从政府到民间的合作与交流,进一步加强了两国人民的了解和友谊,中日关系呈良好的发展态势。

在中日关系发展的良好大环境下,两国经济合作尤其令人瞩目,双边贸易额从1978年的50亿美元扩大到1988年的近200亿美元。日本经济界人士逐步打消来华投资的顾虑。1980年代,中日两国金融、企业的合作快速发展,中日资金合作除日本政府长期向中国提供日元贷款外,日本民间银行也与中国合作。日本多家民间银行与中国签订了贷款或者融资协定,日本政府和民间的贷款、融资,为中国经济建设提供了急需的资金,而日本企业界到中国投资设厂,加快了中国企业的技术进步,对中国经济社会发展起了重要的作用。

中国政府积极支持两国民间团体、人士的定期交流。1982年10月起,中日民间人士每隔两年举行会议,讨论共同关心的话题,促进民间交流形式多样化,特别是培养中日友好下一代,着眼长远发展中日关系。

## 三 妥善对待中日关系中的分歧

任何事物的发展都不会一帆风顺,中日关系也是如此。中日邦交正常化后,两国关系发展很快,合作不断深入。但是,随着中日两国关系的深入,一些原来隐藏的问题浮出水面,两国政治信赖的不足,对彼此发展战略的疑虑等因素,使两国关系快速发展的同时,矛盾分歧日益凸显。

---

[①] 田桓主编《战后中日关系史(1945~1995)》,第382页。

经过战后几十年的快速发展，1980年代日本成为举世瞩目的经济大国，经济总量居世界第二位。经济的高速发展，让日本人走出了战败的阴影，民族自信心得到提高。"一亿总中流"意识，让日本人感到自豪。日本政治家借机提出不能做"经济巨人、政治侏儒"，要做正常国家，改变"谢罪"外交形象，要在国际舞台上发挥更大的作用。1982年11月，中曾根康弘出任日本首相，他明确提出"战后总决算"的口号，要摆脱战争的阴影，让日本以普通国家的身份参与国际事务，在国际事务中加强发言权。中曾根康弘被称为日本最国际化的领导人，他担任首相的五年中，日本"自主外交"倾向明显。随着"战后总决算"口号出现，日本国内极端民族主义蠢蠢欲动，而极端民族主义思潮又以否定历史为突破口。

1983年1月24日，中曾根康弘首相发表施政演说表示，"尤其重视与日本邻近的亚洲和太平洋地区的外交"，"对于重要的邻邦中国，将在现有的良好而稳定的基础上，努力争取进一步发展友好合作关系"①，表示重视中日关系。同时，也表达日本在成为经济强国之后，要在国际舞台上展现自身的风采，"迄今为止，我们一直在为追赶坡上的一朵云（指欧美发达国家）而努力，而现在这朵云已经消失，我们需要创造更新的一朵云"②，希望日本成为影响世界的力量。

中曾根作为日本"鹰牌政治家"，其目标就是要使日本成为普通国家，进而成为"政治大国"。在对待战争问题上，中曾根一方面认为日本发动的是一场错误的战争，另一方面又认为许多亚非国家通过战争获得独立，实际否定侵略战争的性质。中曾根时代，为振奋民族精神，增强国民的国家意识，日本出现了严重歪曲历史的行为。

在近代日本军国主义发动对外侵略战争问题上，中国一贯主张尊重历史、吸取历史教训，维护和平。中华人民共和国成立后，一直坚持把发动侵略战争的少数日本军国主义分子和广大日本人民严格区分开来，认为日本人民也是战争受害者，中国人民愿意与日本人民一道，为防止战争悲剧重演、发展中日友好做出努力。中国对战争问题的态度是明确的，要尊重历史，绝不容许模糊战争性质和责任，这样才能以史为鉴，不再重蹈覆辙。

日本有一些人认为要做政治大国，就要在国际上改变"谢罪"外交形象。1980年代中期以后，日本不断有人挑战中日关系的政治基础，导致中

---

① 《战后中日关系文献集（1971~1995）》，第407页。
② 刘迎春：《中曾根政权与日本的转折》，《日本问题资料》第10期，1987年10月。

日关系出现新困难。1989年，索尼公司董事长与日本右翼政治家石原慎太郎合写《日本人可以说"不"》，认为日本人可以对美国人说"不"，要争雄世界。这正好迎合了成为经济大国后日本人"示强"的民族情绪，该书一经出版，即受到读者追捧，发行量达数百万册。

日本有人以增强国家意识、振奋民族精神为由，对曾经犯有侵略罪行的战犯顶礼膜拜，进而企图否定历史。靖国神社成为历史认识的重要问题。靖国神社供奉着自明治维新至二战结束246万多日本历次国内战争和对外侵略战争中死去的官兵。1978年，日本将东条英机等14名甲级战犯的亡灵以"昭和殉难者"的名义移放到靖国神社供奉。东条英机、山本五十六等人用过的物品也被放进神社的游就馆，供民众参观。

1985年8月15日，日本首相中曾根康弘带领18名阁僚以公职身份集体正式参拜了靖国神社，开现任内阁首相以公职身份参拜靖国神社的先例。中国认为，"日本政府成员正式参拜靖国神社，迎合和助长了日本国内妄图否定侵略战争性质，为日本军国主义翻案的一股思潮，不能不引起亚洲各国人民的警惕和关注"①，希望中日两国关系在正确总结历史经验的基础上，健康、顺利地发展下去。9月3日，中国全国人民代表大会常务委员会委员长彭真在纪念抗日战争和世界反法西斯战争胜利40周年大会上指出，"中日两国已经建立了睦邻友好的关系，这是两国政府、两国人民和许多有识之士共同努力的结果，是两国关系历史经验教训的结晶。由日本军国主义侵略造成的两国敌对的历史已经结束。这种历史绝不许重演。日本少数人还在进行妄图复活军国主义的活动，这是违背中日两国人民意愿的，是不利于中日友好和世界和平的"②，希望与广大日本人民一道在吸取历史经验的基础上，维护世界和平，防止新的战争。

1980年代中期以后，日本政治家在历史问题上"失言"的情况不断出现，其中文部大臣藤尾正行、国土厅长官奥野诚亮等人都因发表美化侵略战争的言论而被迫辞职。在日本，否定侵略战争性质的，不再是极少数的几个人，而是逐渐形成了一股歪曲历史的社会思潮。

日本右翼学者、保守势力屡次否定侵略战争，还企图将错误的历史观传给下一代，从根本上动摇中日关系发展的政治基础，引发了1980年代的"教科书事件"。在美国主导下，日本在战败投降后进行了民主化、非军事

---

① 《战后中日关系文献集（1971~1995）》，第550页。
② 《战后中日关系文献集（1971~1995）》，第556页。

化改革，教育改革是其中的重要组成部分。1946 年 1 月 25 日，日本颁布《国民学校后期使用图书中的删除修正问题》，即"涂抹教科书令"，要求涂抹掉教科书中的军国主义内容。1947 年 3 月末，日本公布《教育基本法》，这是宪法的附属法律。文部省颁布《学习指导要领》，规定民间可以编写教科书。1950 年代后期，小学到高中教科书全部由民间编写，"国定"教科书彻底退出历史舞台。现在日本教科书由出版社根据《学习指导要领》组织专家编写，完成后送文部科学大臣审定。文部科学大臣根据《学习指导要领》和《教科用图书审定基准》，做出"教科用图书审定调查审议会"咨询报告，决定教科书是否合格。日本教科书审定周期为四年。在四年的周期中，第一年审定小学教科书，第二年审定初中教科书，第三年和第四年审定高中教科书。随后进入下一个循环。

1982 年 6 月，日本文部省审定多处篡改史实的高二、高三年级的历史教科书合格。该教科书将日本侵略亚洲邻国全部改为"进入"，并对南京大屠杀等历史事实进行了淡化和删减，把日本制造的大屠杀说成是"占领南京时，由于中国军队的激烈抵抗，日军蒙受很大损失，激愤而起的日军杀害了许多中国军民，受到了国际的谴责"，不仅说南京大屠杀是由于中国军队的抵抗造成的，只字不提日军杀害中国军民的数量，也没有指出日军的屠杀是在占领南京城后发生的。教科书对日本侵略朝鲜和东南亚各国的历史也进行了篡改，激起中国和亚洲邻国的强烈不满，中国外交部要求日本政府切实负起责任，修改教科书中的错误，不要用错误的史观教育下一代，避免再次发生类似的事件。

邓小平对教科书问题发表意见，指出："最近日本修改教科书篡改历史，给我们提供了一个重温历史、教育人民的机会。这件事不仅教育了中国人民，也教育了日本人民，其实这是一件很好的事情。更重要的是我们的那些娃娃，那些年轻人需要上这一课。他们不大懂历史，有些历史已被忘记了。特别是现在我们实行对外开放政策，鼓励外国投资，讲友好，就容易忽视这一面。"[①] 在讲友好的同时，要重视历史教育，才能促进中日关系健康发展。

日本少数学者以"学术研究"为名，为否认侵略战争性质制造学理上的根据。1984 年，日本拓植大学教授田中正明发表《南京大屠杀之虚

---

[①] 冷溶、汪作玲主编《邓小平年谱（1975～1997）》（下），中央文献出版社，2004，第 851～852 页。

构——关于松井大将日记》一书，声称南京大屠杀是中国人"虚构出来"的"无稽之谈"，指挥南京大屠杀的日本华中派遣军司令松井石根被判处死刑是"冤枉"的。1987年，田中正明又发表《南京事件的总结——否定屠杀的十五个论据》，全面否定南京大屠杀。中国对于日本歪曲历史的行为提出严肃批评，希望日本政府要负起责任，用正确的历史观教育青少年，反对以任何名义歪曲历史、破坏中日关系。

中日两国在钓鱼岛的归属上一直存在争议，中日邦交正常化和缔结和平友好条约谈判时，双方从友好大局出发，将此问题留待以后解决。1979年5月31日，邓小平会见日本自民党众议员铃木善幸时指出："现在，我们两国不宜在这个问题上纠缠不休。我在东京时就说过，这牵涉到两国的领土主权问题，先搁一下。我们还是应该把这个问题搁起来，也可以考虑共同开发这个地区的资源，这个问题是不是可以考虑？""是不是双方都不宣传，先由双方商量，搞共同开发，不涉及领土主权问题，至于技术嘛，当然是日本出，我们双方要在渤海湾联合开发，可以组织联合公司嘛"。[1] 中国不想因为钓鱼岛问题影响来之不易的中日关系，邓小平提出的搁置争议、共同开发是当时处理钓鱼岛领土争端比较灵活的方式。

中国提出，对钓鱼岛周围资源，两国可以搁置争议，共同开发。这是处理钓鱼岛最为可行、实际的方式。然而，日本开始连续违背中日在钓鱼岛问题上达成的谅解，挑战中日关系的基本原则。1979年，日本政府派巡视船载运人员和器材登上钓鱼岛修建临时飞机场。中国声明，日方违背中日邦交正常化和缔结和平友好条约时双方达成的谅解，对日方的行为表示遗憾，不承认这一行为具有任何法律价值。中国表示，"希望日本政府从大局出发，遵守两国领导人关于钓鱼岛问题所达成的谅解，并采取措施制止这种有损于两国友好和睦邻合作关系的一切行为"[2]。

1981年7月11～19日，日本冲绳县派人派船到钓鱼岛及其附近海域进行渔场资源调查活动。中国对日本在钓鱼岛问题上违背中日达成的谅解，单方面采取的行动表示抗议，认为日本政府在钓鱼岛问题上不守承诺，有损于中日两国的友好关系，对日本有关当局的这一行为表示遗憾，要求日本今后不再发生类似的情况。至今钓鱼岛仍然是影响中日关系发展的重要问题。中国一贯主张，对于中日之间的领土争端，可以通过协商的办法，

---

[1] 《战后中日关系文献集（1971～1995）》，第267页。
[2] 《战后中日关系文献集（1971～1995）》，第267页。

本着互谅互让的精神，谈判解决，反对把钓鱼岛问题扩大化。

台湾问题是中国的内政，《中日联合声明》《中日和平友好条约》都明确阐述一个中国的立场，台湾是中国领土不可分割的一部分。而日本国内尤其是自民党中，一直存在着亲台势力，他们鼓吹"不能抛弃台湾"，制造"两个中国""一中一台"的谬论。1980 年代又酿成了制造"两个中国"的"光华寮事件"。光华寮位于日本京都，是一座五层楼房，为二战后国民政府驻日本代表团用变卖日军掠夺中国资财所得购置，属于中国的国有财产。中日邦交正常化前，光华寮由中国侨胞管理使用。中日邦交正常化后，由中华人民共和国驻日机构监督管理。1986 年 2 月 4 日，日本京都地方法院竟将光华寮判归台湾当局所有。1987 年 2 月 26 日，日本大阪高等法院驳回中方上诉，将其再次判给台湾当局。中国外交部向日本政府提出严正交涉。日本政府以"三权分立，政府不能干涉司法"为由，称光华寮问题只是一般"民事诉讼"，推诿应付。中国认为："光华寮问题决不是一般的民事诉讼，而是涉及日本政府是否真正遵守《中日联合声明》、《中日和平友好条约》和两国政府关于日台关系协议的重大原则问题。日本政府对光华寮问题发展至今引起的严重政治后果负有不可推卸的责任。中国政府从维护中日友好大局出发，郑重提请日本政府认真严肃对待这一问题，尽快采取有效措施，加以妥善处理，不要因此影响两国友好关系。"[①] 日本政府实际是在默认司法当局制造"两个中国"的活动。

1988 年是《中日和平友好条约》签订 10 周年。8 月，李鹏总理会见应邀访问中国的日本首相竹下登，阐述了中国对中日关系的基本看法，"同日本发展长期稳定的睦邻友好关系是中国独立自主、和平友好外交政策的重要组成部分"，"希望在老一辈政治家建立起来的友好关系的基础上，开创出新局面"。[②] 而光华寮问题涉及中日关系的基本原则，希望日本按照《中日联合声明》、《中日和平友好条约》以及国际法准则解决这一问题。竹下登表示，日本重视和发展中日关系的政策不变，将继续对中国的现代化建设给予力所能及的帮助。日本政府从 1990 年起的 6 年间，向中国提供了约 8100 亿日元的政府贷款。中国对日本向我们提供现代化建设急需的资金表示感谢，认为日本来华投资对中日两国都有好处，希望加强中日经济合作。

---

[①] 《战后中日关系文献集（1971~1995）》，第 613 页。
[②] 《人民日报》1988 年 8 月 26 日。

邓小平向竹下登表示，自己热衷于中日友好，"希望我们之间能以首相的来访为起点，建立起一个不亚于田中、大平时代的关系……田中、大平时代两国的关系较好，是因为两国相互信任，要进一步发展两国关系，也必须建立在相互信任的基础上"[①]。邓小平介绍了中国发展的步骤，欢迎日本来中国投资、合资、独资，特别欢迎日本中小企业来中国，感谢日本在技术合作和投资方面给予中国的支持。中国的对外开放、对日友好合作是长期的战略方针，中日经济合作是有利于双方"互利双赢"的。

1989年4月，中国国务院总理李鹏访问日本。李鹏分析了中日关系发展趋势，认为中日两国是近邻，两国的友好关系对亚太地区的稳定和发展很有好处。中国与日本发展长期稳定的睦邻友好关系，是和平独立外交政策的重要组成部分。现在中日关系中存在着一些问题，"这些问题主要集中在两个方面，一是如何正确对待历史，二是日台关系。我们希望，不要让这些问题影响业已存在的中日两国友好关系"[②]，希望日本按照《中日联合声明》的原则解决光华寮问题，恪守"一个中国"的承诺，不要破坏中日关系向前发展。

1980年代，中日关系一方面得到深入发展，另一方面也出现了矛盾和分歧。而这些分歧有的涉及中国的核心利益，有的是中日两国达成默契暂时搁置的问题，关系到发展中日关系的政治基础。中国认为，尽管中日关系出现了困难和问题，但是两国人民愿意发展中日友好、希望和平、反对战争，中日两国遵照"和平友好、平等互利、互相信赖、长期稳定"的四原则，睦邻友好关系就能够不断巩固和发展，与日本的友好合作关系就能得到发展。

## 第三节 国际形势剧变下的中日关系

1980年代末，国际形势发生巨大变化，中国在1989年春夏之交发生政治风波。西方国家打着保护"人权"的旗号，对中国实行经济制裁，企图把自己的价值观强加给中国。中国面对强大的外部压力，继续坚持改革开放不动摇，坚持以经济建设为中心，打破西方的经济制裁，增强综合国力。在对中国的经济制裁中，日本作为七国集团之一，也冻结了对华日元贷款，

---

[①] 《战后中日关系文献集（1971～1995）》，第699页。
[②] 《战后中日关系文献集（1971～1995）》，第720页。

中日关系面临新的挑战。在困难形势下，中国注意到日本与其他国家在对华政策上的差异，准备率先从对日关系上打破西方制裁。经过努力，日本成为七国集团中第一个取消对华经济制裁的国家，中日两国关系迅速改善并得到全面恢复和发展。

## 一 推进中日关系恢复与发展的新策略

1980年代末到1990年代初，国际风云变幻，冷战结束，两个超级大国控制世界的格局被打破，世界朝着多极化方向发展，处于重新分化组合之中。世界范围内，和平问题没有解决，发展问题也非常困难。1990年1月，欧洲安全与合作会议（CSCE）在巴黎召开，包括美国、加拿大在内的34个国家参加了这次会议。会议通过《巴黎宪章》，北大西洋公约组织与华沙条约组织的对立结束，世界告别冷战时代。1990年3月，立陶宛宣布独立，苏联其他共和国继而效仿，纷纷宣布独立。1991年12月，苏联最终解体。国际格局的剧烈演变，深刻地影响着各个国家的内外政策以及相互之间的关系，也必然影响到分别属于不同社会制度国家的中日两国。

中国继续在世界范围内反对霸权主义、强权政治，同时改变了以反苏为主的策略，认为"反对霸权主义，维护世界和平，不管这种霸权主义来自何方"[①]，"第一条是反对霸权主义、强权政治，维护世界和平；第二条是建立国际政治新秩序和经济新秩序"[②]；认为霸权主义无论来自何方，中国都坚决反对，而不是把苏联作为霸权主义的代表加以反对，外交政策趋于灵活。邓小平指出，中国共产党反对"老子党"反对得对，但是"我们自己也犯了点随便指手画脚的错误"[③]，对于中国共产党与各国共产党之间的争论和相互指责，邓小平主张"过去的问题一风吹，一切向前看"[④]，中国共产党谋求与各国共产党改善党际关系。在国家关系上，中国主张全方位外交，坚持不结盟政策。中国认为世界范围内的新矛盾、新问题不断出现，但是和平与发展仍然是主题，这对中国来说是难得的发展机遇，中国要抓住机遇发展自己，封闭只能制约经济社会的发展。"拿中国来说，五十年代在技术方面与日本差距也不是那么大。但是我们封闭了二十年，没有把国

---

① 《人民日报》1982年8月21日。
② 《邓小平文选》第3卷，第353页。
③ 《邓小平文选》第3卷，第237页。
④ 《邓小平文选》第3卷，第256页。

际市场竞争摆在议事日程上，而日本却在这个期间变成了经济大国"[①]，在风云变幻的国际局势中，中国坚持改革开放不动摇，要努力吸取国外的先进经验，吸取各国有利于中国发展的经验，加快经济建设步伐。

1980年代末，中苏关系开始有所改善。1989年5月，苏联最高苏维埃主席团主席、苏共中央总书记戈尔巴乔夫正式访问中国，两国"结束过去，开辟未来"。1989年，东欧社会主义国家的共产党和工人党纷纷丧失政权，社会制度发生转变。苏联和东欧国家从盟友转为普通国家关系，苏美关系从对抗转向缓和与合作。1991年12月苏联解体。中国对于东欧剧变、苏联解体，坚持不干涉别国内政，尊重各国人民的选择的原则，立即与独联体各国建立了外交关系。中国在外交上采取"冷静观察""沉着应付""韬光养晦""有所作为"的务实策略，从容应对国际形势的急剧变化。

中国在1989年春夏之交发生政治风波。西方七国发表宣言，制裁中国。他们采取断绝与中国高层往来，限制经济贸易交流，不给贷款，禁止军事合作等制裁措施。中国坚持把国家主权、国家安全放在第一位，顶住压力。邓小平说：西方国家"第一，他们没有资格制裁中国；第二，实践证明中国有抵抗制裁的能力"[②]，中国不允许别人干涉内政，中国"稳住阵脚"，"沉着应付"，不能示弱。同时，需观察国际形势的变化，冷静应对西方国家的制裁。

日本与西方国家一道在经济上制裁中国，对中国发生政治风波表示"忧虑"和"遗憾"，停止两国部长以上级别的往来与合作项目，推迟原定于秋季开始的第三次对华日元贷款谈判。日本外务省于6月4日和7日先后两次向各大旅行社、航空公司、在外企业等发出出国履行自律劝告，希望尽力回避或者延期前往北京。中日关系出现曲折和倒退。与此同时，日本政府也公开表示，发生在北京的事件"基本是中国的内政"。在西方七国首脑会议上，日本提出应避免孤立中国，并首先宣布解除对华制裁，恢复对华贷款，启动对华高技术出口。1989年8月19日，日本外务省解除了除北京之外的中国各地旅行自律劝告。9月25日，外务省又宣布解除对北京市的旅行限制。日本此举为改善中日关系迈出了积极的一步，也牵制了美国的制裁政策，对中国改善与西方国家的关系产生了积极的影响。

中国注意到日本政府与其他西方国家对中国态度不同，力争从日本这

---

[①] 《邓小平文选》第3卷，第274页。
[②] 《邓小平文选》第3卷，第359页。

里打开与西方国家交往的突破口,打破西方的经济制裁。1989年9月,日本日中议员联盟会长伊东正义率领日中友好议员联盟代表团访问中国,这是中国发生政治风波后,西方国家向中国派出的第一个代表团。邓小平会见伊东正义时说,不论发生什么情况,"中日友好不能变,也不会变"①,并说中国方面注意到日本在不久前西方七国会议上同其他国家的态度"有所不同"。中国不怕什么制裁。制裁到头来也会使制裁者本身受到损失。邓小平强调,"中日友好十分重要,对中国十分重要,对日本也十分重要。友好对两国人民有利,也对世界和平与发展有利。不管国际上有什么变化,也不管日本和中国国内有什么变化,中日友好不能变,也不会变。中日两国世世代代,是大家的愿望"②,表明中国坚持与日本和平友好的方针是长远的,是带有战略性的,不会因为暂时的困难而动摇中日和平友好合作的决心。

中国不被西方国家的经济制裁所吓倒,坚信和平发展是当今世界的主流,西方国家终会改变对华政策。1989年底,美国前总统尼克松访问中国,邓小平强调1989年政治风波是"中国的内政",希望美国在改善中美关系上采取主动,"哪怕拖一百年,中国人也不会乞求取消制裁"③。中国应对西方国家的制裁,采取取消向美国派遣留学生计划等措施。1989年12月10日,邓小平会见美国总统特使时指出,"中美两国之间尽管有些纠葛,有这样那样的问题和分歧,但归根到底中美关系是要好起来才行"④,认为中美关系改善要双方努力,不要拖太久,拖久了对双方都不利。

日本在对华关系上与美国有区别,因为日本意识到中日经济合作对其本国经济社会发展的重要意义,首先解除了对华经济制裁。日本此举,在西方国家中起了示范作用。西方各国随后纷纷解除对华经济制裁,中国与西方国家关系逐步走向正常。

## 二 1990年代中日关系的恢复与深化

西方对中国的制裁给中国经济建设造成很大困难,外国对华投资大幅度减少,一些相关项目进展受阻,进出口额下降。为打破西方的经济制裁,

---

① 《战后中日关系文献集(1971~1995)》,第733页。
② 《战后中日关系文献集(1971~1995)》,第734页。
③ 《邓小平文选》第3卷,第331~332页。
④ 《邓小平文选》第3卷,第350页。

中国加强与发展中国家的往来，坚持对外开放的基本国策，努力打破制裁，并选择日本作为恢复与外国高层互访的突破口。日本是西方七国集团之一，在西方一致对中国制裁的形势下，中国邀请日本现任首相来华访问很难实现，但是可以发挥日本友好团体、人士，尤其是前政府首脑的作用，通过他们促成两国领导人直接对话。

经过中国的外交努力，1990年9月，日本前首相竹下登应邀访问中国。中共中央总书记江泽民在会见竹下登时强调，中国重视中日关系，两国人民应世世代代友好下去。他高度评价竹下登为中日关系发展所做的努力，希望两国关系不仅要尽快恢复，而且要有新的发展。中国面临着复杂的国内外形势，但是改革开放方针不会变，中国的对外开放将不断扩大，中日合作交流具有良好的前景。江泽民希望日本政府采取措施，积极促进中日合作交流。

中国向日本在任的内阁官员发出访问邀请，希望尽快恢复两国高层互访。1991年1月，日本大藏大臣桥本龙太郎访问中国，这是自政治风波后日本来华访问的第一位政府高官。中日两国领导人就中日关系的发展交换了看法，都认为两国关系非常重要。中国经济建设面临资金困难，希望日本尽快恢复第三次日元贷款。桥本龙太郎来华访问，使中日两国恢复正常往来大大推进了一步。日本恢复第三次对华贷款后，中日两国继续开始在能源开发方面的合作。1991年3月，日本通产大臣访问中国，中日两国经贸合作恢复正常。

为全面修复中日两国关系，中国积极促成日本现任政府首脑来华访问，两国最高层共同探讨中日关系的问题与出路。1991年8月，日本首相海部俊树来华访问，这是1989年6月西方制裁中国以来，首位访问中国的西方国家首脑。中国热烈欢迎海部俊树的到访。李鹏总理在会见海部俊树时高度评价中日关系迅速恢复，"1989年之后，两国关系一度出现了一些曲折，但我们高兴地看到，两国关系已经恢复正常"[1]，"中国重视中日关系，并很高兴地迎接明年中日邦交正常化20周年的到来。我们两国都要重视在青年一代中进行中日友好的传统教育，使他们了解，中日关系发展到今天这样的局面来之不易，以使中日两国友好的接力棒一代一代地传下去"[2]。中国为修复两国关系所做的努力，得到日本政府的回应。海部俊树认为，中日

---

[1] 《战后中日关系文献集（1971~1995）》，第790页。
[2] 《战后中日关系文献集（1971~1995）》，第791页。

两国领导人的互访、青年交流都很重要，日本计划5年内邀请1000名中国青年来访问，以增进两国年青一代的交流。江泽民总书记会见海部俊树首相时也表示，"中日关系中曾经有过一段不幸的岁月。但是，我们要教育中国青年采取向前看的态度"①，中日友好是对日政策的重要目标。

冷战结束后，日本对外交政策也做了一些调整。在国际格局发生深刻变化的时代，日本希望更多地参与国际事务，发挥在国际舞台上的作用。日本继续保持与美国的同盟关系，对《日美安保条约》，既肯定其在确保日本的国土安全方面的作用，也指出其不对称性。② 日本除继续与美国保持同盟关系外，也与世界其他大国之间保持沟通与合作，这是有利于中日关系的推进与发展的。

中日关系经过1989年的短暂曲折，1990年代初得到全面恢复与发展，两国经济、政治、文化等领域合作扩大。1993年起，日本成为中国最大的贸易伙伴，中国也成为日本第二大贸易伙伴。1992年初，邓小平南方谈话重申中国要坚持基本路线不动摇，继续坚持以经济建设为中心，改革开放胆子要大一点，社会主义的本质就是解放生产力等，加快了改革开放的步伐。邓小平南方谈话为中日经济技术合作带来了新契机。日本对华投资数量激增，投资区域从沿海向内地延伸。日本继续为中国的经济建设提供资金和技术支持，当然，也带动了日本自身的经济发展，中日经济合作实现了互利与"双赢"。

中日关系稳定后，中国又积极推动两国关系向更高层次发展，为21世纪中日关系发展打下基础。1992年4月6~10日，中共中央总书记江泽民访问日本，这是继1983年胡耀邦访问日本后，中国共产党最高领导人再度应邀出访日本。江泽民此行的目的主要有三个方面：一是纪念中日邦交正常化20周年，二是进一步推动中日睦邻友好关系的发展，三是加深两国人民之间的传统友谊。江泽民认为，中日两国的老一辈政治家，以其远见卓识做出了重大政治决断，实现了邦交正常化，揭开了中日关系的新篇章，"中日两国一衣带水，文化传统接近，经济技术互补，共同利益广泛。只要共同努力，合作前景十分广阔"，中国"将集中力量发展经济，将积极吸收和借鉴包括日本在内的世界各国的成功经验。中国坚持改革开放，加快经济发展，将会有力地推动两国技术合作与交流，使中日友好关系在更高层

---

① 《战后中日关系文献集（1971~1995）》，第794页。
② 板元一哉『日米同盟の絆——安保条約と相互性の模索』有斐閣、2000。

次上向纵深发展"①,表示愿意与日本发展长期稳定的睦邻友好合作关系。邓小平在南方谈话中提出,中国将继续坚持改革开放、坚持四项基本原则,也就是说中国坚持走社会主义道路。日本是高度发达的资本主义国家,中日两国不同的社会制度将长期在东亚并存,两国都是维护亚洲和世界和平的重要力量。因此,维护和发展中日关系,有利于中日两国,有利于地区与世界的和平稳定,两国的睦邻友好关系只能加强,不能削弱。

江泽民访问日本,表明中国将发展中日长期友好合作作为基本的对日战略方针,要推动友好关系的发展。中国主张应该以相互尊重、平等协商、求同存异的精神对待中日之间的分歧,理性地看待中日关系中的困难,以不同方式处理不同层面的问题,维护两国关系发展的大局,使中日关系不断走向成熟。

在中日邦交正常化20周年之际,中国邀请日本天皇和皇后对中国进行正式访问。1947年日本公布了和平宪法,天皇不再是"现人神",只是"日本国的象征,日本国民统合的象征",天皇虽然没有实际统治权力,但是在一般国民心中仍然有相当高的地位。中国考虑到中日之间文化、历史的特殊关系,邀请天皇访问,是为了把中日关系推向更高的层次。1978年邓小平访问日本、1989年李鹏访问日本以及1992年江泽民访问日本时,都向日本天皇发出邀请,希望他在方便的时候到中国来看看。明仁天皇表示愿意去看一看,"但是此事还要与日本政府商量"②。1992年10月23日,明仁天皇来中国访问,这是有史以来日本天皇首次来中国访问。

中国国家主席杨尚昆接见日本天皇时说,"中日两国是一衣带水的邻邦,两国人民有2000多年友好交往的历史。在长期的友好交往中,相互学习,相互帮助,结下了深厚的友谊,为人类的东方文明做出了可贵的贡献。令人遗憾的是,在近代历史上,中日关系有过一段不幸时期,使中国人民蒙受了巨大的灾难。前事不忘,后事之师,牢记历史教训,符合两国人民的根本利益"③。他希望中日两国进一步增进相互了解和传统友谊,推动两国的友好合作关系向着新的深度和广度迈进。在当前国际形势下,一个奉行独立自主和平外交政策的中国和一个继续走和平发展道路的日本保持长期稳定的睦邻合作关系,有利于中日两国人民,也有利于亚太地区和世界

---

① 《战后中日关系文献集(1971~1995)》,第813页。
② 《战后中日关系文献集(1971~1995)》,第726页。
③ 《战后中日关系文献集(1971~1995)》,第848页。

的和平、稳定与发展。日本天皇表示，"中日两国的交流从古代开始，得到了长期和平的持续。但是，在两国关系悠久的历史上，曾经有过一段我国给中国国民带来深重苦难的不幸时期，我对此深感痛心。战争结束后，我国国民基于不再重演这种战争的深刻反省，下定决心，一定要走和平国家的道路，并开始了国家的复兴。从此，我国专心致力于建立与世界各国之间的新的友好关系"[①]。日本天皇表示对战争的痛心和反省，表示日本坚决走和平发展道路。

江泽民总书记会见日本天皇时说："20年来的实践证明，中日友好符合两国人民的根本利益，也有利于亚太地区乃至世界的和平、稳定与发展。两陛下的这次访问将会推动两国睦邻友好合作关系，使它向着新的深度和广度发展。"[②]

中国邀请日本天皇访华将纪念中日邦交正常化20周年活动推向了高潮。两国不仅很快修复了关系，而且把中日关系推向了新高度，促进了两国各方面的交流，也在国际上产生了积极反响。国际舆论普遍认为中国以"向前看"的态度对待历史，坚持和平外交政策，向世界表明了维护和平的决心。

总之，中日关系经历了1980年代末期的短暂曲折后，1990年代初得到全面恢复，两国交流的层次、领域、水平都有新的提升，为确立战略互惠关系打下基础。

### 三 后冷战下的中日关系

1990年代日本"泡沫经济"破灭，高速发展时代终结，经济持续低迷，政治生态也发生变化，这些都对中日关系发展产生着影响。1993年，日本战后执政长达38年之久的自民党在众议院选举中惨败，自民党执政、社会党长期在野的"五五体制"结束。1993年8月，细川护熙组成八党联合政权，随后执政党派多次轮替，内阁频繁更换，有人说这是日本近代以来继明治维新、战后民主化改革后的第三次社会变革。日本政局变化肯定会影响其对华政策及中日关系的发展。中国关注日本政坛的变化，认为尽管日本经济、政治等方面发生变化，但是日本国家的发展道路和社会制度不会改变，其和平发展的方向没有变，中日在经济、政治、地区安全等方面存

---

① 《战后中日关系文献集（1971~1995）》，第850页。
② 《战后中日关系文献集（1971~1995）》，第851页。

在着广泛的共同利益，中日关系总的趋势是向前发展的。而日本不同政党实行的内外政策是有所差异的，这在一定程度上会影响中日关系。

"五五体制"终结后，日本内阁轮换频繁，其对外关系、对华政策有一些变化，但是追求政治大国的目标没有改变。细川护熙表示要建立"世界的日中关系"，认为中日关系与世界和平密切相关。他重视中日关系，认为中日关系与日美关系同等重要，"对我国来说，日中关系是与日美关系同等重要的双边关系。维持和发展良好而稳定的日中关系，不仅对日中两国，而且对亚太地区以及世界的和平与稳定都是非常重要的因素。我国将继续重视日中关系。这一基本方针没有变化"[①]。在对待日本发动侵略战争问题上，细川护熙担任首相后，非常明确地承认日本帝国时代所犯的战争罪行，为此，他辞去首相后还受到日本暴力团的枪击。中国认为，细川内阁与以往日本内阁相比，更加重视中日关系，这是推进中日关系发展的好机会，要抓住机遇，发展面向未来的友好关系。细川护熙退出日本政坛后，仍然致力于中日友好事业。2018年6月，细川护熙作为日本永青文库理事长向中国国家图书馆捐赠收藏的文献36种4175册，包括中国版本25种、日本版本11种，内容涵盖经史子集诸部，基本涉及中国古代绝大部分重要典籍。其中唐代魏征等人所撰《群书治要》五十卷，是中国古代政治文献的选集，在中国已失传千年，该书因日本遣唐使带回日本而得以流传至今。这次捐赠是纪念《中日和平友好条约》签订40周年的一个重要活动，对于加强中日两国理解与文化交流，促进中日关系的改善与发展，具有重要意义。

1990年代初，在共同努力下，两国的政治、经济、文化等领域的合作不断加强，中日关系已经进入全面发展的新时期。两国各有所长，优势互补。中日友好相处，代代相传，是两国人民的共同心声。

1994年6月，日本政权再度更替，社会党委员长村山富市当选为第81任首相，这是自1947年片山哲内阁以来，社会党再次入主日本内阁。这届内阁由社会党、自由民主党、先驱新党联合组阁。村山富市在对待历史问题上态度坚决，是日本继细川护熙后第二位以首相身份向二战亚洲受害国口头道歉的政治家。1994年8月15日，村山富市在日本每年举行的"全国阵亡者追悼会"上对日本发动侵略战争表示反省，他说，"那场战争给以亚洲为首的世界众多的人们带来了难以用笔墨和语言所能充分表达的悲惨牺

---

[①] 《战后中日关系文献集（1971～1995）》，第864页。

牲。在进行深刻反省的同时谨表哀悼之意。同时,我们还必须以谦虚的态度,为与有关国家建立更加信赖的关系和处理战后各种问题而努力","我们必须反省自己的历史,把战争的惨状和为此而付出的牺牲告诉年轻的一代。为使战争惨祸不再重演,我们必须确定不再战的决心,并把实现永久和平作为历史赋予每个国民的重大责任"[1]。村山内阁认识战争责任、正视历史态度积极,中国及亚洲其他国家给予其很高的评价。中国认为村山富市对战争的态度,有助于中日两国发展面向未来的友好关系。

中日邦交正常化使亚洲地区"非典型"的冷战结束,而世界范围内的冷战结束,使中日两国分属于不同阵营的时代不复存在,这是中日关系进一步发展的有利条件。尽管后冷战时代,世界并不太平,中日两国关系深化中的矛盾、分歧不断出现,但是中日关系发展的大趋势是不可逆转的。在新的国际环境下,中日两国应顺势而为,全面推进中日关系的发展。

## 第四节　友好合作伙伴关系的确立与发展

1990 年代,日本对外不遗余力地推行"政治大国"战略,力争成为联合国安理会常任理事国。有人认为做"政治大国"就要振奋民族精神,摆脱"战胜国"史观,增强日本人的自豪感,日本国内再度出现歪曲历史的逆流,历史问题成为干扰中日关系发展的关键。为了推动两国关系向前发展,中国认为中日两国应该恪守《中日联合声明》和《中日和平友好条约》确定的政治原则,提出改善中日关系的五项基本原则。中日两国政府都珍惜来之不易的友好合作关系,为进一步深化双边关系的发展,两国确立了友好合作伙伴关系,中日关系达到了新的高度。

### 一　正视历史是发展未来中日关系的基础

1990 年代是国际格局大变动的时代,作为经济大国的日本,经过 20 多年的高速发展后,泡沫终于破裂,经济进入萧条时期。经济不景气,使日本人的心态发生变化,"一亿总中流"时的自豪感逐渐褪去,很多人感到失落,对未来缺乏信心。有人提出日本走出经济低迷,就要振奋精神,而现在日本的历史教育有很多问题,充斥着战胜国史观、马克思主义史观,要

---

[1] 《人民日报》1994 年 8 月 16 日。

改变这种状况。甲级战犯板垣征四郎之次子板垣正在自民党内成立了"历史研究委员会",每月组织一场专门报告会,请研究者、媒体人、政治家等就历史问题进行演讲,这些报告否定远东军事法庭对日本战犯的判决,认为那是"战胜国对战败国的不公正的审判",是违反"国际法的",鼓吹1930年代日本发动的侵略战争是从西方殖民者手中把亚洲各国解放出来的战争。研究会将20场报告内容整理成《大东亚战争的总结》一书。日本右翼学者组织编写出版了《教科书没有教过的历史》,反对将日本侵略历史写进中小学教科书,认为日本人不应该说自己的坏话。

历史问题在中日关系发展中具有重要地位。在中日邦交正常化和和平友好条约谈判时,中国阐明对历史问题的立场,并将其写进《中日联合声明》和《中日和平友好条约》中,使之成为发展未来中日关系的原则基础。1995年是中国人民抗日战争胜利50周年,为了表明"以史为鉴,面向未来"的决心,中国"举行一系列纪念活动,表达中国人民热爱祖国、反对战争、维护和平的良好愿望",也希望"日本方面能够利用这个难得的机会,认真回顾和总结过去那段历史,从中汲取有益的教训,并以正确的历史观教育后代、引导舆论"[1]。1995年5月,日本首相村山富市访问中国。村山富市向中国人民英雄纪念碑献花圈,参观中国人民抗日战争纪念馆,并在纪念馆的留言簿上写下了"正视历史,祈日中友好、永久和平"。村山富市是第一位到中国人民抗日战争纪念馆参观的日本首相。他在参观之后表示,"在战后50周年之际,我来到了曾经给中国人民造成重大损失的战争的象征地之一——卢沟桥,使我又想起了过去,更加坚定了和平的决心"[2],日本愿意深刻反省过去曾给中国人民造成重大灾难的那段历史,在此基础上推动中日友好,为维护亚太和平做出努力。

日本政界一直对近代以来对外侵略战争存在着认识上的分歧,自民党议员中有许多否定侵略战争性质的人。社会党在野期间,一直主张由国会通过一项"不战决议",向国内外昭示正确认识战争、走和平发展道路的决心。日本社会党执掌政权后,坚持由国会通过这样的决议。但是,与社会党共同执政的自民党等反对做出这样的决议。1995年6月9日,日本国会众议院在自民党议员未参加的情况下,通过了"关于以历史为教训重下决心走向和平的决议",决议指出"本院在对世界近代史上许许多多殖民统治

---

[1] 《战后中日关系文献集(1971~1995)》,第921页。
[2] 《战后中日关系文献集(1971~1995)》,第920页。

和侵略性行为进行回顾时，认识到我国过去进行过的这种行为及给予他国人民特别是亚洲各国人民带来的痛苦，对之表示深刻的反省。我们必须超越关于过去战争的不同历史观，谦虚地吸取历史教训，并建立和平的国际社会。本院在此表明：决心在日本国宪法所揭示的持久和平的理念下，与世界各国携手开创人类共生的未来"①。这个"不战决议"比社会党之前的主张倒退许多，对侵略历史的叙述轻描淡写，也没有"道歉、悔过"的字样。中国认为日本政府对战争的"鸵鸟"态度，不可能达到吸取历史教训的目的。"前事不忘，后事之师"，只有正确地反省历史，才是一个民族走向自新的明智选择。

1995年8月15日，日本首相村山富市以"内阁总理大臣谈话"，表示对战争深刻反省的立场，"由于我国过去一个时期的殖民地统治和侵略，对许多国家特别是对中国等亚洲各国的人民造成了巨大的损害和痛苦。日本要谦虚地正视历史事实，并从中吸取教训，不再重犯过去的错误，这是发展日中两国关系的基础"②，要在这个基础上，通过中日两国各个层面的交流，加深相互间的信赖与合作。村山富市发表的首相谈话，是日本政府对战争问题认识最深刻的。此后日本多届首相都表示在历史认识问题上，遵守"村山谈话"精神，在正确认识历史的基础上，与中国发展友好关系。

日本社会党只是短暂执政，1996年1月，自民党重新夺回执政权，由总裁桥本龙太郎出任首相，日本进入"后自民党时代"。桥本龙太郎属于自民党中的"鹰派"，曾经担任"日本战争遗族会会长"。桥本龙太郎重视中日关系。1990年初，在西方国家制裁中国的时候，桥本龙太郎作为日本大藏大臣访问中国，对恢复中日关系起到积极作用。桥本龙太郎担任首相后，表示要继续支持中国的改革开放政策，与中国发展稳定的友好合作关系。1997年4月，日本自民党部分议员组织成立了"大家都来参拜靖国神社国会议员之会"，桥本龙太郎担任会长。桥本虽然承认近代日本对中国实行过殖民统治，但是不承认侵略，拒绝反省战争。

1996年7月29日，桥本以内阁总理大臣身份参拜了靖国神社。桥本的行动助长了日本国内右翼势力的气焰。8月13日，政治评论家细川隆一郎在《世界日报》上发表文章，主张把日本战败纪念日改为"卧薪尝胆"纪

---

① 《战后中日关系文献集（1971~1995）》，第924页。
② 《战后中日关系文献集（1971~1995）》，第932页。

念日。① 桥本龙太郎有意避开了日本战败投降日去参拜靖国神社，但是仍以内阁总理大臣名义参拜，给中日关系造成了消极影响。8月15日，日本照例举行"全国战殁者追悼会"，桥本龙太郎发表讲话，"当年的那场主张给许多国家，特别是亚洲各国人民带来了许多痛苦和悲伤。我虚心接受这一事实，并在深刻反省的同时，谨表哀悼之意"②。桥本龙太郎在历史问题上的矛盾言行，反映日本政府对侵略战争的模糊态度。日本国内再度出现为侵略战争翻案的逆流。1996年11月28日，自民党外交调查会和外交部会举行联席会议，提出"应当尽早实现外国首脑参拜靖国神社"③。

1997年9月4日，日本首相桥本龙太郎开始对中国进行访问，访问期间桥本龙太郎专程赴沈阳参观九一八事变博物馆，这是日本现职首相首次到访中国东北地区、参观九一八事变发生地。桥本龙太郎参观纪念馆后，再度对历史问题发表看法，"我们无论怎样健忘，也不能忘记历史。我们可以学习历史，但不能改变历史。我们必须承受起历史的重负。本人就是怀着正视历史的愿望来到这里的。我们应该在这个基础上，加强日中关系，并面向未来"④。桥本龙太郎在纪念馆的残历碑前写下了"以和为贵"四个字。桥本龙太郎访问中国期间，一再表示要反省历史，增加中日两国间的互信。国家主席江泽民会见桥本龙太郎时，再次提出以史为鉴，可以知兴替；以铜为鉴，可以正衣冠。中日两国应严格遵循《中日联合声明》和《中日和平友好条约》的原则，面向21世纪发展世代友好的中日关系。中国希望日本遵守中日关系发展的共同政治基础，慎重行事，构筑面向21世纪的中日关系。

## 二 确立友好合作伙伴关系

中日关系的发展受到很多国际因素的影响，其中美国因素的影响是最大的。1996年4月，日本与美国发表《安全保障联合宣言》，称在"台湾有事"时如果美军从日本出动，日本则同意自行予以批准，并给予后方支援，公然干涉中国的台湾问题。日美《安全保障联合宣言》把军事合作范围由过去的美国"保卫日本"扩大到整个亚太地区，把日本自卫队专守防卫演

---

① 《人民日报》1996年8月22日。
② 《人民日报》1996年8月16日。
③ 《人民日报》1996年11月30日。
④ 《人民日报》1997年9月7日。

变为与美国"共同或分别作出努力"来"稳定"亚太地区的"安全形势"。1997年8月17日，日本内阁官房长官尾山静六说，"日美两国的防卫合作范围理所当然包括台湾海峡"①，这是干涉中国的领土主权。中国要求日本政府严格履行在《中日联合声明》和《中日和平友好条约》中的承诺，言行一致，不要做干涉中国内政、损害中日关系的事情。

1997年9月23日，日美两国宣布批准新《防卫合作指针》。指针的目的是要构筑对付武装攻击日本及其周边事态更加有效和更值得信赖的日美合作的牢固基础。新防卫指针所谓周边事态的概念不是指地理上的概念，而是着眼于事态性质的概念。日美两国表示要尽最大努力（包括外交上的努力在内），防止周边事态的发生。新《防卫合作指针》把中国视作日美共同战略防范的对象，势必助长台独势力的气焰。中国批判日美以中国为敌，破坏中国统一的行径，要求日本对"周边事态"范围做出明确的解释。

1998年，日本国会通过与新《防卫合作指针》相关的三个法案，即《周边事态法》、《自卫队法修正案》和《日美物资劳务相互提供协定修正案》，法案有很多针对中国的内容。中国抗议日本干涉中国内政的做法，敦促日本政府恪守《中日联合声明》和《中日和平友好条约》的原则精神，珍惜来之不易的中日关系，不要做违背中日两国利益的事情。

1998年11月25日，中国国家主席江泽民应邀访问日本。江泽民在日本强调历史问题和台湾问题对未来中日关系的影响，"历史问题和台湾问题实际上伴随了本世纪中日关系的整个历史过程，不能回避，也无法回避。二十一世纪即将来临，我们都希望构筑面向新世纪的友好关系，不愿看到历史问题和台湾问题始终干扰两国关系发展。我们谈这两个问题，并不是要再去算历史旧账，而是希望通过认真回顾和总结历史，从中汲取有益的教训，以使我们能够正确对待和妥善处理这两个问题，更好地开辟两国关系的未来"②。日本政府在认识历史问题时的错误言行，干扰了中日关系的正常发展，江泽民对日本在历史问题认识上的倒退提出了批评，希望日本能像德国那样彻底清算军国主义的罪行，赢得周边国家和国际社会的信任。江泽民到日本著名的早稻田大学发表演讲，强调只有以史为鉴，才能正确地走向未来。中日两国人民只有和睦相处，互相尊重，珍惜和维护来之不

---

① 《人民日报》1997年8月20日。
② 《江泽民文选》第2卷，人民出版社，2006，第241页。

易的传统友好关系,防止历史悲剧重演,两国才能永远做好邻居,两国人民才能世世代代友好下去。中国重视历史的目的,是为了面向未来,把中日关系推向更高的层次。

尽管中日关系出现了困难和问题,中国坚信两国的共同利益是主要的,两国关系有继续发展的现实可能性,两国领导人同意将中日关系在和平友好的基础上发展到"伙伴"关系,签署了《中日关于建立致力于和平与发展的友好合作伙伴关系的联合宣言》(以下简称《中日联合宣言》),宣言认为"中日两国作为亚洲和世界有影响的国家,在维护和平,促进发展方面负有重要责任。双方将在国际政治、经济及全球性问题等领域加强协调与合作,为世界和平与发展及人类的进步事业作出积极贡献"。双方确认"中日关系对两国均为最重要的双边关系之一,并深刻认识到两国在和平与发展方面的作用与责任,宣布面向21世纪,建立致力于和平与发展的友好合作伙伴关系"[1]。两国要发展各领域各层次的交流与合作,建立两国领导人定期互访机制,原则上隔年互访,在多边场合频繁举行会晤;要加强政府、议会、政党间的交流和战略对话机制,就双边关系和各自内外政策及国际形势加强沟通,努力提高政策透明度。

《中日联合宣言》是继《中日联合声明》和《中日和平友好条约》之后,中日间签订的第三个重要文件,是着眼未来的文件。中日两国领导人就构筑"致力于和平与发展的友好合作伙伴关系"取得一致意见。中日邦交正常化后,中日两国第一次用"伙伴"来表达相互关系,是中日关系发展的重要成果,使中日关系进入了一个新的发展阶段。

---

[1] 《人民日报》1998年11月27日。

# 第六章  21世纪的新机遇与新挑战

进入21世纪，国际形势错综复杂，人类面临着新的机遇与挑战。中国对国际形势的判断没有改变，和平与发展仍然是主题，这是中国继续改革开放的必要条件。在外交上，中国坚持"维护世界和平，促进共同发展。我们坚持奉行独立自主的和平外交政策，在和平共处五项原则的基础上同世界上一切国家友好交往、平等相待、互利合作，推动人类进步事业不断前进。中国共产党将在独立自主、完全平等、互相尊重、互不干涉内部事务原则的基础上，同世界各国政党、政治组织广泛交往，加强合作，促进人民之间的友谊和国家关系的发展"①。中日邦交正常化以来，中日两国各阶层为两国世世代代友好做了许多努力，取得明显成效。然而，进入21世纪，中日关系遇到邦交正常化以来未有的困难，如何应对新矛盾、新困难，是摆在中日之间的重要问题。应该说，中日之间的共同利益大于分歧与矛盾，只有理性、客观地看待这些问题，才能克服不利因素，稳定并发展中日关系。

## 第一节  中国对国际形势的判断与中日关系

21世纪一超多强、世界多极化趋势没有改变，各国在建立国际政治经济新秩序过程中，有自己的目标和诉求。中国在对外关系上依然重视与周边国家发展友好合作关系，中日关系仍然是中国对外关系的重点。

### 一  21世纪的新机遇、新挑战

21世纪人类进入"后冷战时代"，和平与发展的大趋势没有改变。"世

---

① 《江泽民文选》第3卷，第297~298页。

界正处在大变革时期，基本特征有两个，一个是世界多极化，一个是经济全球化。这两个趋势的发展都是漫长曲折的进程，中间也可能会有反复，但这个大方向是不可逆转的"[1]。冷战结束后，美国成为唯一的超级大国，世界出现了"一超多强"的新格局。美国推行"单边主义"，联合国的权威遭遇新的挑战。中国主张维护联合国宪章的宗旨和原则，确保全体会员国平等参与国际事务的权利。联合国酝酿着改革，"联合国及其安理会应顺应历史潮流，按照地域平衡原则，进行必要的合理的改革，体现各会员国特别是广大发展中国家的意志"[2]。

世界上的大国也在调整相互之间的关系，"各国领导人频繁接触，首脑会晤形成机制。大国之间建立了各种内涵不同的战略关系、伙伴关系，出现了既相互合作又相互竞争、既相互借重又相互制约、既有协调又有摩擦的新局面"[3]。中国坚持"维护世界和平，是促进共同发展的必要前提；促进共同发展，又是维护世界和平的重要保证"[4]，主张国家不分大小、强弱、贫富，都有参与和处理国际事务的权利。21世纪，经济全球化不断发展，在全球化的大趋势下，应维护世界的多样性，提倡不同文明、不同社会制度、不同发展道路的国家彼此尊重，长期共存，在竞争比较中取长补短，在求同存异中共同发展。

"9·11"事件后，"反恐"成为国际社会的重点，各国提出打击恐怖主义的对策。中国反对恐怖主义是为了维护国家的主权、安全，打击的重点是极端宗教势力、分裂势力，"打击恐怖主义要遵守联合国宪章的宗旨和原则及公认的国际法准则，充分发挥联合国和安理会的作用，一切行动应该有利于维护地区及世界和平的长远利益。不能将恐怖主义与特定的民族或宗教混为一谈。不能对打击恐怖主义采取双重标准。不能借反恐怖主义推行影响世界和地区稳定与发展的其他政治意图"[5]，中国加入国际安全领域大国合作，警惕借"反恐"干涉中国国家主权和安全的行为。

21世纪，在周边国家关系上，中国提出"与邻为善、以邻为伴"的政策，通过睦邻、安邻、富邻，实现与周边国家的友好合作。中国周边国家多，有与中国领土接壤的，有隔海相望的。其中发展中国家占多数，有的

---

[1] 《江泽民文选》第3卷，第519页。
[2] 《江泽民文选》第3卷，第111页。
[3] 《江泽民文选》第2卷，第196页。
[4] 《江泽民文选》第3卷，第108页。
[5] 《江泽民文选》第3卷，第475页。

与中国有领土争端。中国主张在和平共处五项原则基础上，发展与周边国家的关系。对领土争端等历史遗留问题，本着互谅互让、公平合理、友好协商的原则，通过平等对话，和平解决。对中日两国的领土争端，中国坚持搁置争议，共同开发。在关系中国核心利益的台湾问题以及历史认识问题上，中国主张按照中日关系发展的三个重要文件精神处理，"以争取合作为主。在历史问题和台湾问题上，要坚持原则。要加强两国经贸合作和文化交流，鼓励日本在东亚经济合作中发挥积极作用。要多做日本年轻一代政治家的工作，培育中日友好力量"[1]，从长远的眼光看待中日关系。

江泽民在千年之交发表新年贺词中提出，中国希望"在未来的世界，各个国家和各个民族能够始终和睦相处、友好合作、共同发展，能够建立起公正合理的国际政治经济新秩序，能够实现持久和平和普遍繁荣，各国人民都能够按照自己的意愿创造并享受美好的生活。世界正在走向多极化，这是历史发展的必然趋势"[2]，中国愿意与世界各国人民一道为推动多极化、创造世界美好的未来而奋斗。2000年9月6日，中国国家主席江泽民在联合国千年首脑会议上发表讲话，再次重申了中国的对外政策，"始终不渝地奉行独立自主的和平外交政策，坚持在和平共处五项原则的基础上同世界各国建立和发展友好合作关系。中国作为联合国安理会常任理事国，一贯恪守联合国宪章的宗旨和原则，支持联合国在维护世界和平与国际安全以及解决各种全球性问题中发挥不可替代的重要作用。中国将一如既往地履行自己的义务和职责"[3]，表明了中国作为联合国安理会常任理事国是一个负责任的大国，愿意为世界的和平与发展做出自己的贡献。中国将继续以经济建设为中心，坚持改革开放的方针，在和平、合作、互利、共赢的旗帜下，发展对外关系，为世界的和平与发展做出应有的贡献。2001年12月11日，中国正式加入世界贸易组织，对外开放进入一个新阶段。

总之，21世纪初，世界形势发生重大变化，全球化趋势不可逆转，中国仍然以维护世界和平、促进共同发展为基本对外宗旨，努力同世界上一切国家友好交往、平等相待、互利合作。中国要抓住和平发展时代的重要战略机遇期，加快改革开放的步伐，对人类的和平和发展做出应有的贡献。新形势下的中日关系，机遇与挑战并存，友好合作与矛盾摩擦共生。客观

---

[1] 《江泽民文选》第3卷，第354页。
[2] 《江泽民文选》第2卷，第495页。
[3] 《江泽民文选》第3卷，第112页。

理性地认识中日关系的矛盾、分歧，稳定和发展来之不易的合作局面，考验着两国领导人的智慧。

## 二 中日关系遭遇"严寒冰冻"

中国认为冷战后的国际局势总体趋于缓和，21世纪人类将会遇到难以预料的挑战和考验，但是"追求和平与发展是世界各国人民的共同愿望，也是我们这个时代的主题"[①]，中国在21世纪面临着三大任务，"继续推进现代化建设，完成祖国统一，维护世界和平与促进共同发展"[②]，其中现代化建设是核心要抓住难得的发展机遇，全面建设小康社会，增强综合国力。"加强与世界各国的经济、科技、文化的交流和合作，吸收和借鉴一切先进的东西。封闭就要落后，落后就要挨打。能否不断了解世界，能否不断学习世界上一切先进的东西，能否不断跟上世界发展的潮流，是关系一个国家、一个民族兴衰成败的大问题"[③]。日本是中国邻国中唯一的发达国家，是位于东方的西方国家集团中的一员，日本的科学技术、先进的管理经验，对中国经济社会发展具有重要意义。日本是中国实行"引进来""走出去"的重要国家。中国希望在21世纪能够继续推进中日友好合作伙伴关系。2001年中国加入世界贸易组织，为中日经贸关系的发展提供了新的条件。

然而，进入21世纪，中日关系并没有像人们期望的那样，向着世代友好的方向发展，而是遇到邦交正常化以来从未有过的困难，两国关系一度进入"冰冻"时期。造成中日关系出现困难的是历史认识问题。2001年4月，自民党总裁小泉纯一郎当选内阁总理。小泉发表施政演说："为了在和平环境下取得繁荣，贯彻国际协调的方针很重要，不能让日本孤立于国际社会和与其他国家交战之类的事情再次发生。以日美同盟关系为基础，维持和发展同中国、韩国和俄罗斯等近邻国家的友好关系是重要的。同中国的关系是日本'最重要的双边关系'。日本期待着中国在国际社会中进一步发挥建设性作用，日本将继续加强同中国的合作关系。"[④] 人们期待小泉纯一郎推动21世纪的中日关系的发展。针对日本国内甚嚣尘上的"中国威胁论"，小泉一再表示，中国的快速发展对日本来说是机遇而不是挑战。日本

---

[①] 《江泽民文选》第3卷，第107页。
[②] 《江泽民文选》第3卷，第123页。
[③] 《江泽民文选》第3卷，第127页。
[④] 《人民日报》2001年5月8日。

将坚持《日中联合声明》、《日中和平友好条约》和《日中联合宣言》的原则立场来发展中日关系。

小泉纯一郎虽然表示重视关系，但是在行动上屡次违背上述三个文件的精神，挑战中日关系的基本原则。小泉纯一郎竞选日本自民党总裁时表示，作为个人对那次战争中的日本战殁者表示衷心的敬意和哀悼，为此他将参拜靖国神社。小泉当选为日本首相后，果然"履行承诺"。2001 年 4 月，小泉纯一郎参拜靖国神社，这一行动违背了发展中日关系的原则基础，伤害了中国人民的感情，引起中国强烈抗议。为消除参拜靖国神社的影响，小泉纯一郎于 2001 年 10 月 8 日到北京进行访问，参观了中国人民抗日战争纪念馆，在纪念馆前"血肉长城"的巨幅雕塑前鞠躬、献花圈、默哀。他在现场发表谈话说，"我对因那场侵略战争而牺牲的中国人民表示衷心的道歉和哀悼"①，表示日本将正视和反省过去的历史，再不发动战争，并基于历史教训走和平发展道路，坚持与国际社会的协调与合作。中国欢迎小泉正视历史的态度，希望小泉言必信行必果，以中日两国关系发展的大局为重，以实际行动推动中日关系向前发展。

然而，小泉纯一郎本人并没有放弃错误的历史观，他声称对日本甲级战犯没有抵触感，不要周围国家说长道短。小泉纯一郎说当年游学国外一大收获就是懂得了学习尊重外国文化的重要性。他混淆是非，把对甲级战犯顶礼膜拜说成是文化问题，参拜靖国神社是个人感情，无须他国干涉。

中国强调以史为鉴，呼吁日本政府切实履行承诺，使中日关系重新回到健康发展的轨道上来。2005 年 4 月 23 日晚，中国国家主席胡锦涛在印度尼西亚雅加达会见小泉纯一郎，提出五点主张："第一，要严格遵守《中日联合声明》、《中日和平友好条约》和《中日联合宣言》三个政治文件，以实际行动致力于发展面向 21 世纪的中日友好合作关系。第二，要切实坚持以史为鉴、面向未来。日本军国主义发动的侵略战争给中国人民带来了深重灾难，也使日本人民深受其害。正确认识和对待历史，就是要把对那场侵略战争表示的反省落实到行动上，绝不再做伤害中国和亚洲有关国家人民感情的事。希望日方能以严肃慎重的态度处理好历史问题。第三，要正确处理好台湾问题。台湾问题是中国的核心利益，涉及 13 亿中国人民的民族感情。日本政府多次表示坚持一个中国政策，不支持'台独'。希望日方

---

① 《人民日报》2001 年 10 月 9 日。

以实际行动体现上述承诺。第四，要坚持通过对话，平等协商，妥善处理中日之间的分歧，积极探讨解决分歧的办法，避免中日友好大局受到新的干扰和冲击。第五，要进一步加强双方在广泛领域的交流和合作，进一步加强民间友好往来，以增进相互了解，扩大共同利益，使中日关系健康稳定地向前发展。"[1]

以上五点主张坚持了中日友好的政治基础，强调以史为鉴，同时重视中国的核心利益，希望中日两国以平等协商的态度解决分歧，使中日关系真正走上健康发展的轨道。小泉纯一郎表示愿意根据五点主张的精神，积极推进日中友好合作关系。在历史问题、台湾问题上，日本政府将遵循日中三个政治文件确定的原则，这一立场没有任何变化。然而，小泉虽然表面上说遵循中日关系三个政治文件的精神，行动上却是另外一套，他担任首相期间6次参拜靖国神社，给中日关系发展带来了严重后果，中日两国首脑互访中断五年，2005年10月后两国首脑在第三国会见也被迫停止，中日关系出现了邦交正常化以来前所未有的政治"冰冻期"。

小泉纯一郎屡次参拜靖国神社，把参拜说成是日本的文化，污蔑中国不尊重日本文化，干涉日本内政，鼓励了日本国内的右翼势力。日本右翼学者以反对"自虐"史观、"东京审判"史观为由成立了"新历史教科书编纂委员会"。2000年9月，"新历史教科书编纂委员会"编写了供初中使用的《新历史教科书》，由日本扶桑出版社出版。这本教科书否认侵略，淡化、美化日本军国主义罪行，在历史观上存在着严重的错误。2001年3月，文部科学省审定该教科书合格，受到中国及亚洲其他国家的批判和抗议，酿成又一起"教科书事件"。

青少年是中日关系发展的未来，1980年代中日两国领导人认识到培养年青一代的重要性，成立"中日友好21世纪委员会"，希望实现世世代代友好下去的愿望。而日本右翼学者却要用错误的历史观教育年青一代，势必给中日关系造成恶劣后果。2005年4月，日本文部科学省再次通过了右翼学者编纂、严重歪曲历史的《新历史教科书》。21世纪的教科书事件是战后的第三次教科书事件，是日本国内政治保守化、狭隘民族主义泛滥的反映。中国批判《新历史教科书》，绝对不是小题大做，而是坚持发展中日关系原则的大是大非问题，教育是影响一代人成长的大问题。

---

[1] 《人民日报》2005年4月24日。

2001年和2004年，日本政府允许李登辉分别以"治病"和"观光"之名到日本活动。李登辉是"两国论"的炮制者，不是简单的"一介平民"，其分裂中国的活动，受到海峡两岸中国人的反对。日本政府允许李登辉"访问"，实际背弃了自己做出的承诺，损害了中日关系的政治基础。中国抗议日本违背两国在台湾问题上达成的共识，破坏了中日关系，希望其采取措施，切实改善中日关系。日本说李登辉已经不再担任"总统"，是以普通旅行者的身份进入日本的，希望中国不要介意。

2005年2月，日美"2+2"会议明确将鼓励对话和平解决台湾海峡相关问题列入日美共同战略目标，干涉台湾问题从"模糊"变"明朗"。日本防卫大臣甚至鼓吹"一旦台海发生冲突威胁到日本的安全与和平，日本会按照《周边事态法》加以回应"[1]。日本与台湾方面的交往不断升级，2003年"日本交流协会"台北事务所内田胜久表示"日台官方关系，已经从过去仅是单纯技术上不得不接触，进入到负责的官员之间必须进行政策性对话的时代了"[2]。4月，日本20名议员"访问"台湾，是中日邦交正常化30年来，层次最高、规模最大的"访台"代表团。日本提升与台湾方面的关系，公然干涉中国内政，目的在于牵制中国的发展。

中日邦交正常化后，日本一直有人在钓鱼岛问题上制造事端。2002年底，日本政府以每年2200万日元的租金向一日本"岛民"租借钓鱼岛，声称是为了加强管理。中国政府申明钓鱼岛及其附属岛屿自古以来就是中国的固有领土，日方对这些岛屿采取的任何单方面行动都是无效的。中国希望日本要倍加珍惜中日关系，妥善解决目前存在的问题，相信中日关系能越过困难，继续向前发展。

### 三 迎难而上，阻止中日关系下滑

小泉纯一郎一而再再而三地破坏中日关系，中国则着眼于"后小泉时代"。为了使中日关系重新回到正轨，中国推进与自民党高层和在野党交流，尤其是民间的渠道，实行以经济促政治、以民间促官方、官民并举等策略，积极发挥全国人大、全国政协、友好团体与日本相关部门的交流，通过经济、贸易、文化等方面的交流，增加两国人民的了解和友谊，防止中日关系继续下滑。

---

[1] 《参考消息》2007年5月6日。
[2] 《中国时报》（台北）2003年1月14日。

为庆祝中日邦交正常化30周年，2002年中国和日本分别举行"日本文化年"和"中国文化年"活动。2002年9月，日本议员代表团访问中国，参加纪念中日邦交正常化30周年、"日本文化年"活动，"文化年"活动是中日关系发展中的一种新形式，对加深两国人民的相互理解、友谊和信任，推动面向21世纪的中日友好事业起到了重要作用。

21世纪，中日两国关系虽然由于日本政府首脑连续参拜靖国神社而出现严重困难，但是，两国的经贸合作却不断发展。2000年10月26日，中国国务院发出《关于实施西部大开发若干政策措施的通知》。中国西部开发要运用好两个市场、两种资源，扎实推进，希望发达国家对中国西部大开发给予资金、技术等方面的支持和帮助。日本经济界对中国西部大开发抱有浓厚的兴趣，他们希望通过参与中国西部开发，解决日本对华直接投资严重萎缩、中日贸易陷于低迷与不稳定状态的问题，认为中国西部大开发战略的逐步开展，将为中日经济关系走出困境提供重要契机。中国一系列优惠政策的出台，将为日本扩大对中国西部地区的直接投资产生更大的吸引力，而西部开发本身也会为日本对华直接投资提供更多的可选择领域，如基础设施建设、资源开发加工、生态环境保护等。

2001年9月，日本经济界组成中国西部大开发考察代表团访问中国，他们了解到西部大开发是中国面向21世纪的重大战略决策，将为中日经贸合作开辟更广阔的前景。日本国际贸易促进会决定把促进对中国西部的开发和投资作为新一年对华经贸活动的重点。

2002年9月22日，中日友好协会和中国人民对外友好协会在人民大会堂举办庆祝中日邦交正常化30周年友好交流大会，国家主席江泽民在讲话中指出，"在充满希望的二十一世纪里，中日两国应该更好地和睦相处。中日两国人民毗邻而居，决定了我们必须加强友好。两国作为本地区的重要国家，应该为亚洲的振兴加强协调和合作。我们没有任何理由不友好、不合作"[1]，希望两国政治家特别是领导人，站在历史的高度，发挥应有的引导作用，始终把握住两国友好的大方向，在《中日联合声明》等三个政治文件的指导下，增进信任，促进合作，以造福两国人民，促进地区和世界的和平与发展。为纪念中日邦交正常化30周年，中日两国友好团体在北京八达岭长城举行了"中日友好万人友谊林"纪念碑揭幕暨植树活动。

---

[1] 《人民日报》2002年9月23日。

总之，进入 21 世纪，由于日本领导人在认识历史问题上屡次违背中日关系的政治原则，导致中日关系遭遇"冰冻"。这时候人们更加怀念曾经的"蜜月"时期，怀念为中日友好关系付出努力的老一辈。在困难条件下，中国坚持以发展的眼光看待中日关系，认为中日和平友好、互利合作的大趋势不可逆转，通过各种渠道阻止中日关系下滑。21 世纪"以民促官""以经济促政治"的局面逐步形成，为"破冰"做好了准备。

## 第二节　中日确立战略互惠关系

21 世纪初，中日关系遭遇前所未有的困难，怎样打破困扰两国关系发展的坚冰，使中日关系回到正常的轨道，是摆在中日两国面前的重要问题。中日两国领导人为克服困难，稳定并继续发展友好合作关系做了努力，相信坚冰总会融化。中日关系经过"破冰""融冰"到达"暖春"，两国将友好伙伴关系上升发展到战略互惠关系。

### 一　"破冰""融冰"迎暖春

世纪之交，由于日本首相小泉纯一郎参拜靖国神社、教科书事件等，中日两国关系进入"冰冻期"。打破坚冰需要两国共同努力，需要政治家的大智慧。日本是中国的重要邻国，日本和平发展的方向没有改变，是维护地区和世界和平的重要力量，中日两国在维护地区稳定方面有共同的利益。中国要"继续加强睦邻友好，坚持与邻为善、以邻为伴，加强区域合作，把同周边国家的交流和合作推向新水平"[①]。中日两个不同社会制度的国家可以和平相处，在中日关系遇到困难的时候，应该从长远看问题，努力打破坚冰，稳定发展好两国友好合作关系。

2006 年 3 月，中国国务院总理温家宝提出发展中日关系的主张，"第一，继续进行政府之间的战略对话，以消除影响中日关系的障碍。第二，加强民间交往，增进相互了解和信任。第三，稳定和发展两国的经贸关系，扩大互利双赢的合作"[②]，要通过两国政府间的战略对话，破除五年来积累的坚冰。中国寄希望两国的民间交流、经济合作能够促进政治关系好转。

2006 年 9 月，小泉纯一郎离任，安倍晋三接任日本首相。安倍晋三担

---

[①] 《江泽民文选》第 3 卷，第 567 页。
[②] 《人民日报》2006 年 3 月 15 日。

任首相后，提出"走出战后体制，开辟新的未来"的目标，努力让日本成为联合国安理会常任理事国。安倍晋三对外强化日美同盟，也加强与亚洲邻国的合作关系。2006年10月8日安倍晋三访问中国，希望打破中日关系的坚冰。国家主席胡锦涛会见安倍晋三时强调，"实现中日关系长期健康稳定发展，首先，要加强政治互信。要恪守《中日联合声明》等三个政治文件的原则。本着'以史为鉴、面向未来'的精神，正确认识和对待历史问题。不再发生伤害战争受害国人民感情的事。坚持一个中国原则，妥善处理台湾问题。不断巩固和加强两国关系的政治基础。第二，要深化互利合作。采取切实措施，扩大双方在贸易、投资、科技等领域的合作，尤其要加强能源、环保、信息通信技术、金融等领域的合作，实现互利互惠、共同发展。第三，要扩大人员交往。进一步加强两国政府、议会、政党、团体、文教、青年等方面的往来与合作，不断增进两国人民的了解和友好感情。第四，要加强两国在地区和国际事务中的沟通与协调，共同构筑全方位、宽领域、多层次的中日友好和互利合作的新格局"[1]，表示愿意与日本一道共创中日友好合作的未来。

历史问题一直影响着中日关系的发展，小泉纯一郎参拜靖国神社、教科书事件等，都是历史认识问题的反映，历史问题是导致两国关系处于"冰冻期"的主要因素。"为厘清作用于中日关系政治层面的历史问题"[2]，让历史研究为政治家的判断提供基础，2006年中日两国领导人决定启动中日共同历史研究项目。中日两国学者经过3年的共同研究，终于以中日文发表共同研究成果。这项研究虽然没有解决中日之间的历史认识分歧，但是加强了学者之间的交流和了解，在两国产生了很大影响。

安倍晋三访问中国，是中日关系经过5年多"冰冻期"后日本首相首次来中国访问，被称为"破冰之旅"。中国国家主席胡锦涛、国务院总理温家宝分别与安倍晋三会谈，双方表示要推动中日关系健康稳定地持续发展，继续遵守中日三个政治文件的各项原则，正视历史，面向未来，妥善处理影响两国关系发展的问题，让政治和经济两个车轮强力运转，把中日友好合作伙伴关系推向更高的层次。

2007年4月11日，中国国务院总理温家宝开启访问日本的"融冰之

---

[1] 《人民日报》2006年10月9日。
[2] 步平、北冈伸一主编《中日共同历史研究报告（古代史卷）》，社会科学文献出版社，2014，序言第2页。

旅"。中日两国达成构筑"基于共同战略利益的互惠关系"的共识。温家宝提出推动中日关系的五原则，即增加互信，履行承诺；顾全大局，求同存异；平等互利，共同发展；着眼未来，加强交流；密切磋商，应对挑战。

中日间的"坚冰"被打破并"融化"，两国领导人互访机制得到恢复。2007年12月，日本首相福田康夫到中国访问，分别访问北京、天津、山东等地。中国国家主席胡锦涛会见福田康夫时说，"中方愿与日方一道，以两国高层互访和纪念中日和平友好条约缔结30周年为契机，遵循中日间三个政治文件确定的原则，本着'以史为鉴，面向未来'的精神，抓住机遇，多做实事，进一步加强对话与磋商，增进理解和互信，妥善处理两国间的重大敏感问题；进一步推进两国全方位、宽领域、多层次的交流与合作，拓展双方的共同利益；进一步扩大民间交往，特别是青少年的交流，加深两国人民的友好感情，努力构筑和发展中日战略互惠关系，共同开创中日睦邻友好与互利合作的新局面"[1]。

温家宝会见福田康夫时建议，"双方要保持领导人互访和在多边场合会晤的良好势头，就中日关系和共同关心的问题及时进行高层协调与沟通，增进政治互信；利用中日经济高层对话等相关机制，大力开展能源、环保、金融、高新技术、信息通信和知识产权保护等重点领域合作，不断提升两国经贸合作的质量和效益；共同纪念中日和平友好条约缔结30周年，扩大人文交流，办好'中日青少年友好交流年'，增进两国人民友好感情；加强防务交流和政治安全对话，适时实现日本防卫大臣及海上自卫队舰艇访华计划；妥善慎重处理好历史和台湾问题，维护两国关系政治基础"[2]。福田康夫的中国之行被誉为"迎春之旅"，人民希望中日关系度过"冰冻期"，能够迎来阳光明媚的春天。

## 二 中日构建战略互惠关系

中日两国总理互访，各个领域的交流恢复并扩大，两国努力将双边关系推进到新阶段。2008年5月，中国国家主席胡锦涛应邀对日本进行访问。中国国家元首时隔10年之后再踏上日本国土，受到日本各界的高度重视。胡锦涛在中共十七大后首次出国访问就到日本，表明中国高度重视中日关系的发展。胡锦涛主席希望通过访问，增进中日两国之间的互信，规划未

---

[1] 《人民日报》2007年12月29日。
[2] 《人民日报》2007年12月29日。

来的中日关系。

胡锦涛会见了日本天皇,与日本首相福田康夫进行了会谈。胡锦涛表示,"中国和日本一衣带水、毗邻而居。两国人民有着长达2000多年友好交往的历史,两国之间也有过一段不幸的历史。历史经验告诉我们,中日两国必须走和平、友好、合作之路,这是符合两国和两国人民根本利益的唯一正确选择。中日和平共处、世代友好、互利合作、共同发展,对亚洲和世界的和平、稳定、繁荣也至关重要"[1]。21世纪以来,亚洲和国际形势发生很大变化,中日两国正面临着新的挑战与机遇。为促进中日关系的发展,胡锦涛提出中日两国要保持高层往来,双方建立领导人定期互访机制,同时继续在国际多边场合保持会晤;促进经贸、科技合作;推动环保合作;扩大人文交流;加强防务交流。这是推进中日关系的可行建议,得到日本的赞同与响应。胡锦涛还会见了日本参众两院院长、数位前首相以及在野党党首等。他到早稻田大学发表演讲,希望两国加强政治互信,推动双边关系不断发展。

为切实加强两国关系,胡锦涛与福田康夫签署《关于全面推进战略互惠关系的联合声明》,这是发展中日关系的又一个重要文件。文件规定全面推进战略互惠关系,实现中日两国和平共处、世代友好、互利合作、共同发展的崇高目标。中日两国战略互惠内涵丰富,包括相互支持和平发展,增进政治互信;深化互利合作,实现共同发展;加强防务对话与交流,共同致力于维护地区稳定;加强人文交流,增进两国人民相互理解和友好感情;加强协同与合作,共同应对地区及全球性课题。因此,中日两国在地区安全、能源合作、环境保护、创造节约型社会、援助发展中国家等方面具有广泛的合作空间。

《中日关于全面推进战略互惠关系的联合声明》把中日合作关系提升到前所未有的高度,包含着中日两国对发展的热切期待。胡锦涛的日本之行,被称为"暖春之旅",中日关系走过"冰冻期",标志着两国关系在21世纪发展到崭新的阶段。中日战略互惠关系是两国友好合作关系发展的结果,是两国政治家和人民共同努力的结晶。由于战略互惠关系有着深厚的基础,符合两国人民的利益,今后无论日本政局如何变化,领导人更换多么频繁,都不可能倒退两国间的战略互惠关系。

---

[1] 《人民日报》2008年5月8日。

中日签署《关于全面推进战略互惠关系的联合声明》，两国关系进入新阶段。中国注意到日本政治处于调整时期，政府首脑频繁更换，但是中日共同利益大于分歧，暂时的困难无法阻碍中日合作、战略互惠的大局。此后，中日两国领导人多次就加强战略互惠交换意见。2009年，国家主席胡锦涛会见鸠山由纪夫首相时，提出发展中日关系的五点意见，目的是增进政治互信，加强各领域的合作，为维护地区及世界和平做贡献。胡锦涛提出，两国领导人保持接触，可以为两国关系发展不断注入政治动力。加强经贸合作，强化利益纽带，可尽早克服国际金融危机冲击，推动各自和世界经济复苏。加强两国在亚洲事务中的合作，可以推动国际事务协调，为维护东北亚和平稳定做出贡献。五点意见是在金融危机爆发后提出的，中日两国要共同为克服金融危机的影响，推进经济发展而努力。这使中日战略互惠关系内容更加具体而有可操作性。

21世纪的前10年，中日关系经历5年多的"冰冻期"，又经过短暂的"破冰""融冰"迅速提升到战略互惠关系。然而，影响两国关系发展的问题依然存在，新的矛盾不断产生，战略互惠的基础并不牢固。为了夯实战略互惠关系的基础，两国都重视培植友好的新生力量。青少年象征着青春和活力，代表着希望和未来。中日世代友好归根到底要靠两国人民友好，两国人民世代友好归根到底要从两国青少年做起。中日两国将2007年定为"中日文化体育交流年"、将2008年定为"中日青少年友好交流年"，通过文化体育及青少年的直接交流，进一步沟通了中日两国人民的心灵，实现了"以心传心"，而且培养了中日友好的青年一代，为中日战略互惠关系打下坚实的基础。中日两国决定从2008年起，连续4年，每年要实现4000名青少年互访。

中日两国的民间交流有着深厚的基础，有着其他双边关系中无可比拟的优势，民间交流不仅在推动邦交正常化方面发挥了巨大作用，今后也将是推动中日战略互惠关系的重要动力。中日两国民间交流呈现出多层次、多渠道、全方位发展的态势，表明了中日两国间蕴藏的深厚的友好基础。现在中日两国友好姊妹城市已达300多对，处于国别结好数量之首。中国没有忘记为中日友好做出贡献的老一辈日本友人。中国领导人访问日本时，都会抽出时间看望为中日友好做出巨大贡献的日本友人或者他们的家属，表达对他们为和平友好努力的感谢，希望两国的年青一代继承老一辈的传统，实现中日两国人民世世代代友好下去的愿望。

中国共产党与日本各主要政党之间建立了友好党际关系。中国全国人大、全国政协与日本国会之间建立了友好交流关系。中日两国友好团体、中日友好21世纪委员会等团体也在发挥积极作用。

2018年是《中日和平友好条约》签订40周年。5月8～11日，中国国务院总理李克强应邀访问日本，这是中国总理时隔8年之后再度访问日本。在短短的3天多时间里，李克强在东京出席庆祝《中日和平友好条约》签订40周年活动，会见日本天皇，与安倍晋三首相以及多位前首相会谈，还出席了中日人文、医疗卫生、服务贸易、第三方市场合作、海空联络机制等多项协定的签字仪式，参加了20多场大大小小的活动。他表示要珍惜中日两国关系改善势头，希望日方与中国相向而行，共同推动地区的和平、稳定与繁荣。李克强会见了参与《中日和平友好条约》签订的代表人士及其亲属，继承老一辈推动中日友好关系的传统。李克强认为，《中日和平友好条约》的精神，是中日关系发展的"定海神针"，希望中日关系重新回到正常轨道，友好合作再起航，在和平友好合作的轨道上行稳致远。李克强还到北海道、大阪等地访问，日本首相安倍晋三全程陪同李克强总理，日本媒体用"出乎寻常"评论这次访问。中日关系经历风雨和波折，但是中日之间四个文件会引导中日关系朝着健康的轨道发展。

2018年6月下旬，日本前首相福田康夫出席纪念《中日和平友好条约》缔结40周年国际学术讨论会，并前往南京参观侵华日军南京大屠杀遇难同胞纪念馆，写下"和平东亚"四个字。他认为"和平"是人类的共同使命与课题，希望中日为东亚和平做出贡献。福田康夫是第四位访问侵华日军南京大屠杀遇难同胞纪念馆的前首相，与村山富市、海部俊树、鸠山由纪夫等三位前首相不同，福田康夫属于现在日本自民党的主流派，对自民党仍然有很大的影响。福田康夫参观纪念馆，对促进更多的日本人正确认识历史、改善中日关系，将起到重要作用。

# 结　语

　　战后中日关系经历了不平凡的历程，两国经过20多年"民间外交"的积累和发展，终于在1970年代初结束了"不正常状态"，实现了邦交正常化，结束了"战争状态"，为地区和平稳定做出了贡献，也为不同社会制度国家和平友好、互利合作树立了典范。中日邦交正常化以来，两国关系经历过令人怀念的"蜜月"时期，也出现过严重困难的"冰冻"时期。当然，中日两国关系不可能永远处在"蜜月"时期，由于国际形势的变化、两国经济实力的变化以及彼此间利益的不同，分歧、矛盾在所难免，关键是如何对待这些矛盾和困难，推动两国关系向前发展。21世纪初，中日两国共同努力，走过了"冰冻"，确立战略互惠目标，两国关系达到新的高度。

　　然而，中日两国之间的矛盾、分歧始终存在，战略互惠的基础不甚牢固。2010年9月钓鱼岛撞船事件、2012年9月日本的"购岛"闹剧等，使中日关系在短暂改善后，又处于停滞和低迷的状态，两国领导人互访再度中断。2015年，国家主席习近平在中日友好交流大会上重申中国高度重视中日关系，愿意与日本一道，在中日四个政治文件的基础上，发挥睦邻友好关系。现在两国关系面临着新的机遇和挑战，回顾中日两个社会制度不同国家建立、发展友好合作关系的历程，对克服困难，使两国关系重新步入正轨，具有现实意义。

　　时代在发展，中日邦交正常化以来，世界形势发生了巨大变化，但是，中日关系发展四个文件的基本精神并没有过时，中日关系的发展历程中有许多值得借鉴的经验，其中最重要的就是要立足长远，认识两国发展的大趋势，相互尊重，彼此信任，妥善处理分歧，积极推进友好合作关系的发展。在中日恢复邦交正常化的过程中，两国尊重对方国家对自己社会制度、价值观念、发展道路的选择，不以意识形态作为划分敌友的标准。中日邦交正常化前，中国向日本表明"不搞革命输出，不主张现在日本实行社会主义"的立场，不干涉日本的社会制度和发展道路选择，与社会制度不同的日本和平相处，共同维护地区和世界和平。在推进中日邦交正常化的过程中，中国重视两国不同层次的交流，以增进理解和友谊。中国制定的"民间先行、以民促官"的对日方针，不仅促成了邦交正常化，而且在多年的民间交流中，使中日两国增进了了解和理解，将和平友好关系建立在共同的政治原则基础上。

无论是邦交正常化谈判过程中，还是和平友好关系顺利发展之时，中日两国尊重彼此的社会制度，正确认识对方国家的发展方向，以"求大同、存小异"的原则妥善对待两国关系发展中的分歧与困难，把矛盾限定在可控制的范围内，不使其影响两国关系的大方向。在台湾问题、领土问题等涉及中国核心利益的问题上，中国不做原则上的让步，又充分考虑到日本国内政治状况，灵活处理矛盾和分歧，做到灵活性与原则性统一，推进中日关系不断向前迈进。这种处理矛盾和分歧的"大智慧"，值得后人学习和借鉴。

现在中日关系出现了改善的势头，两国应抓住相互关系发展的难得机遇，进一步夯实和平友好的基础，在友好合作的轨道上行稳致远。中日关系发展中机遇与挑战并存，我们应正视矛盾和分歧，全面、理性地看待对方，客观评价彼此的制度选择、发展道路和国际作用，促使中日关系早日走上正轨，并不断向前发展。我们应汲取中日两国老一辈政治家在开创中日和平友好关系时留下的宝贵经验，在新形势下不忘中日友好合作的初心，与时俱进，认清困扰中日关系发展的症结所在，并努力破解之，坚定走好合作共赢之路，造福于两国人民，造福于亚洲和世界。

# 主要参考文献

## 中文部分

### 一 文献类

《邓小平年谱（1975~1997）》，中央文献出版社，2004。
《邓小平文选》第1~3卷，人民出版社，1993~1994。
《国际条约集（1945~1947）》，世界知识出版社，1961。
《建国以来毛泽东文稿》第1~13册，中央文献出版社，1987~1998。
《江泽民文选》第1~3卷，人民出版社，2006。
江山主编《共和国档案（1949~1996）》，团结出版社，1996。
《毛泽东年谱（1893~1949）》下卷，人民出版社、中央文献出版社，1993。
《毛泽东外交文选》，中央文献出版社、世界知识出版社，1994。
《毛泽东文集》第1~8卷，人民出版社，1993~1999。
《毛泽东选集》第1~4卷，人民出版社，1991。
《三中全会以来重要文献选编》，人民出版社，1982。
《十六大以来重要文献选编》，中央文献出版社，2005~2008。
宋恩繁、黎家松主编《中华人民共和国外交大事记》第1~4卷，世界知识出版社，1997。
陶文钊主编《美国对华政策文件集》第1~2卷，世界知识出版社，2003。
田桓主编《战后中日关系文献集（1945~1970）》，中国社会科学出版社，1996。
田桓主编《战后中日关系文献集（1971~1995）》，中国社会科学出版社，1997。
《周恩来年谱（1949~1976）》，中央文献出版社，1997。

《周恩来外交文选》，中央文献出版社，1990。

## 二　著作类

步平：《日本靖国神社七问》，解放军出版社，2016。

步平、王希亮：《良知与冥顽——战后五十年日本人的战争观》，黑龙江人民出版社，1999。

陈景彦：《二战期间在日中国劳工问题研究》，吉林人民出版社，1999。

冯昭奎等：《战后日本外交（1945～1995）》，中国社会科学出版社，1996。

高兰：《冷战后日本对华外交的思想与实践》，新华出版社，2009。

高增杰主编《日本的社会思潮与国民情绪》，北京大学出版社，2001。

金应忠、倪世雄：《国际关系理论比较研究》，中国社会科学出版社，2003。

李德安等编译《大平正芳的政治遗产》，中央文献出版社，1995。

李恩民：《中日民间经济外交（1945～1972）》，人民出版社，1997。

李慎明：《中国的和平发展与国际战略》，中国社会科学出版社，2007。

林振江：《首脑外交——以中日关系为研究视角》，新华出版社，2008。

刘德有：《时光之旅——我经历的中日关系》，商务印书馆，1999。

刘建平：《战后中日关系："不正常"历史的过程与结构》，社会科学文献出版社，2012。

刘天纯等：《日本对华政策与中日关系》，人民出版社，2004。

倪世雄等：《当代西方国际关系理论》，复旦大学出版社，2001。

牛大勇、沈志华主编《冷战与中国的周边关系》，世界知识出版社，2004。

钮先钟：《国家战略论丛》，台北：幼狮文化事业公司，1984。

逄先知、金冲及主编《毛泽东传（1949～1976）》，中央文献出版社，2003。

裴坚章主编《毛泽东外交思想研究》，世界知识出版社，1994。

裴坚章主编《研究周恩来——外交思想与实践》，世界知识出版社，1989。

邱震海：《中日需要"亚洲大智慧"》，同济大学出版社，2007。

宋成有、李寒梅：《战后日本外交史（1945～1994）》，世界知识出版社，1995。

宋志勇、田庆立:《日本近现代对华关系史》,世界知识出版社,2010。
孙平化:《中日友好随想录》,世界知识出版社,1986。
唐晋主编《大国策》,人民日报出版社,2009。
陶文钊:《中美关系史》,上海人民出版社,2004。
田桓主编《战后中日关系史(1945~1995)》,中国社会科学出版社,2002。
王柯编《东亚共同体与共同文化认知——中日韩三国学者对话》,人民出版社,2007。
王希亮:《战后日本政界战争观研究》,社会科学文献出版社,2005。
吴学文、林连德、徐之先:《当代中日关系(1945~1994)》,时事出版社,1995。
吴学文、王俊彦:《廖承志与日本》,中共党史出版社,2007。
徐思伟:《吉田茂外交思想研究》,世界知识出版社,2001。
徐之先主编《中日关系三十年》,时事出版社,2002。
许介鳞:《谁最了解日本》,中国文史出版社,1989。
杨奎松主编《冷战时期的中国对外关系》,北京大学出版社,2006。
伊原泽周:《从"笔谈外交"到"以史为鉴"——中日近代关系史探研》,中华书局,2003。
张海鹏、步平主编《日本教科书问题评析》,社会科学文献出版社,2002。
张香山:《中日关系管窥与见证》,当代世界出版社,1998。

### 三 译著

大平正芳回想录刊行会编《大平正芳传》,武大伟等译,吉林人民出版社,1984。
岛田政雄、田家农:《战后日中关系50年》,田家农译,江西教育出版社,1998。
傅高义:《日本第一》,谷英、张柯、丹柳译,上海译文出版社,2016。
亨利·基辛格:《白宫岁月:基辛格回忆录》第1~4册,陈瑶华等译,世界知识出版社,1980。
亨利·基辛格:《大外交》,顾淑馨、林添贵译,海南出版社,1998。
亨利·基辛格:《基辛格越战回忆录》,慕羽译,海南出版社,2009。
吉田茂:《激荡的百年史》,孔凡、张文译,陕西师范大学出版社，2006。

吉田茂:《十年回忆》，王维平译，世界知识出版社，1964。

理查德·尼克松:《不再有越战》，王绍仁、吴明、王为译，世界知识出版社，1999。

鲁思·本尼迪克特:《菊与刀》，吕万和等译，商务印书馆，1996。

升味准之辅:《日本政治史》第1~4册，董果良、郭洪茂译，商务印书馆，1997。

猪木正道:《吉田茂的执政生涯》，江培柱、郑国仕译，中国对外翻译出版公司，1986。

**四 报刊类**

《近代史研究》

《求是》

《人民日报》

《人民中国》

《日本学刊》

## 日文部分

**一 文献类**

日本外务省亚洲课2001年解密档案。

吉田茂『回想十年』第1~4卷、新潮社、1957~1958。

日本内閣制度百年史編纂委員会編『歴代内閣総理大臣演説集』大蔵省印刷局、1985。

『戦後日本防衛問題資料集』第1~3卷、三一書房、1991。

霞山会編『日中関係基本資料』霞山会出版、1998。

**二 著作类**

増田四郎等編著『講座日本の将来——新歴史像』新潮出版社、1969。

田川誠一『日中交渉秘録』毎日新聞社、1973。

信夫清三郎『戦後日本政治史1』勁草書房、1974。

信夫清三郎『日本外交史』毎日新聞社、1974。

古川万太郎『日中戦後関係史』原書房、1981。

岡田晃『水鳥外交秘話——ある外交官の証言』中央公論社、1983。

原栄吉『日本の戦後外交史潮』慶應通信出版、1984。

池井優『日本外交史概畜产説』慶應通信株式会社、1984。
細谷千博『サンフランシスコ講和への道』中央公論社、1984。
渡辺昭夫編『戦後日本の方対外政策』有斐閣、1985。
梅津和郎等編『現代日本の国際関係』晃洋書房、1987。
千田恒『佐藤内閣回想』中央公論社、1987。
NHK取材班『周恩来の決断』NHK出版会、1993。
喜多元子訳『嫌われる日本人』日本放送出版協会、1994。
佐藤誠三郎等編『歧路に立つ国联と日本外交』三田出版会、1995。
加藤佑三編著『近代日本と東アジア』筑摩書房、1995。
坂口明『国联——その原點上現实』新日本出版社、1995。
劉傑・三谷博・楊大慶編『国境を越える歴史認識』東京大学出版会、2006。
李彩華・鈴木正『アジアと日本』農山漁村文化協会、2007。
添谷芳秀編著『現代中国外交の六十年』慶應義塾大学出版会、2011。

### 三　报刊类

『朝日新聞』

『毎日新聞』

『読売新聞』

『產経新聞』

『アジア研究』

『世界』

『近隣』

# 索 引

## A

安倍晋三 3, 210, 211, 215
岸信介 22, 69, 75~91, 93, 96, 97, 101, 103~105

## B

巴黎统筹委员会 7, 68, 95
芭蕾外交 53

## C

长崎事件 84
陈毅 83, 85, 105, 119, 130
池田勇人 22, 100, 104, 117, 119
村山富市 3, 195~198, 215

## D

大平正芳 119, 134, 143~145, 147, 151, 152, 155, 156, 158, 159, 171, 172, 174, 176
钓鱼岛 151, 160, 161, 163, 166, 185, 186, 208, 216
对日媾和会议 14, 17, 28, 29

## F

帆足计 44~46, 52, 53
福田赳夫 164, 176
福田康夫 3, 212, 213, 215
抚顺战犯管理所 57, 58

## G

改革开放 11, 12, 94, 168~175, 177, 178, 187, 189, 191~193, 198, 202, 204
改造日本战犯 58
高良富 44~46, 52
高碕达之助 63, 64, 88, 102, 103, 106~108, 111, 124, 125
宫腰喜助 45, 46, 52
谷牧 173
光华寮事件 186
郭沫若 49, 53, 91, 92, 112, 128

## H

胡锦涛 53, 206, 211~214
胡耀邦 178~180, 192
黄华 163, 165

## J

积累渐进　105，106，108，112
姬鹏飞　145，147
吉田茂　19，22，26～30，32～37，40，117，119
吉田书简　35，36，119
冀朝鼎　45
江泽民　191～194，199，200，202～205，209，210
教科书事件　183，207，210，211
禁止原子弹氢弹世界大会　102
靖国神社　22，23，58，183，198，199，206，207，209～211
《旧金山对日和约》（《旧金山和约》）　14，31，36，37，52，149

## L

李德全　55
李鹏　186，187，191，193
联合国　6，11，13，16，27，28，30，31，33～35，37，45，60，62，73，75～77，94，97，98，103～105，110，114，115，117，118，120，123，126～128，134～136，138，140，159，161～163，196，203，204，211
廖承志　54，56，58，64，84，91，92，106～108，111，112，118，122～125，133，147，154，155，164，165，173，176
刘德有　140，141，143，145，156，161，162
LT贸易　105，107，108，119

## M

毛泽东　1，8，9，11～14，16，39，52，58，61，67，71～75，78，84，86，97～99，113，115～117，129～134，136，144，146，150～152，157～159
贸易三原则　90，91，96，102，104，105，107，124
梅兰芳　53，54
民间贸易协议　46，49，50
民间外交　10，15，17，38，43，47，50，51，54，56，60，62，63，66，75，83，86，88，89，105，113，125，126，140，151～154，164，216
"民间先行、以民促官"　2，15，17～19，21，23，25，27，29，31，33，35，37～41，43，45，47，49～53，55，57，59，61，63，65，67，69，88，105，107，153，217

## N

南汉宸　44～47
尼克松冲击　136

## P

片山哲　90，98，109，195
乒乓外交　128，134

## Q

浅沼稻次郎　88, 90, 96, 97, 109
桥本龙太郎　191, 198, 199

## R

日本天皇访华　194
《日美安保条约》　30, 31, 84, 85, 98, 192
"日台和约"　15, 35, 36, 98, 127, 140, 141, 150
日中友好协会　42, 43, 53~55, 58, 82, 83, 102, 112, 113, 126, 154, 160

## S

"三个世界"划分理论　157~159
社会党　40, 58, 75, 88, 90, 95~98, 109, 117, 125~128, 135, 138, 140, 141, 143, 154, 194, 195, 197, 198
十一届三中全会　11, 164, 168, 169, 171, 174, 177
石桥湛山　66, 89, 108~110, 112
松村谦三　88, 90~92, 105, 107, 108, 111, 128

## T

田中角荣　139~141, 143~147, 151~153, 160, 161

## W

万隆会议　63~65, 92, 102, 103, 112
王晓云　133, 134, 145

## X

习近平　216
肖向前　144, 145
小泉纯一郎　205~208, 210, 211

## Y

越顶外交　134, 137

## Z

政治经济不可分原则　88~90, 95, 97, 102, 104~107, 110, 124, 202, 204
政治三原则　87~90, 97, 102~105, 107, 124, 127, 132
中曾根康弘　58, 179, 181~183
中国红十字会代表团访问日本　55, 56
中国人民外交学会　96, 112
"中间地带"理论　114, 115, 117
中日共同历史研究　211
《中日关于全面推进战略互惠关系的联合声明》　213
《中日和平友好条约》　2~4, 157, 159~161, 163~168, 172, 177, 178, 186, 195~197, 199~201, 206, 215
《中日联合声明》　2, 141, 152, 154, 156, 157, 159~161, 164, 167, 186, 187, 196, 197, 199~

201，206，209，211
《中日联合宣言》　2，201，206
中日民间贸易协定　81，96
中日友好21世纪委员会　179，
　　180，207，215
中日友好协会　84，113，124，126，
　　128，141，154，155，173，209
周恩来　9~11，14~16，29~31，
　　38，44，51~53，60~64，67，
　　71，72，74，75，77，78，81，
　　88~92，95~97，100~103，
　　105，106，108~111，113，119，
　　128，130~134，136，137，139~
　　150，152，153，155，159，161
竹入笔记　142
竹入义胜　141~143，160，164
自民党　3，22，32，69，75，83，
　　95，98，106，108，117，126，
　　135，137，139，140，143，147~
　　149，152，153，156，161~163，
　　185，186，194，197~199，205，
　　206，208，215
佐藤荣作　114，117~122，125，
　　128，132，136，138

图书在版编目(CIP)数据

"以民促官"与"求同存异":中日关系发展的历程与基本经验/史桂芳著. -- 北京:社会科学文献出版社,2019.8
(20世纪国际格局的演变与大国关系互动研究丛书)
ISBN 978-7-5201-4414-8

Ⅰ.①以… Ⅱ.①史… Ⅲ.①中日关系-国际关系史-研究 Ⅳ.①D829.313

中国版本图书馆CIP数据核字(2019)第036642号

20世纪国际格局的演变与大国关系互动研究丛书
"以民促官"与"求同存异"
——中日关系发展的历程与基本经验

著　　者／史桂芳

出　版　人／谢寿光
责任编辑／赵　晨

出　　版／社会科学文献出版社·历史学分社（010）59367256
　　　　　地址：北京市北三环中路甲29号院华龙大厦　邮编：100029
　　　　　网址：www.ssap.com.cn
发　　行／市场营销中心（010）59367081　59367083
印　　装／三河市尚艺印装有限公司

规　　格／开　本：787mm×1092mm　1/16
　　　　　印　张：14.75　字　数：248千字
版　　次／2019年8月第1版　2019年8月第1次印刷
书　　号／ISBN 978-7-5201-4414-8
定　　价／85.00元

本书如有印装质量问题，请与读者服务中心（010-59367028）联系

▲ 版权所有 翻印必究